网络与新媒体系列教材

总主编 周茂君

# 新媒体运营

金鑫 杨帆 编著

西南大学出版社
SWUP 国家一级出版社 全国百佳图书出版单位

**图书在版编目(CIP)数据**

新媒体运营 / 金鑫, 杨帆编著. -- 重庆 : 西南大学出版社, 2022.12
网络与新媒体系列教材
ISBN 978-7-5697-1408-1

Ⅰ. ①新… Ⅱ. ①金… ②杨… Ⅲ. ①传播媒介 – 运营管理 – 教材 Ⅳ. ①G206.2

中国版本图书馆CIP数据核字(2022)第229422号

# 新媒体运营

XINMEITI YUNYING

**金鑫　杨帆　编著**

**责任编辑** | 李　玲
**责任校对** | 鲁　艺
**装帧设计** | 魏显锋　汤　立
**排　　版** | 张　祥
**出版发行** | 西南大学出版社(原西南师范大学出版社)
**地　　址** | 重庆市北碚区天生路2号
**邮　　编** | 400715
**经　　销** | 全国新华书店
**印　　刷** | 重庆市正前方彩色印刷有限公司
**幅面尺寸** | 185 mm×260 mm
**印　　张** | 16.75
**字　　数** | 333千字
**版　　次** | 2022年12月　第1版
**印　　次** | 2022年12月　第1次印刷
**书　　号** | ISBN 978-7-5697-1408-1
**定　　价** | 49.50元

# 丛书编委会

本书资源

# 序言

媒介技术的发展将我们带到了一个众声喧哗、瞬息万变的新媒体时代。面对这个由媒介构建的全新世界，人们的思想观念、生活方式乃至行为举止都在发生着急剧的改变；既为其所迷醉，乐此不疲，又常常感到不知所措和无所适从。新媒体到底是什么？新媒体时代到来又意味着什么？人们如何正确处理好与新媒体的关系？这些问题看似简单，却又真真切切地摆在人们面前，需要我们去面对，去解决。因此，科学地认知、理解和运用新媒体在当下显得尤为重要。

人类社会发展的每一阶段都会有一些新型的媒体出现，它们都会给人们的社会生活带来巨大的改变。这种改变在今天这个新媒体时代表现得尤其明显：受众这一角色转变成了“网众”或“用户”，成了传播的主动参与者，而非此前的信息被动接收者；传播过程不再是单向的，而是双向互动的；传播模式的核心在于数字化和互动性。这一系列改变的背后是网络技术、数字技术和移动通信技术的发展，并由此衍生出多种新媒体形态——以网络媒体、互动性电视媒体、移动媒体为代表的新兴媒体和以楼宇电视、车载移动电视等为代表的户外新型媒体。

由周茂君教授主编的这套网络与新媒体系列教材，就是在移动互联、数字营销、大数据和社会化网络等热点问题层出不穷的背景下，沿着技术、传播、运营和管理的逻辑，对新媒体进行的梳理和把握。从技术层面上看，新媒体是用网络技术、数字技术和移动通信技术搭建起来，进行信息传递与接收的信息交流平台，包括固定终端与移动终端。它具备以新技术为载体、以互动性为核心、以平台化为特色、以人性化为导向等基本特征。从传播层面看，新媒体从四个方面改变着传统媒体固有的传播定位与流程，即传播参与者由过去的受众变成了网众，传播内容由过去的组织生产变成了用户生产，传播过程由过去的一对多传播变成了病毒式扩散传播，传播效果由过去能预期目标变成了无法预估的未知数。这种改变从某种程度上可以说是颠覆性的，传统的“5W”“魔弹论”和“受众”等经典理论已经成为明日黄花。从运营层面看，在技术构筑的新媒体平台之上，各类新媒体开展着各种运营活动。从管理层面看，新媒体管理主要从三个方面着手，即新媒体的政府规制、新媒体伦理和新媒体用户的媒介素养。这样，政府规制对新媒体形成一种外在规范，新媒体伦理从内在方面对从业者形成约束，而媒介素养则对新媒体用户提出要求。

这套网络与新媒体系列教材既有对新媒体的发展轨迹和运行规律的理论归纳，又有对新媒体运营实务的探讨，还有对大量鲜活新媒体案例的点评，切实做到了理论与实务结合、操作与案例相佐，展现出教材作者良好的学术旨趣与功力。希望以这套教材为起点，国内涌现出更多的高质量研究著作和教材，早日迎来网络与新媒体教育、研究的新时代。

是为序。

罗以澄

2022年8月

（罗以澄，全国应用新闻传播学研究会名誉会长、湖北省新闻传播教育学会名誉会长，曾任国务院学位委员会新闻传播学科评议组成员、中国新闻教育学会副会长、中国传播学会副会长。）

# 前 言

关于网络与新媒体，从概念到特征，有各种不一样的看法与表述。其实，网络与新媒体是对网络媒体、数字媒体和移动媒体的总称，是指采用网络技术、数字技术和移动通信技术等新技术进行信息传递与接收的信息交流平台，包括固定终端与移动终端。新技术、互动性、平台化、数据和算法，是解读网络与新媒体时代的重要关键词。

以新技术为引领，是指网络与新媒体的运营以新技术为基础。新技术的应用与普及，不仅为网络与新媒体的诞生提供了技术支持，同时也为其运营提供了信息载体，使得信息能以超时空、融媒体、高保真的形式传播出去。可以说，网络与新媒体的所有特征，均建立在新技术提供的技术可能性的基础之上。

互动性是网络与新媒体的本质特征。传统媒体时代信息的流动都是单向的，而网络与新媒体却突破了这一局限。它从根本上改变了信息的传播模式，也从根本上改变了传者与受众之间的关系。传播参与者以一个相对平等的地位进行信息交流，媒体以往的告知功能演变为如今的互动沟通。这种沟通不仅体现在媒体与用户之间，还体现在用户与用户之间。可以说，网络与新媒体的这一特征，不仅对传统媒体，而且对整个社会都产生了深远的影响。

平台化是网络与新媒体的主要特色。借助信息交换平台，传统媒体与新媒体逐渐走向融合——网络与新媒体以其包容性的技术优势，接纳与汇聚了传统媒体的媒介属性；而报刊、广播、电视等传统媒体则在适应新的媒体环境，与新技术形式相互渗透、融合之后，获得了二次发展。

数据，是网络与新媒体时代最重要的生产要素，是新媒体平台和传统媒体平台开展业务运营的基础性前提。平台运营的基础是基于用户数据的大数据挖掘与分析，有了数据的加持，媒体平台无论用户运营，还是内容运营，抑或是活动运营，才会做到有的放矢、精准无比。

算法推送是网络与新媒体时代同传统媒体时代的重要分野。传统媒体不管受众是谁、有什么实际需求，往往习惯于居高临下的“自说自话”，极易造成“鸡对鸭说”的无奈结果；而网络与新媒体平台则采用人工智能技术，基于算法、算力、运算法则和大数据，早早将目标用户“锁定”，针对其新需求和隐性需求，选妥内容并适时推送。

修订、重新编写这套网络与新媒体系列教材，出于三方面的考虑：

其一，修订、重编教材要跟上网络与新媒体专业发展的步伐。20世纪90年代末国内只有少数几家“先知先觉”的新闻传播院校在新闻学系开办“网络新闻方向”或者“网络传播方向”，一般将它命名为“传播学专业”。其特征一是没有“准生证”，二是专业(方向)定位模糊，这种状况直到2012年教育部将该专业列入高等学校本科招生目录才有所改观。到2022年，已有307家院校招收网络与新媒体专业的本科生[1]，其专业教育已从初创时的“涓涓细流”汇聚成现在的“大江大河”。因此，相关教材的修订、重编必须跟上并适应这种发展态势。

其二，修订、重编教材要顺应网络与新媒体专业渐次规范的潮流。一个专业从无到有，无疑是“草创”；其课程设置与专业定位皆无先例可循，也与“草创”无异；该专业创办以后，国内缺少成套教材，各院校只能选用在市场上销售的散本新媒体书籍作为教材供学生使用，同样是“草创”。因此，出版于2016年的9本“新媒体系列丛书”——《新媒体概论》《新媒体技术》《新媒体运营》《新媒体营销》《全媒体新闻报道》《网络视频拍摄与制作》《Web技术原理与应用》《新媒体内容生产与编辑》《新媒体广告》——虽也是“草创”产物，但对缓解当时的教材“荒”，帮助该专业走向规范是

[1] 依照教育部指定高考信息发布平台统计，我国目前开办网络与新媒体专业本科教育的院校已达307所。

有贡献的。在此基础上，武汉大学新闻与传播学院课题组，在开展“基于一流课程的教学改革与实践研究”专项重点课题时[2]，对国内54家院校网络与新媒体专业本科人才培养方案进行内容分析，以3434门专业课程为样本，按照开设频率和代表性，整合出16门专业核心课程，并在此基础上拟定16本专业教材——《网络与新媒体概论》《数字媒体技术》《融合新闻报道》《新媒体内容生产与编辑》《新媒体Web技术基础》《短视频拍摄与制作》《新媒体运营》《新媒体营销》《新媒体产品策划》《数据新闻：理论与方法》《新媒体数据分析》《数字媒介视觉设计》《新媒体广告教程》《新媒体伦理与法规》《计算传播学：理论与应用》《新媒介经营管理案例解析》——借此促进专业的课程设置和目标定位。当然，上述16本教材要涵盖该专业所有核心课程无疑是困难的，但却向着规范道路又跨出了坚实一步。

其三，修订、重编教材要与知识更新迭代同步。网络与新媒体时代是一个变革的时代——传播技术在变，传播业态在变，媒体格局在变，人们的观念在变——变革是永恒的主题，它无处不在。与此相应，知识的更新迭代同样迅猛。因此，修订、重编教材既要关注业界的最新动态，又要汲取学界的前沿研究成果，这样才能与知识更新迭代同步，始终立于时代前列。

修订、重新编写本套教材希望达到如下目标：

1. 在指导思想上，本套教材着眼于网络与新媒体时代合格的应用型人才培养，适应人才培养逐步由知识型向能力型转变的需要。这是编写本套教材的基本方针，也是编写的基础和前提。

2. 本套教材将“技术”“内容生产”“数据”“运营”“产品”五个层面作为着力点，将网络技术、数字技术、移动通信技术和人工智能技术等发展带来的各种新媒体形态作为主要研究对象，勾画出从传统媒体到融合媒体、从传统新闻到数据新闻、从传统营销到数字营销和从传统广告到数字广告的发展线索，落脚点和编写重点在网络与新媒体的理论与实践。教材内容既要相互关联，又要厘清彼此间的边界而不至于重复。

3. 本套教材瞄准高等学校网络与新媒体专业或相关专业的专业主干课，因而

[2] 中国高等教育学会2020年度“基于一流课程的教学改革与实践研究”专项重点课题“新闻传播学本科专业核心课程体系构建研究”（JXD05）。

教材的编写内容，除了具备普通高等学校在校本科生、研究生必须掌握的新媒体传播、运营实务的基本知识和技能外，还必须具备开阔的思路和国际化的视野，有利于完善学生的知识结构，有利于培养其适应时代需要的新媒体内容生产、新媒体产品策划、短视频拍摄与制作、新媒体数据挖掘、新媒体运营和新媒体营销等方面的能力，保证其毕业后能胜任相关工作。

4.本套教材既关注理论前沿问题，又将基本理论、实际应用和案例点评相结合，展现出独具的特色：

其一，基本理论部分。围绕网络与新媒体相关理论，只作概括性的叙述，不进行全面性的阐述，对其基本原理，力争深入浅出，易学易懂。

其二，实际应用部分。网络与新媒体基本理论的实际应用是本套教材的写作重点。无论技术层面，还是内容生产层面，抑或是数据、运营、产品层面，注重实际应用将贯穿于每本书的编写之中。

其三，案例点评部分。每本书的大部分章节都要求安排与本章内容相关联的案例点评，点评的篇幅可短可长，从数十字到数百字均可，用具体的案例点评，来回应前面的基本理论和实际应用。

5.本套教材在编写过程中尽力做到有思想、有创见、有全新体系，观点新颖，持论公允，整体风格力求简洁、明了、畅达，并在此基础上使行文生动、活泼、风趣。

“理想很丰满，现实很骨感。”上述目标在编写过程中是否实现了，还有待学界和业界学者、专家以及广大读者的检验与评判，为此我们祈盼着！

在本套教材付梓之际，需要感谢和铭记的人很多。首先要感谢武汉大学新闻与传播学院的老院长罗以澄先生，他不仅为本套教材的编写提出了许多建设性意见，还亲自撰写了序言，老一辈学者对年轻后辈的爱护与提携之情溢于言表。其次要感谢本套教材的所有作者，时间紧，任务重，至少有7本教材需要“另起炉灶”，其间的艰辛与困苦可想而知。最后要感谢西南大学出版社的杨毅先生、李远毅先生、杨景罡先生、钟小族先生和鲁艺女士等，是你们的辛勤付出和宽大包容才使本套教材得以顺利面世，感激之情无以言表。

周茂君　于武昌珞珈山

2022年8月

# 目录

CONTENTS

# 目录
CONTENTS

# 目录
CONTENTS

# 第一章　新媒体运营概述

## 知识目标

1.新媒体、运营、新媒体运营的概念。

2.新媒体运营的发展历程。

3.新媒体运营的内容和特点。

## 能力目标

1.能清晰地表述新媒体运营的概念。

2.能结合案例阐述新媒体运营的特点。

3.能从历史的角度思考新媒体运营的现在与未来。

## 思维导图

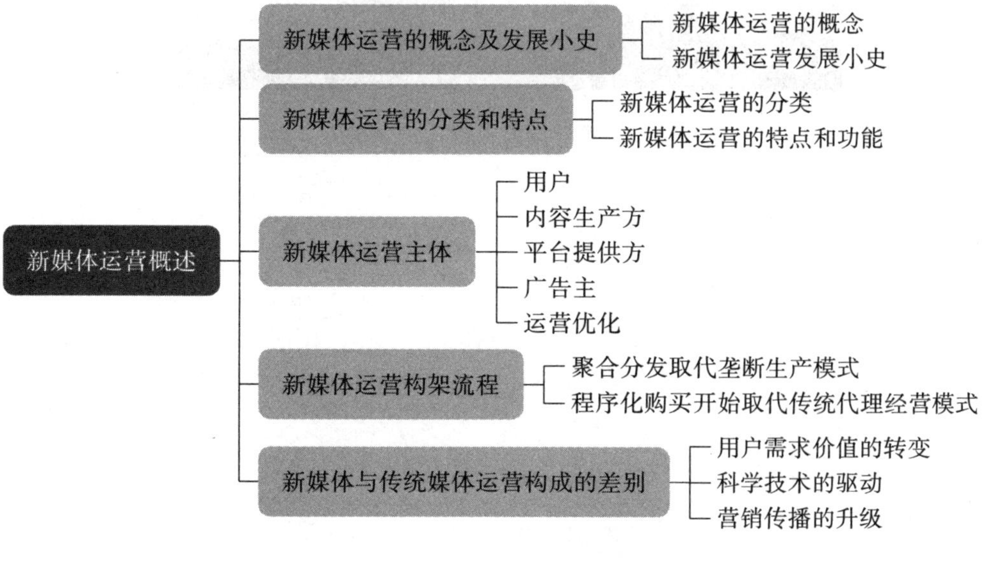

## @ 案例导入

蜜雪冰城MV霸屏

2021年6月11日，蜜雪冰城官方发布了一则14国合集，包含20种语言的主题曲动画MV，这段MV长达8分21秒。观众在这8分多钟里，领略了包括中文、英语、韩语、泰语等20种语言对“你爱我，我爱你，蜜雪冰城甜蜜蜜”的演唱。这首魔性MV，一经播出便刷屏朋友圈，在B站、抖音等平台，可以看见网友们自发地将主题曲改成了日语、俄语等不同版本。甚至一些网友在门店唱起了这首洗脑歌曲，只为换取一杯“柠檬水”。蜜雪冰城以魔性的歌词，加上土味的视频，燃起了用户二次创作的热情，让蜜雪冰城的甜蜜蜜得以持续传播。

魔性洗脑广告单一且无内容的重复，容易给人一种低质、简陋、不高级的感觉，可能造成品牌形象降级和消费者情绪反弹。但蜜雪冰城在当下的茶饮市场中，价格当属亲民，因而这个简陋的广告曲恰恰符合它的亲民定价，而不至于带来降级的突兀感，反而加深了它亲民的品牌特征。(图1.1)

图1.1　蜜雪冰城主题曲MV截图

# 第一节 新媒体运营的概念及发展小史

当今,只要谈及微信红包、支付宝春晚、小米手机、摩拜与OFO大战等,都能毫不迟疑地联系到新媒体、粉丝、互动、商业、消费、交易等词汇。是否有一个专业且通用的概念能包含以上所有词汇及所有词汇所涉及的内涵与外延,以方便我们理解与记忆?这就是新媒体运营。

## 一、新媒体运营的概念

单一地从字面上理解,新媒体运营是指通过新媒体进行的运作与营销活动。从实践角度理解,新媒体运营是指通过一切新媒体手段,帮助产品或服务进行推广、促进用户使用、提高用户认知。以上的理解都比较片面,那究竟什么是新媒体运营呢?本书将采用对新媒体和运营两个概念界定并整合的方式,来定义新媒体运营的基本概念。

所谓新媒体是指采用网络技术、数字技术和移动通信技术进行信息传递与接收的信息交流平台,包括固定终端与移动终端。狭义的新媒体是以互联网技术为内核,以电脑、手机等设备为终端,并通过与终端相适应或匹配的方式来进行传播,它以网络媒体为代表。而广义的新媒体则是基于网络技术、数字技术和移动通信技术,通过互联网、无线通信网、卫星等渠道,向电脑、手机、电视机以及各类数字化电子屏等终端传播信息的媒体形态,包括网络媒体、数字电视、IPTV、车载电视、楼宇电视和手机媒体等[①]。本书所说的新媒体即指广义的新媒体。

运营概念起源于后工业社会服务业的兴起,随后西方学者把与制造业联系在一起的有形产品的生产称为“Production”(生产),而将提供无形服务的活动称为“Operations”(运营)从历史上看,运营的概念经历了三个阶段(图1.2),现在常将生产与服务、战略与管理整合称为运营。[②]事实上,运营是包含营销在内,并超越营销的整个生产、服务、消

① 周茂君.新媒体概论[M].重庆:西南师范大学出版社,2016:2-3.
② 孙慧.运营管理[M].上海:复旦大学出版社,2011:4-6.

费环节的。在新媒体时代,运营应更注重于服务的整体流程。一般意义上讲,运营可定义为社会组织将其投入的资源转化、增值为社会用户所需要产品或服务的过程①。这个过程既包括物质转化过程,即投入各种物质资源进行转换,也包括管理过程,即通过计划、组织、实施、控制等一系列活动。其本质是以最经济的方式可靠地实现产品或服务的功能,并创造出新的价值。

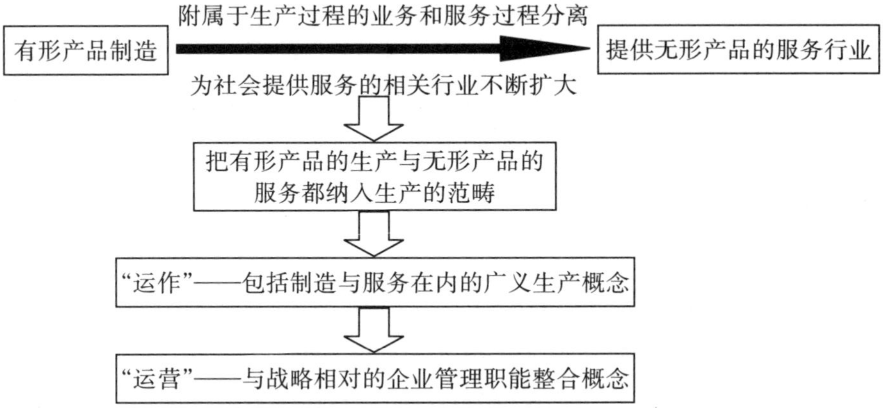


**图1.2　运营概念的发展**

综上所述,新媒体运营是指社会组织通过采用网络技术、数字技术和移动通信技术进行信息传递与接收的信息交流平台,包括固定终端与移动终端,将其投入的资源转化、增值为社会用户所需要的产品或服务的过程。从广义上来看,就是社会组织基于网络技术、数字技术和移动通信技术,通过互联网、无线通信网、卫星等渠道,向电脑、手机、电视机以及各类数字化电子屏等终端传播信息的媒体形态,包括网络媒体、数字电视、IPTV、车载电视、楼宇电视和手机媒体等实施物质转化和管理的过程。

## 二、新媒体运营发展小史

新媒体运营发展小史

在我国,"运营"的概念大约成形于2001年前后,并于2004年随着新浪等互联网公司将"编辑"称为"内容运营"后开始普及,随后伴随新媒体表现技术的更迭,"用户运营""活动运营""社区运营"等概念相继涌现。到目前为止,新媒体运营已经成为各社会组织的核心力量。其发展小史参见二维码。

① 张青山,马军,徐伟,等.现代运营管理方法[M].北京:电子工业出版社,2015:13.

# 第二节 新媒体运营的分类和特点

根据对新媒体运营概念的了解，不难得知新媒体运营是一个涉及范围广泛，内容、形式更替快速的运营方法，对其分类和特点的界定必将会随着时代和技术的变化而转变。因而，本书中这两个部分的解析，完全来源于当下的时代和技术环境。

## 一、新媒体运营的分类

新媒体运营类型繁多，运用平台多元，形式变化急速。就目前而言，新媒体运营基于媒介平台可分为微博运营、微信运营、App（Application，运用程序）运营、电子商务运营、社会化媒体运营等；基于媒介技术可分为SEO（Search Engine Optimization，搜索引擎优化）运营、P2P（Peer-to-peer Networking，点对点）运营等；基于生产方式可分为UGC（User-generated Content，用户生产内容）、PGC（Professionally-generated Content，专业生产内容）和OGC（Occupationally-generated Content，职业生产内容）；基于不同层面可分为内容运营、用户运营和活动运营；基于运营目标可分为社区运营、社群运营等。这些运营类型将在本书的后面几个章节进行详细的解释和分析。

## 二、新媒体运营的特点和功能

2008年，奥巴马凭借新媒体成为美国历史上第一位黑人总统，2012年他又击败了共和党候选人罗姆尼，成功连任①。2017年特朗普也凭借新媒体，战胜希拉里就职美国第45任总统②。他们之所以能够成功，大部分原因在于他们比竞争对手更善于发挥新媒体的优势。例如，在2016年竞选期间，美国人累计花了超过1284年的时间在社交媒体上

① 虎嗅.奥巴马怎么玩转"社交"[EB/OL].(2012-09-09)[2022-09-11].https://www.huxiu.com/article/3520.html.

② 甄翔.特朗普：如果没有社交媒体，我就当不上总统[EB/OL].(2017-10-23)[2022-09-11].http://us.xinhuanet.com/2017-10/23/c_129724859.htm.

阅读和观看特朗普的推特(Twitter)。特朗普在推特上拥有了1 030万粉丝,在脸书(Facebook)上拥有990万粉丝,经由社交媒体获得3.8亿美元免费曝光量。相比之下,希拉里只有778万推特粉丝、480万脸书粉丝和同期1亿美元免费曝光量。最终的结果是特朗普利用新媒体获取了竞选的胜利。随着技术的不断发展,我们不难看出,新媒体在各类社会组织中正不断替代传统媒体的功能,成为一种更为有效的运营方式。那么新媒体运营究竟有怎样的优势与特点呢?

### (一)消费者自主参与、互动销售

从传播理论角度看,传统媒体营销面向所有受众,采用大众传播方法,对广泛定义的大众群体进行传播。而新媒体运营则是面向每一个具体的消费者,采用人际传播方法,以技术为链接,对每一个用户进行精准服务。

因此,在新媒体时代,用户是市场的中心,消费者的需求直接决定着市场的导向。运营主体只有在海量的信息中,进行科学决策、精准运营,让用户(消费者)不断参与运营过程,才能完成用户转化,实现盈利。同时,用户通过自主参与与互动,需求也随之升级,对个性化、定制化的服务要求越来越高,从而也正向推进新媒体运营方式与技术的不断提升。例如,苹果公司运营App Store时,就通过招募用户编写程序,苹果平台负责销售和下载以及收益分成的方式(苹果获得30%,开发商获得70%),完成了用户参与产品(服务)研发、消费和运营主体(企业)提供协助的整个新媒体运营流程,不但在很大程度上自动激发了用户的积极性,增强了用户的黏性和忠诚度,同时又减轻了运营主体(企业)的创新负担。截至2021年底,苹果公司当年就向开发者支付了600亿美元的App Store分成①。

### (二)有效降低营销成本

与传统媒体需要投入大量营销成本购买广告时段,建立、维护企业网站,雇佣大量营销业务员不同,新媒体时代的运营主体(企业)有更多可选的营销渠道,且大部分渠道都是免费和开放的,例如可以在百度上建立关键词;在豆瓣上定期推出话题;在微博、微信上发布产品信息,与用户实时互动等。这些渠道为新媒体运营提供了近乎零成本的

① 新浪科技.苹果:2021年总共向开发者支付600亿美元[EB/OL].(2022-01-11)[2022-09-11].https://baijiahao.baidu.com/s?id=1721609292424785755&wfr=spider&for=pc.

条件。运营主体(企业)可以将产品(服务)信息传递给某一消费者,再经由这一消费者借助社群力量转发,从而引起其他好友的关注和分享,实现数十万、百万的幂次传播,引爆产品(服务)的销售。例如,2013年魔漫相机上线,仅一年用户数就达到了1.6亿人次,同时,该应用还创造过当天从微信、微博激活300万下载用户的纪录。

### (三)精准定位、满足个性需求

与传统媒体相比,新媒体运营的最大特点就是能为消费者提供个性化、定制化的服务,如搜索引擎的关键词推荐、电商平台的售品推荐、各类应用平台资讯推荐等。随着新媒体时代的发展,消费者的个性需求越发凸显,市场也根据消费者的个性需求不断地调整运营策略。加上大数据和移动互联网技术的发展为运营主体获取消费者需求提供了便利,使精准定位、满足个性化需求的产品(服务)得以实现。如今日头条通过强大的人工智能个性化推荐算法,通过分析用户的5个兴趣,抓取其中的2个,给用户推送这2个兴趣方面的内容,然后为用户推送一些原来没点开的内容,测试用户的兴趣宽度,以保证信息的丰富性。比如,一个人喜欢滑雪,就为他推送新的雪具或者促销活动,同时还会为他推送一些旅行、新闻资讯等内容。今日头条以独特的定位,结合精准需求广告方式获得盈利。根据今日头条算数中心的数据,2016年今日头条累计激活用户7亿人次,渗透度、日新增用户量等指标占据行业第一,并体现出强大的流量分发能力。

### (四)有效面对危机

消费者是一个个独立的个体,会产生出不同于他人的需求,因此在运营主体(企业)为其提供产品(服务)时,必然会出现令部分消费者不满的情况,特别是在新媒体时代下,用户(消费者)的个性化需求强烈,对产品(服务)有着独特的需求,同一产品(服务)会产生出不同的需求效果。面对此类危机,新媒体运营有着面对碎片化信息传播、回馈不及时,舆论控制力差的传统媒体无法比拟的优势,可以通过智能技术在任何时间、地点及时回复用户需求,同时还可以将员工及忠实用户组成群体对产品(服务)进行一对一贴心回馈等,让危机消失在萌芽期。

# 第三节　新媒体运营主体

大众传播经过几十年的发展，我们总结传播过程中的基本要素为传播者、受传者、讯息、媒介、反馈五个要素。按照这五个要素，我们容易非常清晰地看到传统媒体的运营主体由以下几个部分组成。传播者和媒介往往是统一的，传统媒体具备强大的采编能力，他们是传播者，同时通过他们的媒介将讯息传播给传播者，形成在传统传播过程中单向传播模型。该传播形式和运营方式，从大众传播时代延续到互联网兴起后的1.0时代——门户的崛起。随着越来越多的新媒体的发展，整个传播的形态发生了颠覆式的变化，这个时候，我们发现，整个新媒体的运营主体和以前已经完全不一样。

## 一、用户

在传统媒体时代，用户是传播的受传者。在新媒体时代，用户依然是最重要的受传者。从早期的"眼球效应"，所有的网络经济和媒体的核心，都是抓住消费者的眼球。到中期的"注意力经济"，最大限度地吸引消费者的注意力，并影响消费者的心智，从而获得未来市场的营销方式。再到现在的移动互联网时代"得入口者得天下"，应该占据消费者聚集的最核心阵地，从而抢夺到入口，最终获得庞大的用户和最终的盈利。这些理论的发展的基础，都是越来越重视新媒体运营过程中的最核心要素——用户。

用户是任何媒体运营过程中的最核心要素，传统媒体时代是，新媒体时代依然是。没有用户，新媒体运营就失去了存在的基础。用户在新媒体时代，不仅仅是受传者，也是传播者，并能主动发布信息，让更多的用户接受。这是在新媒体时代发生的最显著的变化。

## 二、内容生产方

在传统媒体时代,新闻内容的生产方往往是媒体自身,媒体拥有强大的采编权。其他内容的生产方,比如电影、音乐等内容,也是掌握在传统的内容经营集团手中(比如好莱坞八大电影公司、世界五大唱片公司),只有每一次新的文化浪潮来临,才会有新的文化传播集团跻身进入。新媒体时代内容生产方的主要特点有:

### (一)打造以核心人员为核心的标志性内容

以马东、郭敬明、韩寒等为例,他们打造了以个人为核心的,围绕其知识储备、人脉储备、著作储备的大量的内容。这些内容在新媒体时代,受到了大量的新用户的欢迎。而且这些内容大多以IP的形式呈现,不仅仅是在网络等新媒体上传播,而且网台联动,更多优秀的内容会输出到传统媒体上,从而形成更强的爆发力。

### (二)具备新媒体特征的内容

以万合天宜为例,推出《万万没想到》等适合网络播出的网剧,筷子兄弟推出《老男孩》微电影等。在新媒体浪潮下,出现更多符合传统媒体特征和新媒体特征融合的内容。新的制作平台和工作室大量涌现,并趁着这股浪潮,逐步向传统媒介时代的领军者发动挑战。如前述的万合天宜和筷子兄弟,就在不停地推出大电影,切传统市场的蛋糕。

### (三)完全具备新媒体特征的新内容

最典型的就是微博和微信的内容,比如papi、咪蒙,就是在新媒体上产生新的内容形式的个人(或经营主体)的代表。其研究新的媒体形式、新的用户特征,推出更多满足新用户的内容,在新媒体上得到了最大幅度的推广。

### (四)完全具备新媒体特征的个人

以上三种形式,很多时候从另外一角度来看,都是从具备商业目标的经营团队中产生的。但在新媒体时代,内容的生产更多的是以个人为主体的内容生产方。个人会在sns、视频、直播等平台上,产出自身创造或加工的内容,这些内容不一定是具备商业价值的,往往是出于个人兴趣、爱好甚至冲动。这些个人内容在媒体整体内容中甚至占据90%以上的比例。

以上四个特征,代表了典型的新媒体时代内容生产方的特点,而且第四个特点最为典型。内容生产方的变化会驱动整个传播形态的变化,以及在营销模式上都会带来深远的影响。

## 三、平台提供方

平台提供方在传统媒体时代非常简单,就是官方授权可以发声的媒体。但是在新媒体时代,随着用户和内容生产方的变化,特别是在新技术的驱动下,越来越多的平台提供方崛起,产生了剧烈的变化。

### (一)传统意义的网络媒体的兴起导致出现新的平台提供方

互联网时代的到来,传统意义的工具、内容、形态很自然地延伸到互联网,并在互联网的驱动下,又有了新的发展。首先,在互联网兴起的早期,媒体从传统的纸质媒体和电波媒体,自然地延伸到互联网,因此,老牌的门户网站出现,比如新浪、搜狐。同时随着业态的正常竞争,腾讯、凤凰网等也加入了门户的竞争。但这些平台方的变化,其实没有特别明显的本质变化,仅仅是传统的媒介加上了互联网的翅膀,将传统的媒介形式转移到了互联网平台上。随着互联网的进一步发展,新的平台提供方逐步兴起,而且这些平台的属性是专属于网络本身的,比如视频、论坛、贴吧、sns。用户的变化和行为习惯的变化,自然就催生了更新的平台提供方。但这一系列的变化,依然没有脱离传统媒体的本质,核心上而言,依然是诸多传统形态的互联网属性的延伸。

### (二)在新技术下驱动下,更多平台提供方兴起

最典型的就是在移动互联网的驱动下,出现更多新的平台提供方。一方面新用户的兴起,新的内容驱动新的平台的出现;另一方面,新的平台也驱动产生更多新的内容。以微信为例,微信可以说是一个平台,也可以说是一种工具,但不会有人定义微信是一个媒体。但这个平台的出现,催生了朋友圈的表现形式,出现了更多的KOL(Key Opinion Leader,意见领袖),更多的订阅号。这一系列的变化,都导致出现越来越多的新的内容。这些新的内容的出现,也不断地推动微信变化,不断地调整平台规则,让消费者的体验更好,更便于产出内容。

这一系列的变化，就是在上一阶段没有的，更是在传统媒体时代不可能发生的。新的平台提供方的加入，加速了新媒体格局的变化，更突显了新媒体运营的平台属性之间的差异性。各种不同属性的平台提供方，各具特点，各自应该采用不同的方式来进行运营，才符合新媒体时代的发展之道。

## 四、广告主

从传播来说，广告主是发起广告信息传播的主体。但如果从媒体运营的角度而言，广告主起到的作用就非常重要了，特别是在传统媒体广告代理时代，广告主提供了整个媒体运营环节中的大部分的资金，保障了整个媒体核心运营。在电波媒体和互联网媒体兴起的过程中，免费媒体越来越成为主流的运营方式，面向消费者免费，所有的资金来源大部分只能依靠广告主的广告金。

这种广告主付费模式，保障了整个媒体运营，为媒体提供更加优质的内容奠定了基础。比如从《爸爸去哪儿》开始，各类优质的综艺节目层出不穷，综艺节目的赞助金额也是不断提升。比如伊利与《我是歌手》的牵手，背后是数亿金额的冠名费用。冠名费用越高，媒体运营方越是能够为节目邀请到更好的嘉宾，使用更好的硬件设施，提供更好的节目质量。同时这些节目内容又以免费的形式输送给普通的电视观众，为观众提供更好的娱乐体验。收看的观众越多，就会给广告主带来更好的传播效应。整个媒体运营，在广告主的间接参与下，实现一个运营的闭环。

## 五、运营优化

运营优化，是一个在新媒体时代才出现的角色。其主要作用是，帮助内容生产方、平台提供方及广告主来实现新媒体运营过程中的一系列优化。在传统媒体运营中，各个角色一起运行几十年，分工明确，运营方式也明确，所以一直没有运营优化方的存在。但在新媒体时代，大量创新的模式爆发式出现，之前的角色也逐渐地模糊。特别是大数据时代的来临，更加需要从数据端出发，为运营的效果保驾护航，因此，运营优化方的作用越来越重要。

### (一)内容生产方的运营优化

新涌现的内容生产方,以新型公司(组织)为主。这类公司(组织)经营都会以垂直定位、精确细分为主要特点,因此和传统的内容生产方比较,不可避免地在经营规模上都会较小。以个人为主的内容生产方,比如KOL等,该特点会更为突出。为了弥补运营上的短板,大量的运营优化方出现。除了内容生产这种核心环节以外,从内容的宣发到内容的变现,基本上都会和运营优化方产生大量的合作。

### (二)平台提供方的运营优化

新媒体的平台提供方,会以科技类平台为主。这些平台会更关注技术、平台和用户本身这些核心环节,而且全球的科技类公司基本上都走上了轻资产运营的道路,所以更多的运营优化方是新媒体在整个运营过程中迫切需要的。比如在云服务和大数据服务上,平台提供方没有必要自行投入大量资金在该领域进行研发,直接和相应的运营优化方来合作,则能强强联合,优化补强。

### (三)广告主的运营优化

广告主在新媒体运营时代会变化角色以及自身产出内容,这是由新媒体时代本身的特点所决定的。比如,可口可乐就组建过内容生产团队。但不是每一个广告主都能投入巨大的资金和人力进行新媒体的运营。所以在此过程中,运营优化方对广告主在新媒体运营中起到了很大的作用。简单来说,对官网的搭建、双微的运营、视频的拍摄等各种内容的生产以及自媒体的运营,运营优化方都能起到重要的作用。

运营优化方是随着信息时代来临以及社会化大分工更进一步发展后的必然产物。没有任何一个组织或者机构,在这个时代能做好每一个环节。运营优化方与内容生产方、平台提供方、广告主之间的合作,无疑会让新媒体运营做得更加完善。

# 第四节　新媒体运营构架流程

传统媒体的运营流程是简单的B2C(Business To Customer)模式,即以媒体为核心,生产内容面向消费者进行传播,最多在此过程中加入广告主的角色,将广告信息通过媒体直接传递或者将广告信息加入内容中间接传递。在以移动互联网为代表的新媒体运营的今天,消费者的环境、媒介的环境都发生了极大的变化。上一节已经阐述过,各个运营的主体也发生了极大的变化。这种变化促进了整个新媒体运营构架流程的变化,产生了很多新的模式。比如C2B2C(Customer To Business To Customer),消费者产生内容,然后通过平台的力量传递给更多的消费者;再比如B2C2C(Business To Customer To Customer),媒体产生内容,传递给消费者,其中KOL根据内容加工产生新的内容,再传递给更多的消费者。这两种典型的模型,有无数的案例,举不胜举。

因此,我们从另一个角度找到媒体运营流程中两个核心的要素。这两个要素不是媒体运营流程中的基本环节,但又是必不可缺的要素,即内容与费用。

## 一、聚合分发取代垄断生产模式

内容是媒体运营过程中的核心要素,媒体运营过程中的核心必要点就是如何把内容发布出去。传统媒体时代,内容的生产加工是垄断的,在整个媒体运营流程中,其他环节虽然对内容有影响,比如媒体应该制作消费者喜欢的内容,但无论是消费者还是广告主,对内容的话语权其实都只有影响力而没有决策力。而在新媒体时代,我们会发现,内容的经营此时已经完全改变。简单来说,就是聚合分发取代垄断生产。

### (一)媒体发布内容变为平台聚合内容

新媒体时代,受到最直接冲击的就是传统媒体,特别是纸媒的经营,在新媒体的冲击下已经岌岌可危。纸媒在这种冲击下,也是转变最快的媒体。当自己无法转型成为新媒体时，大多数的纸媒与新媒体联手，成为合作伙伴。以今日头条为例，网易新闻报道“在媒体合作方面，今日头条逐年增加投入力度，已覆盖大多数中央媒体、省级媒体、地市级媒体，以及各行业媒体超过3 700家，如新华社、光明网、解放军报、新京报、澎湃新闻等，在头条可以看到越来越多的优质媒体内容”①。因此，媒体把内容分发给平台，平台对内容进行聚合然后推送给消费者，成了目前新媒体运营流程中内容发布的最主流的方式。

### （二）消费者选择媒体变为消费者选择平台

在传统媒体时代，信息是稀有的，发布渠道是垄断的，消费者只有选择合适的媒体才能找到合适的内容。在信息爆炸年代，特别是移动互联网的到来，内容聚合平台已经成为大趋势，特别是今日头条、一点资讯等新闻类聚合App的兴起，内容和信息已经没有垄断的可能。所有的内容和信息都会不断被聚合，然后分发出去。消费者只要找到合适的平台，就能看到合适的内容。

### （三）消费者找内容变为内容找消费者

信息爆炸后，海量的信息只有通过真正的智能聚合，才能让消费者看到更愿意观看的内容。这样也就从早期的消费者来找媒体、通过媒体来看内容，变成消费者选择平台，平台通过智能聚合让内容来找消费者，真正把每一个消费者需要的内容个性化地呈现在消费者的面前。

## 二、程序化购买开始取代传统代理经营模式

媒体运营过程中，营收的模式是非常重要的一个环节。营销和运营费用的高度与媒体运营能力和质量有着紧密的关系。所以不能把媒体的营收作为一个单纯的经营指标来看，而是需要把它纳入整体的媒体运营指标中去。不同的媒体形态和不同的媒体类别，必然会产生完全不同的收入方式。从概念而言，程序化购买是一个技术和数据取代人工、多维多逻辑策略取代单维、聚合多媒体取代单一媒体的大趋势。

① 视听域传媒．今日头条App开屏广告价格，视听域传媒为您解析今日头条广告投放形式及折扣[EB/OL].（2022-06-30）[2022-09-11].https://www.sohu.com/a/562542387_121341208.

### (一)提升整个媒体运营的效率和价值

程序化购买带来的最大的影响,就是媒体运营的整体效率提升和价值经营的最大化。以雅虎为例,所有的广告位都是由SSP(Supply Side Platform,供应方平台)来对接,然后对接广告公司的DSP(Demand Side Platform,需求方平台),中间再加上RTB(Real Time Bidding,实时竞价)和Ad Exchange(互联网广告交易平台),来进行效率的最大化提升。同样,Facebook通过程序化购买,对接了无数的DSP系统,每一秒钟都有广告主进行实时的竞价投放。这样就避免了广告资源的浪费,而且在广告销售的效率上进行了极大的提升。同时媒体一旦实施RTB,广告位的价格就是实时竞价,竞价过程中自然能够根据市场最大的价值创造最高的价格。

### (二)改变整个媒体运营中的经营关系

在媒体运营过程中,一方面,媒体运营需要耗费大量的精力来进行这种代理型的广告售卖。如果是大型的传媒机构,能形成长期售卖的能力,而对于中小型的媒体运营,就特别艰难。程序化购买则解决了这种单纯的售卖模式。中小型内容方和平台方,只需要对接程序化购买,就能很快速地根据自身的流程和影响力,通过DSP平台来实现收入。另一方面,传统媒体运营中,因为广告主的介入,很明显形成了甲乙方关系,这种关系的形成,对媒体的运营总能产生影响。比如内容的选择上,因为甲方广告主的介入,必然会导致商业行为的倾向,这些倾向或多或少都会干预媒体运营。程序化购买从某种程度上避免了人与人的沟通,而是供应方和需求方通过平台的方式来实现供需的平衡。在这种平衡的影响下,以往的甲乙方关系就不会影响到日常的媒介运营。

### (三)更好达成传播效果

代理制的模式下,广告的传播模型受到技术的限制,在传播效果上一直存在很多的障碍。广告圈最有名的困惑之一是,“我知道我的广告费有一半被浪费掉了,但我不知道是哪一半”。效果和精准,一直都是广告寻求的终极目标之一。相反,在程序化购买时代,各个DSP平台都能通过各自的逻辑和优势来进行消费者的行为数据积累和沉淀,从而把消费者的识别做到更加的精准。最常规的逻辑就是给消费者打“标签”,通过特定标签来实现消费者的筛选。最后投放过程中,让特定标签的用户看到特定的广告。

比如,一个尿不湿品牌想投放广告,那么它一般会选择“育儿频道”(网站的一个频道),

但我们很难保证看“育儿频道”的用户到底是谁。可能是一个5岁孩子的妈妈,可能是想去关心一下一个刚刚生了孩子的朋友的人,也可能是一个学习育儿经验的护士。最可怕的是,可能是无聊刚刚随便点击跳转到这里的一个18岁男性用户。我们只能初步判断看“育儿频道”的用户,都是和儿童相关的,但这个相关与尿不湿之间有多少的关联,则无法判断。

在程序化购买逻辑下,可以通过数据,来寻找定期购买过“奶粉”的用户,并且这些用户一直在观看关于“出生婴儿”的文章等。根据这些行为判断,这个用户应该是“新父母”,给这个用户打上标签。在投放过程中,可以实现让这些“新父母”在接受程序化对接的各种“育儿频道”看到尿不湿广告,不是“新父母”则不用看到,这样的投放自然会更加的精准有效。当然,这是在程序化购买的过程中一个很初级的举例。程序化购买还可以通过程序和智能学习做更多的判断,从而让广告主的广告投放更能达成传播的效果和目标。

## 第五节　新媒体与传统媒体运营构成的差别

新媒体运营构成从运营主体到运营流程构架都发生了很大的变化,这些变化肯定是由不同的媒体运营特点决定的。但是如果只是笼统地这么来说,我们还是只看到了新媒体运营的特点,而无法理清这二者在运营构成上的核心差别以及差别的原因。

如果要更加清晰地看运营构成,我们需要从三个维度来进行更加深入的剖析,即用户需求价值角度、科学技术角度、营销传播的角度。

### 一、用户需求价值的转变

用户需求价值往往是媒体运营的核心要素,用户需求价值的变化,是区别媒体运营变化的核心因素。新媒体运营构成变化,首要原因肯定是用户需求价值发生了转变。随着80后、90后新生代用户的崛起,特别是95后、00后的消费群体以互联网“原住民”为核心特点的成长,互联网越来越成为他们的主要阵地。网络逐步发展为不仅仅是一种媒介工具,而且已经是一种生活方式。

在传统媒体时代,我们没有说过电视是一种生活方式,报纸是一种生活方式。但是在网络时代，整个生活方式的颠覆，才会带来驱动一切变化和发展的最核心根本原因。这种生活方式的变化，给新的用户需求价值也带来了新的转变。用户不再是观众，而是参与者。传统媒体运营过程中，用户只是观众，只是观看者，但是新生代的消费者，需要更强的参与感，他们要参与到内容、平台、媒介之中去。这种价值的转变，是传统媒体无法实现的，从而更加促进了这种迭代和更替。因为用户需求价值的转移，新媒体运营参与的主体才会不断自我调整，新媒体运营架构流程才会不断优化。用户是一切变化的根源，用户需求价值转移才是所有变化的核心原因。

## 二、科学技术的驱动

科学技术的驱动，特别是移动互联网时代的到来，无疑加速和加剧了这种变化。因为技术的进步，才会让更多的平台提供商爆发式地涌现；因为技术的发展，才会让更多的内容有实现的可能。无论是聚合分发取代垄断生产模式，还是程序化购买开始取代传统代理经营模式，都离不开以科学技术为前提的一系列发展。广告的核心疑问——“我知道我的广告费有一半被浪费掉了，但我不知道是哪一半”，已经存在了几十年，只有在科学技术发展的今天，才会给这个疑问的解答带来新的思路。在科学技术的驱动下，才出现运营主体和运营流程构架的变化，才能打破传统媒介运营的垄断力量。随着科学技术的不断进步，新媒体运营的构成还会进一步加速变化。

## 三、营销传播的升级

在用户需求价值需求转移的过程中，必然会带来营销传播的升级，同时，科学技术的驱动也加速了这种升级的过程。营销传播的升级，保障了各个环节的运营，从而为用户需求价值需求转移和科学技术驱动提供了运营的保障。在媒体运营的行业里面，广告和营销，是不可回避的重要板块，对新的媒体运营方式起着支撑和促进的作用，也是新媒体运营方式是否能存活的验金石。符合营销传播的逻辑，会带来更多的收入，从而保障整个媒体运营各个主体存在的基本价值。也只有符合营销传播的逻辑，才会保障整个媒体运营构架流程更加流畅地运转。营销传播的升级在新媒体运营的主体环节，直接影响了内容生产方、平台提供方、广告主和运营优化方的变化。在这种传播升级的变化之下，程序化购买才能得到最大化的发展。

## 知识回顾

新媒体运营是指社会组织通过采用网络技术、数字技术和移动通信技术进行信息传递与接收的信息交流平台，包括固定终端与移动终端，将其投入的资源转化、增值为社会用户所需要的产品或服务的过程。新媒体运营类型繁多，运用平台多元，形式变化急速。其特点为：新媒体运营让消费者自主参与、互动销售；新媒体运营有效降低营销成本；新媒体运营能精准定位、满足个性需求；新媒体运营能有效面对危机公关。

在新媒体快速发展的过程中，我们需要了解新媒体运营构成的一系列变化。从新媒体运营的主体上来看，用户、内容生产方、平台提供方、广告主、运营优化方成为新媒体运营的主体，而且和传统媒体运营的主体重合者——用户、内容生产方、平台提供方、广告主也有着许多的区别。全新的变化使这些主体在构成新媒体运营构架流程上产生了新的特点，聚合分发取代垄断生产，程序化购买开始取代传统代理经营模式。

## 思考题

1.新媒体运营有哪些特点？

2.内容生产方的变化在行业内有哪些更典型的案例？

3.如何理解运营优化方市场的前景和潜力？

4.用户需求价值的转变带给新媒体运营哪些新的机会？

5.科学技术的驱动除了最典型的聚合分发和程序化购买，还带来哪些影响？

# 第二章　新媒体运营工具

## 知识目标

新媒体运营工具使用。

## 能力目标

1. 了解主要的新媒体运营工具。
2. 熟悉新媒体运营工具的特征。

## 思维导图

- 新媒体运营工具
  - 搜索工具
    - SEO
    - 其他信息搜索工具
  - 编辑工具
    - 工作计划工具
    - 图像、图形工具
    - 内容编辑
    - 排版工具
    - 修改审核工具
  - 数据分析与可视化等工具
    - 数据采集工具
    - 数据储存和整理工具
    - 数据分析与可视化工具
  - 推广与变现工具
    - 推广工具
    - 变现工具

## @ 案例导入

江小白十年微博帖

2021年江小白成立十周年之际，江小白品牌方在微博连发100条声明，回应所有的误解和批评。每一条声明都具备独特的配色和字体，配以趣味十足的文案，一连发布了好几天。声明中透露的委屈意味让不少人产生共鸣，齐齐模仿“声明体”来发帖，将江小白送上了热搜。细细想来江小白这次反套路的操作，其实是品牌文案能力的深度发挥。用这种直面大众质疑的形式，表明了自身做好产品的坚定信心，为下一个十年铺好了路。(图2.1)

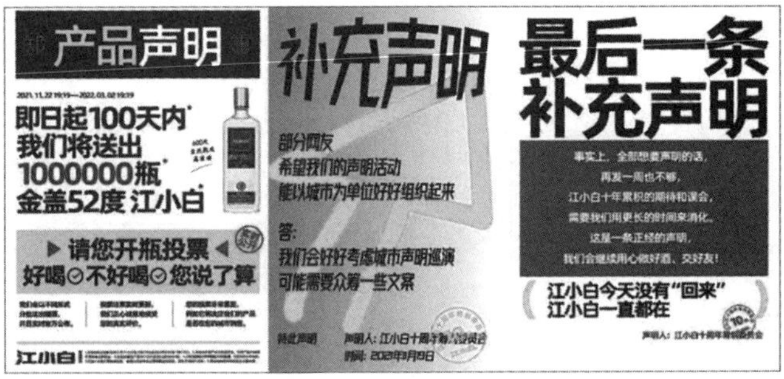


图2.1　江小白热搜案例(网络图片)

# 第一节　搜索工具

当今，新媒体运营优秀案例层出不穷，运营知识不断迭代，创意遍地开花，作为新媒体的运营者，无论是初入还是熟手，都需要不断积累和学习。这就需要用到搜索工具来查找信息。同时，搜索工具也具有运营的作用，其中经常被用于运营的搜索工具有SEO(Search Engine Optimization，搜索引擎优化)等。

## 一、SEO

SEO是当用户在网络上搜索信息时将营销信息更好地传递给目标用户，通俗点说就是基于搜索引擎平台的一种网络营销模式，通过用户对搜索引擎的使用习惯以及依赖性，为目标用户传递更多有效的信息。搜索引擎优化是运营网站最困难的部分之一。一般搜索引擎优化分为整站优化和关键词优化。整站优化是从底层代码到网站关键字布局再到内容，进行全面优化，优点是自然流量和转化率高，但相对来说技术门槛高，费用高。关键词优化仅仅对关键词本身进行改进，完成优化，优势是操作简单，但上涨慢，耗费时间长，一般需要3个月左右的时间才能完成优化。接下来介绍一下整站优化思路。

### 1.优化网站源代码

有时候，网站基础代码是导致网站没有排名收录的根本原因。即使网站做得再漂亮，宣传得再好，就是没有搜索量，网站排名收录就不理想。因此，需要先对网站源代码进行优化，从地基开始做。

### 2.定位关键词

如果网站源代码没有问题，就需要看看关键词的选择是否存在问题。关键词大致分成两类：核心关键词和长尾关键词。核心关键词一般由3~5个字组成，短而精炼；长尾关键词一般都是词组，是整站优化的关键。挖掘关键词，进行网站关键词布局的具体方法如下：

（1）通过百度搜索下拉框分析用户需求。

下拉搜索框可以提炼出用户搜索的主要需求。关键词覆盖的用户需求和关注点越多，意味着触达的用户也越多，成交的概率自然也更大。例如，搜索“护肤”，可以看到排序靠前的是护肤品十大排名品牌前十名、护肤的正确步骤、护肤品成分检测网站等，体现了用户的需求。关键词与此相关就更容易被搜索到。（图2.2）

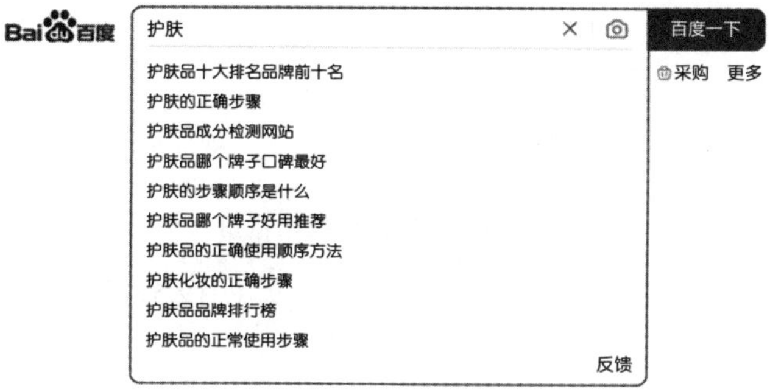


图2.2　百度搜索截屏

(2)关注相关搜索,拓展关键词的方向。

除了百度下拉框,还有底部的相关搜索也不能忽视,一般推荐的词都是和用户近期关注的问题或者内容有关。通过分析推荐内容,可以挖掘出用户主要关心的问题。比如截图中的护肤方面的知识,说明用户对护肤方法很关心。(图2.3)

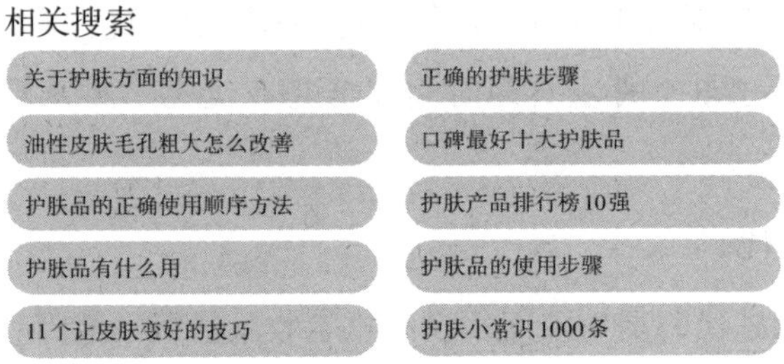


**图2.3　百度相关搜索截屏**

(3)借助百度指数,确定行业大词。

百度推广后台作为一个官方渠道,提供的数据是可以参考甚至可以深挖的。还是以“护肤”为例,通过搜索指数可以看出每天的搜索次数。(图2.4)

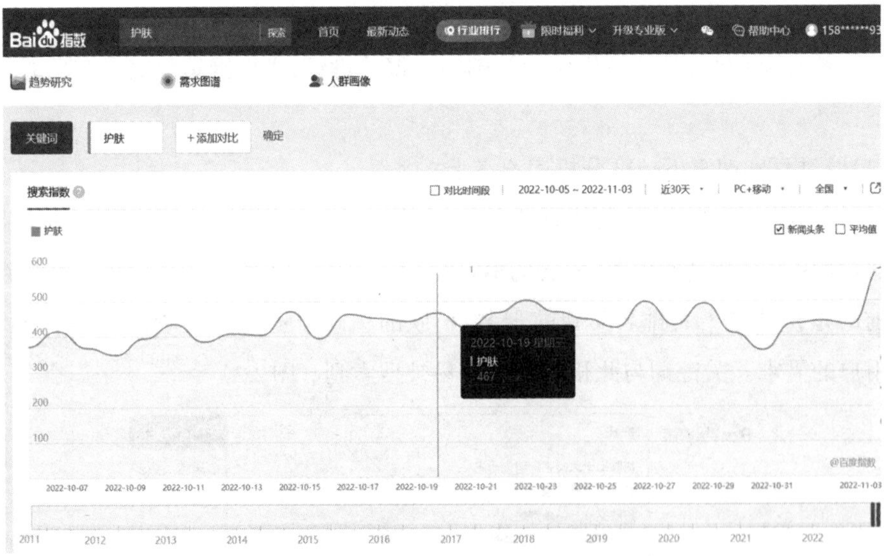


**图2.4　百度搜索指数截屏**

通过需求关键词图谱可以看到搜索关系和次数。(图2.5)这时就可以在大致的范围内确定行业的关键词。

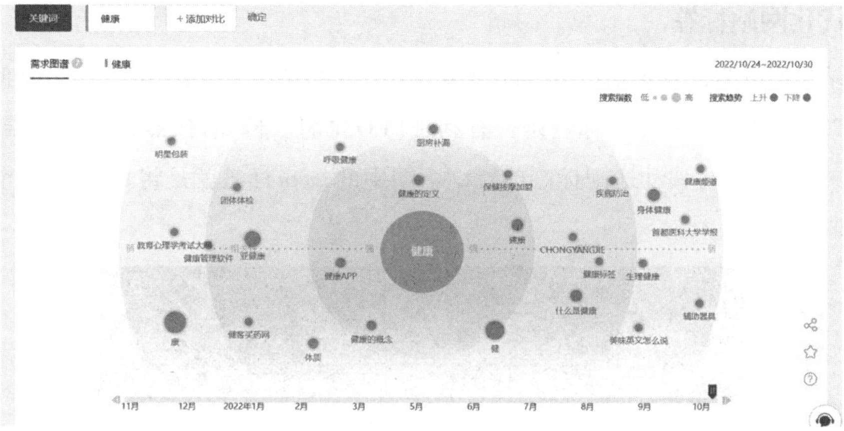


图2.5　百度关键词需求图谱截屏

（4）借助SEO大数据分析平台，挖掘需求流量词。

SEO大数据平台可以对用户需求流量进行挖掘，得出需求方向。例如5118就是一个功能齐全且容易上手的数据分析平台。（图2.6）

图2.6　5118数据分析平台截屏

### 3.优化网站加载速度

页面速度和访客的滞留时间、跳出率以及收入都有直接的关系。另外，网站的排名算法中也把页面加载速度作为其中一项考虑因素。小于2秒的页面载入时间是优良的，4秒是可接受的，而大于5秒的页面载入时间不仅影响网站的搜索引擎排名，还会严重影响用户体验，需要进行优化。优化方法包括：优化图像、去掉不必要的插件、减少DNS查询、最小化重定向、使用内容分发网络、把CSS文件放在页面顶部而JS文件放在底部、使用CSS Sprites整合图像等。

### 4. 优化网站标签

网站标签分为标题描述(Title and Description,TD)和关键词meta标签[①]。检测TD标签的同时,要检查一下meta标签是否有利于SEO排名。例如,按照推崇移动端优先原则,就要检测是否将移动适配标签前置。下图中的meta标签就是将PC端进行前置,需要进行调整。(图2.7)

```
<meta name="viewport" content="width=device-width, initial-scale=1, shrink-to-fit=no">

<meta name="applicable-device" content="pc,mobile">
```

图2.7　meta标签截屏

### 5. 网站URL地址优化

作为企业网站,一般很少会每天发很多文章,就可以把URL设置成有意义的单词或者拼音,优化网站排名。网站优化会涉及网站静态化的问题,需要Apache重写规则的配合,来达到URL地址静态化,后缀使用html或者直接是\结尾。

### 6. 重新定向网站

重新定向网站就是让所有不带www的域名跳转到https://www.seozen.top这个域名地址进行SSL认证。虽然这会让服务器解析速度变慢,但是安全性提高了,而且谷歌和百度都明确提出对有SSL认证的网站会给予更多的权重。

## 二、其他信息搜索工具

信息的搜索对运营者不断学习与提升有着积极的作用。信息搜索工具通常有以下几类:

(1)Vlinkage(www.vlinkage.com/datatop.html),饭圈俗称"V榜"。它和寻艺指数挂钩,提供娱乐圈艺人、影视综艺的指数和完整榜单。(图2.8)

---

① meta元素可提供有关页面的元信息(meta-information),比如针对搜索引擎和更新频度的描述和关键词。

图2.8 Vlinkage截屏

(2)青瓜传媒(www.opp2.com),集文案、推广、运营、营销于一身的干货网站。(图2.9)

图2.9 青瓜传媒截屏

(3)运营大叔(www.yunyingdashu.com)、数英网(www.digitaling.com)、人人都是产品经理(www.woshipm.com),是新媒体人、运营者都该关注的网站。(图2.10)

图2.10 人人都是产品经理截屏

(4)ADGuider(www.adguider.com),最全最智能创意案例库。最大的亮点是支持组合词智能搜索,可以按“时间+行业+品牌+节日+类型+明星+广告公司+广告人+国家+语言”等组合词智能搜索。(图2.11)

图2.11　ADGuider截屏

(5)36氪(36kr.com),互联网创业生态服务平台,不仅提供最新创业公司信息,还有一些投融资对接项目。它以独家视角为用户深度剖析最前沿的资讯,内容涵盖快讯、科技、金融、投资、房产、汽车、互联网、股市、教育、生活、职场等多个领域。(图2.12)

图2.12　36氪截屏

(6)新榜榜单(www.newrank.cn),可以查询目前主流平台的作品排名情况及作品/账号的相关数据。例如微信、微博、头条号、抖音号等。(图2.13)

图 2.13　新榜榜单截屏

（7）艾瑞数据（data.iresearch.com.cn/Home.shtml），是反映中国互联网整体、移动互联网市场客观情况的大数据服务平台，该平台可以免费查询移动 App 指数、PC Web 指数、移动设备指数、移动渠道指数、网络影视指数等 7 种数据。（图 2.14）

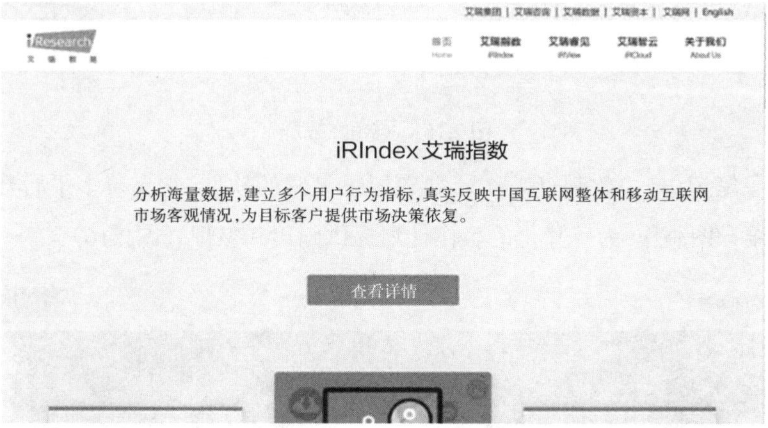


图 2.14　艾瑞指数截屏

# 第二节　编辑工具

目前，新媒体运营行业发展越来越快，对内容编辑的要求也日益增加。现在的新媒体编辑器种类繁多、五花八门，只有用对工具，选择最适合自己的编辑器，才能在工作上提高效率、节省时间。

# 一、工作计划工具

在运营前做好工作计划和项目管理是运营成功的关键前提。运营工具可以帮助提高效率。主要工具有：

(1)XMind，不仅可以绘制思维导图，还能绘制鱼骨图、二维图、树形图、逻辑图、组织结构图。并且可以方便地在这些展示形式之间进行转换，还可以导入MindManager、Free Mind数据文件，能绘画出整体的运营思路。(图2.15)

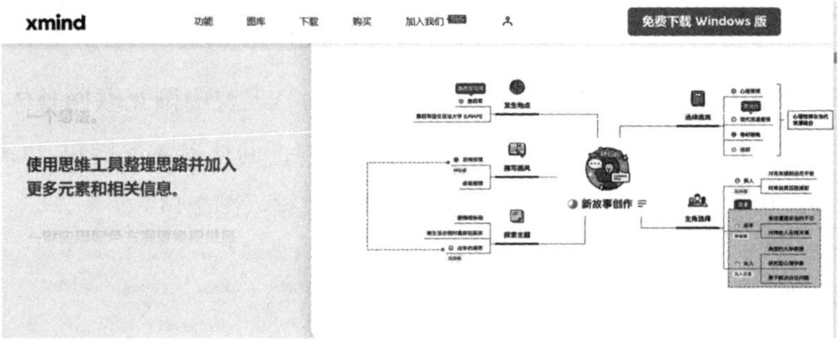


图2.15　XMind截屏

(2)印象笔记，是一款制订工作计划和记录灵感的软件，它支持多平台数据同步更新，支持思维导图制作，为碎片化的工作计划提供归集和整理。(图2.16)

图2.16　印象笔记截屏

(3)智办事，是一款帮助用户做目标管理、项目管理和时间管理的工具，可以使运营工作更加精细化，提高工作效率。日常的工作都是围绕着目标和事情进行的，所以智办

事提出以“目标+事情”为中心，帮助用户更好地完成工作。（图 2.17）

图 2.17　智办事截屏

（4）考拉新媒体导航，聚合的网站非常丰富，有大量和视频有关的工具，比如短视频数据、视频辅助、视频素材、高清图库、抖音数据、操作后台等，为做好短视频提供有效的信息。（图 2.18）

图 2.18　考拉新媒体导航截屏

## 二、图像、图形工具

（1）PS（Photoshop），主要处理以像素构成的数字图像，能够通过众多的编修与绘图工具，完成所有与图像、图形、文字、排版等相关的工作。（图 2.19）

图 2.19　Photoshop 截屏

（2）AI（Adobe Illustrator），也是由 Adobe 推出的一款矢量图形软件，不仅在插画制作上广泛使用，还集成了文字处理和上色等功能。它与 PS 的区别在于二者处理的对象不同，PS 主要针对具有像素的图像（如数码照片），而 AI 主要处理不含像素的矢量图形（如 LOGO 图形）。（图 2.20）

图 2.20　Adobe Illustrator 截屏

（3）Screen GIF，是一款 GIF 动画录制工具，可以直接从屏幕捕捉 GIF 图像，然后直接保存为 GIF 格式的动画图像。同时在保存过程中，可以对 GIF 动画进行编辑优化。（图 2.21）

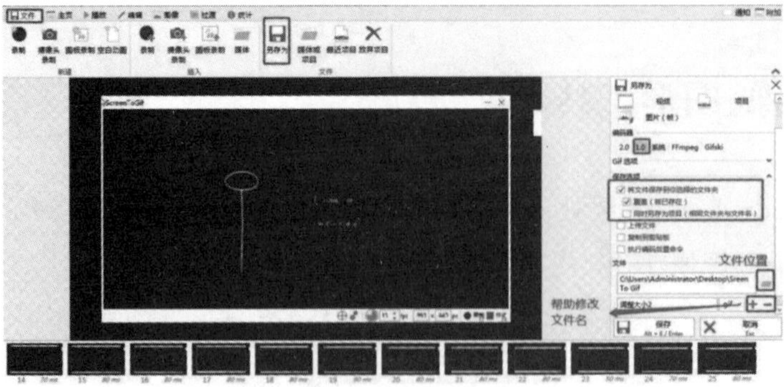


图 2.21　Screen GIF 截屏

（4）CollageIt Pro，是一款操作非常简单的照片拼贴工具，只需要三个步骤就可以让照片变得与众不同。支持添加照片，设置参数，并生成拼贴预览，完成后保存为图像格式，如BMP、JPEG、PNG、TGA和GIF等。（图2.22）

图2.22　CollageIt　Pro截屏

（5）Pexels（www.pexels.com/zh-cn），可以说是图片素材界的超级网红，每周都会定量更新，还提供强大的筛选功能，可以按搜索热度或颜色等来筛选图片，按照多种分辨率下载图片。（图2.23）

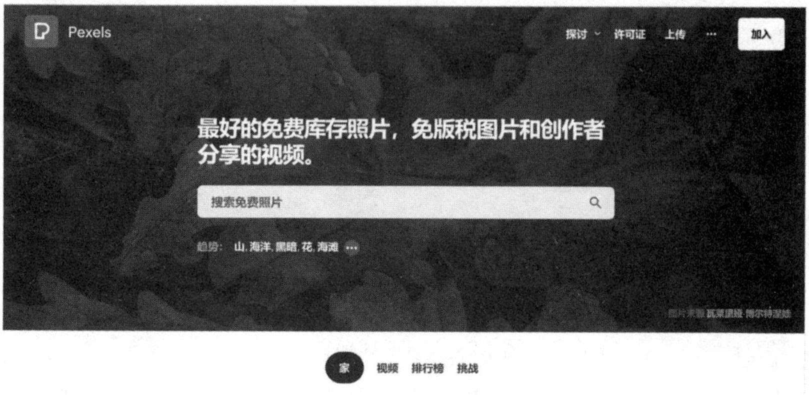


图2.23　Pexels截屏

（6）稿定设计（www.gaoding.com），是一个超级强大的在线设计工具，可以在线PS、制作

PPT、设计电商图片等，其功能强大，特别是在线PS功能，还可以AI抠图，最快3秒就能完成。(图2.24)

图2.24　稿定设计截屏

## 三、内容编辑

(1)小鸡词典(jikipedia.com)，是一部新文化词典和新历史百科词典。无论是网络流行语，还是拼音缩写、各种弹幕梗，甚至是小众黑话，都详细地做了收录和解释，还有表情包、来源、相关话题等。(图2.25)

图2.25　小鸡词典截屏

(2)我是文案(copywrite-tw.com)，里边含有文案案例、文案新闻、文案笔记、文案撰写技巧以及文字工作者心得分享，大多是清、浅、营造氛围、触动人心的文案风格，可以出现在追求生活态度、设计美学、穿搭质感、乐活风格中。(图2.26)

图2.26 我是文案截屏

(3)GIISO写作机器人(www.giiso.com/#),直接输入热点内容或者点击下方实时热点,它就能AI生成热点内容。它提供热点写作、提纲写作等类型写作,具备智能写作、智能推荐素材、稿件改写、稿件查重、稿件纠错等功能,可以把它当作一个内容聚合器,激发灵感,修改完善。(图2.27)

图2.27 GIISO写作机器人截屏

(4)iH5(www.ih5.cn),是国际专业的H5页面制作工具与创作服务平台,涵盖H5广告展示平台、H5可视化编辑工具、工具教学与培训中心、数据监控中心这四大主要栏目。其优势在于允许在线编辑网页交互内容,支持各种移动端设备和主流浏览器,把所有元素的动画对象化处理,可以很方便地在不同案例之间复制。但是,学习成本较高,不适合不懂代码的初学者。(图2.28)

图 2.28　iH5 截屏

（5）MAKA（maka.im），一款简单、强大的 HTML5 创作工具，含有海量精美模板，主要用户群体是设计师，操作体验较优，功能较简洁。但是需要注意，MAKA 免费版不提供添加外链的功能，也不提供自定义动效、支付、导航、预约等功能。（图 2.29）

图 2.29　MAKA 截屏

## 四、排版工具

（1）秀米（xiumi.us），一款原创模板精选风格排版器，使用完全免费，零基础也可以做出精美个性的排版。只要设置好参数，把文字复制过去，就可以直接生成专属排版。（图 2.30）

图 2.30　秀米截屏

(2)壹伴(yiban.io),一款好用的微信编辑器。无须打开第三方页面,热点搜索实时进行更新,可以一键采集网页内容至公众号素材库,同时还有很多丰富的数据检测采集功能。缺点是需要下载安装,也不太适合新手。(图 2.31)

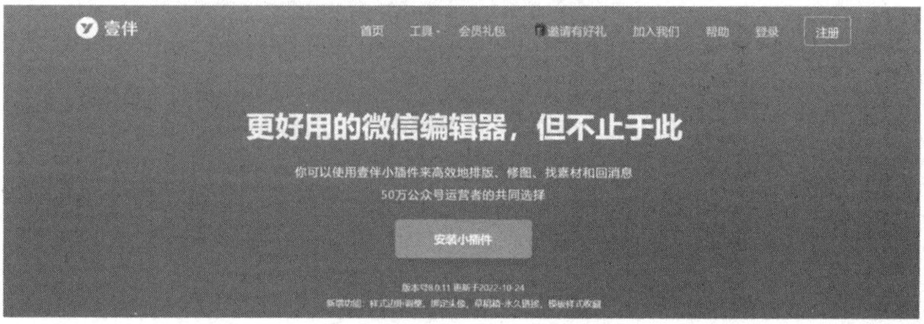


图 2.31　壹伴截屏

## 五、修改审核工具

(1)句易网(www.ju1.cn),一款违禁词、敏感词查询检测工具,适用于各类广告、宣传

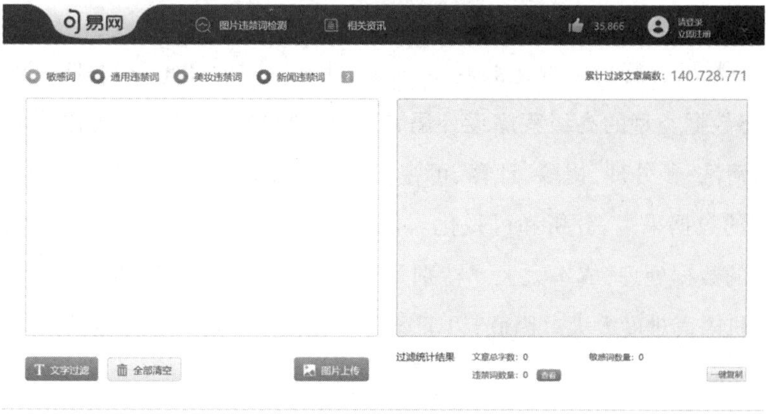


图 2.32　句易网截屏

片、微电影、纪录片等文案检查。将后期或者文案的文字复制粘贴，点击过滤，里面不同类别的敏感词都会用不同颜色标出来。（图 2.32）

（2）写作猫（xiezuocat.com/#），是一款可以全面检测错别字、标点符号误用和病句，并给出智能修改建议，帮助用户避免低级错误、提升文章质量的工具。同时，它还具有改写功能，可以提供一个句子的不同表达方式，为用户的创作提供更多灵感。（图 2.33）

图 2.33　写作猫截屏

# 第三节　数据分析与可视化等工具

Python 是数据分析与可视化的通用工具。其原因在于 Python 本是一种解释型、面向对象、动态数据类型的高级程序设计语言。（图 2.34）因此，Python 可以完成数据采集、生成、检查、清洗、预处理、提取、计算、可视化这一整个数据分析过程。优点在于可以完成所有类型的数据采集、分析和可视化。但作为高级程序设计语言，学习门槛较高，如果用于简单的数据处理，成本太大。特别是对于大部分文科背景的运营者而言，从头学习一门计算机语言难度太大。因此，以下还介绍几款不需要编程就能操作的软件。

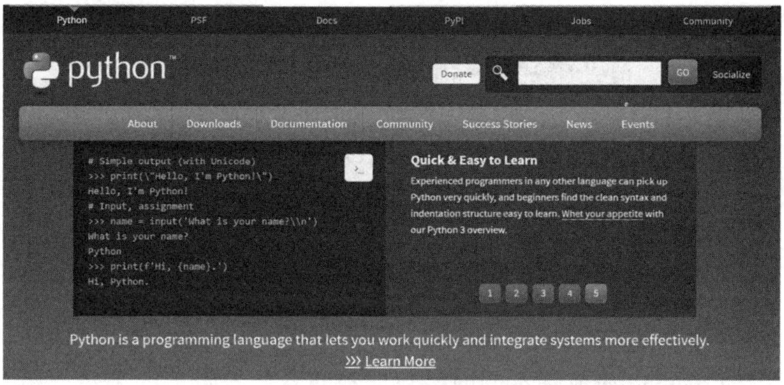


图2.34 Python截屏

## 一、数据采集工具

(1)集搜客(www.gooseeker.com),一款简单易用的网页信息抓取软件,能够抓取网页文字、图表、超链接等多种网页元素,能提供好用的网页抓取软件、数据挖掘攻略、行业资讯和前沿科技等。该工具的优势在于不用编程就可以轻松上手,但对于复杂和反爬技术完善的网页基本无法爬取。(图2.35)

图2.35 集搜客截屏

(2)问卷星(www.wjx.cn),是一个专业的在线问卷调查、考试、测评、投票平台,专注于为用户提供功能强大、人性化的在线设计问卷、采集数据、自定义报表、调查结果分析等系列服务。(图2.36)

图2.36　问卷星截屏

以上两个工具可以完成基本的网络数据和问卷调查数据的采集。相对Python而言，门槛低，容易上手。

## 二、数据储存和整理工具

（1）Excel（Microsoft Excel），是微软为其操作系统电脑编写的一款电子表格软件。直观的界面、出色的计算功能和图表工具，再加上成功的市场营销，使Excel成为最流行的个人计算机数据处理软件。该软件可以用于各种数据源，进行基本统计和数据清洗、整理计算，是目前运用较多的数据储存和整理工具。但面对超过十万条的数据，运算速度较慢，需要用数据库进行储存和整理。（图2.37）

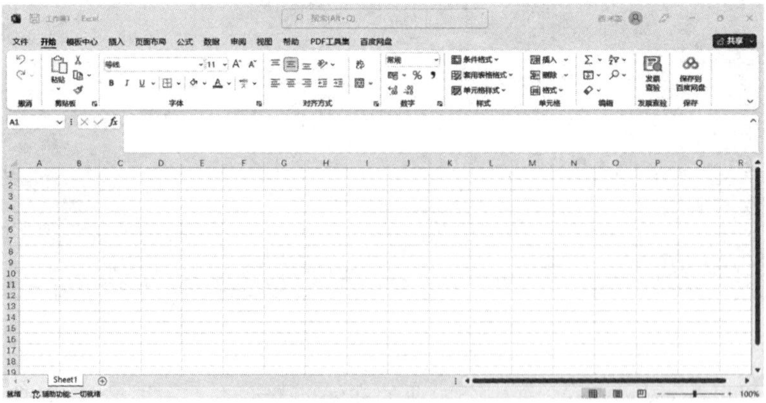

图2.37　Excel截屏

（2）SQL（Structured Query Language），是具有数据操纵和数据定义等多种功能的数据库语言。这种语言具有交互性特点，能为用户提供极大的便利。SQL语言不仅能独立应用于终端，还可以作为子语言为其他程序设计提供有效助力，该程序应用中，SQL可与

其他程序语言一起优化程序功能,进而为用户提供更多更全面的信息[①]。(图2.38)

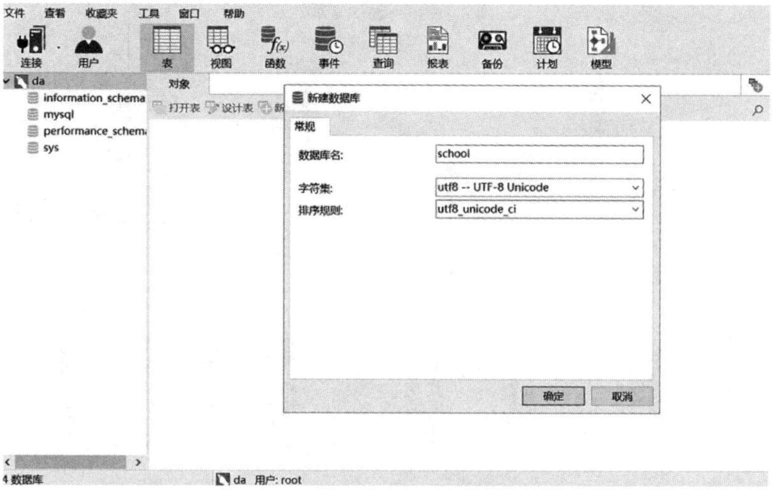


图2.38 SQL截屏

## 三、数据分析与可视化工具

数据分析工具可以简单地分成基础版、进阶版和高级版三种。所谓基础版的分析工具就是已经被开发成产品,用户只需要输入内容就可以生成分析结论,但缺点在于只能处理一些基本的内容,对于较为复杂的数据收费较高。进阶版的分析工具能够处理一些相对复杂的问题,但也需要操作者具备缜密的数据思维和一部分计算机逻辑(如Excel,SPSS等)。高级版的分析工具能够处理各种复杂问题,也能够确定分析的准确度,且免费开放,但门槛比较高,通常需要具有计算机的编程能力(如Python等)。

数据可视化是指将相对晦涩的数据通过可视的、交互的方式进行展示,从而形象、直观地表达数据蕴含的信息和规律。可视化的工具也可以分为基础和编程两类,当然在基础类型中对不同数据的处理也有不同。下面介绍几款无须编程的数据分析与可视化工具:

(1)百度指数(index.baidu.com/v2/index.html#),可以根据搜索,分析关键词的趋势研究、需求图谱、舆情洞察、人群画像等。(图2.39)

① 张春波,李晓会.SQL Server数据库性能优化研究[J].信息与电脑(理论版),2018(05):143-145.

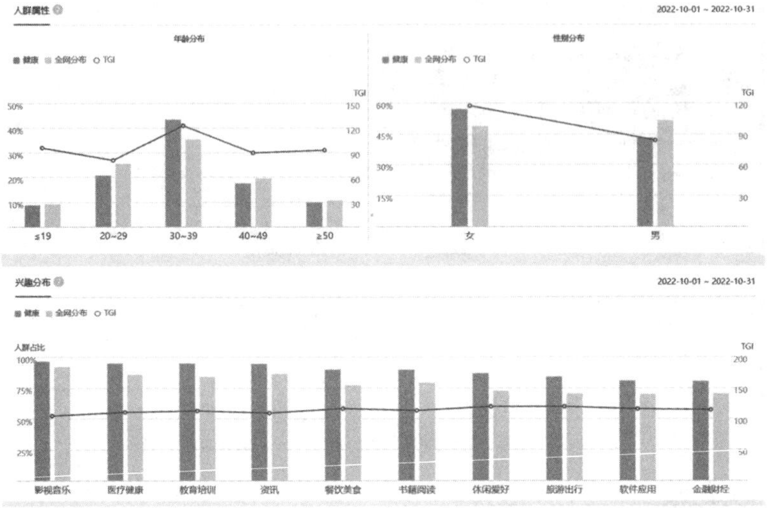


图 2.39　百度指数截屏

（2）数英指数（www.digitaling.com/dindex），可以用来评估一些代理商的综合实力以及各品牌的营销表现，前提是该品牌入驻了数英网。（图 2.40）

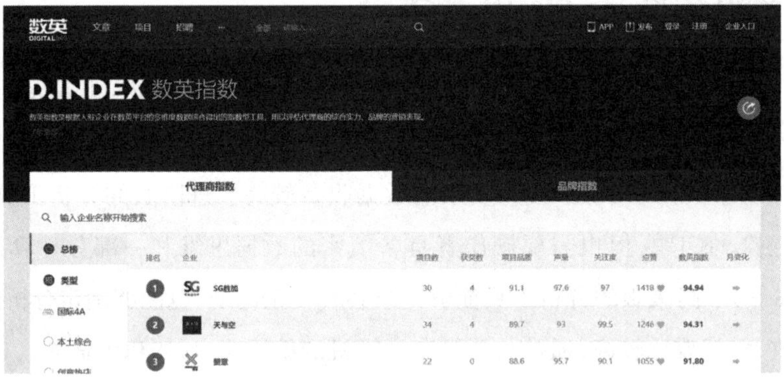


图 2.40　数英指数截屏

（3）诸葛 io（zhugeio.com），是一款精细化数据分析工具，致力于辅助中小企业快速实现用户行为数据的采集、分析与管理。诸葛 io 拥有用户行为画像、自定义留存分析、漏斗流失人群分析、行为路径图谱等多项功能，能深度挖掘用户行为的分析价值，实现以数据驱动产品决策。（图 2.41）

图 2.41　诸葛 io 截屏

(4)SPSS(Statistical Product and Service Solutions),是IBM公司推出的一系列用于统计学分析运算、数据挖掘、预测分析和决策支持任务的软件产品及相关服务的总称。它集数据录入、整理、分析功能于一身,用于描述性统计、均值比较、一般线性模型、相关分析、回归分析、对数线性模型、聚类分析、数据简化、生存分析、时间序列分析、多重响应等几大类的分析。(图 2.42)

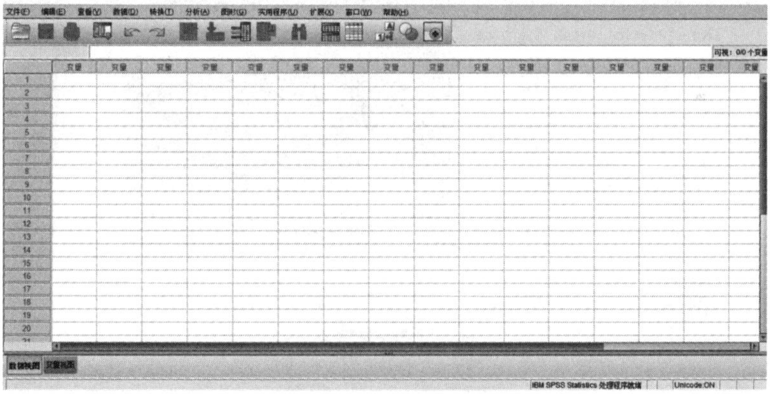


图 2.42　SPSS 截屏

(5)Tableau,是全球知名度很高的数据可视化工具,用户可以轻松用Tableau将数据转化成想要的形式,而且可以通过Tableau软件、网页,甚至移动设备来随时浏览已生成的图表。(图 2.43)

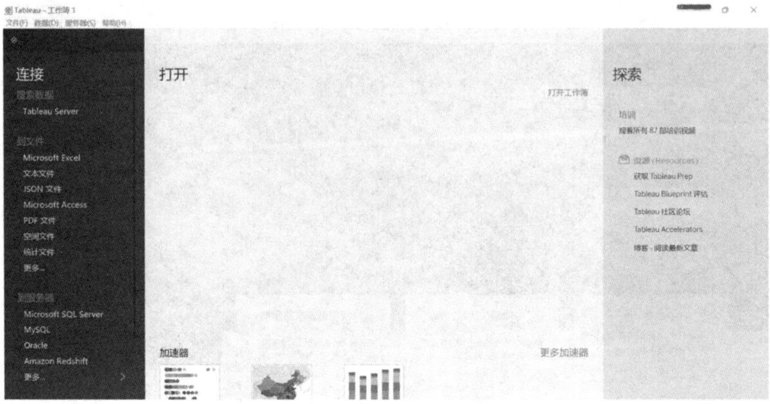


图 2.43　Tableau 截屏

(6)Gephi,是一款著名的开源可视化软件,主要是用于处理关系数据并制作关系网络图。例如,分析微博等社交媒体上谁与产品有关,谁向谁推荐了产品,他们还有什么爱好等,对这些都可以进行关联分析。(图 2.44)

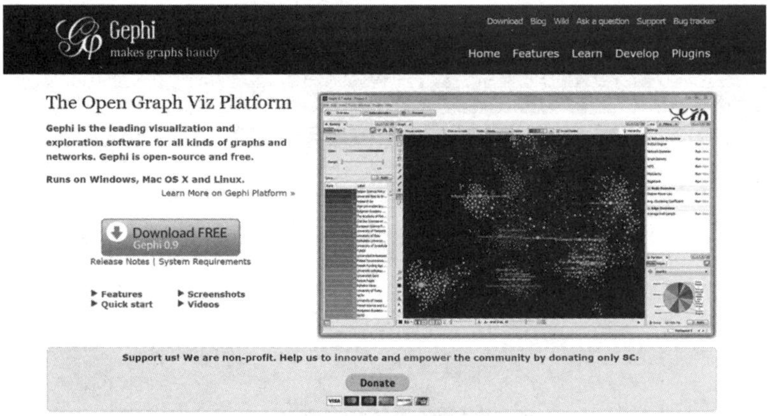


图 2.44　Gephi 截屏

# 第四节　推广与变现工具

对于新媒体运营而言,推广和变现是其最终目的,也决定着运营的成败。借助工具可以对推广和变现效率提高起到一定的作用。因此,下面介绍几款常用工具:

## 一、推广工具

新媒体推广是指通过新媒体的渠道运营，通过策划品牌相关的优质、高度传播性的内容和线上活动，向客户广泛或者精准推送消息，提高客户参与度和品牌知名度，从而充分利用粉丝经济，达到相应营销目的。在推广的过程中，也可以借助一些工具来提升效率。例如：

（1）孤鹿（Grouplus，grouplus.net），是国内领先的社群化运营工具，使用场景包含活动、众筹、问卷、打赏留言、短信等，助力社群运营更高效。它可以用于活动报名、用户调研问卷、众筹、打赏，甚至是商品售卖等丰富的营销场景，每月2 000条免费短信。活动数据一看就懂，流量、转化、传播渠道都能监控。（图2.45）

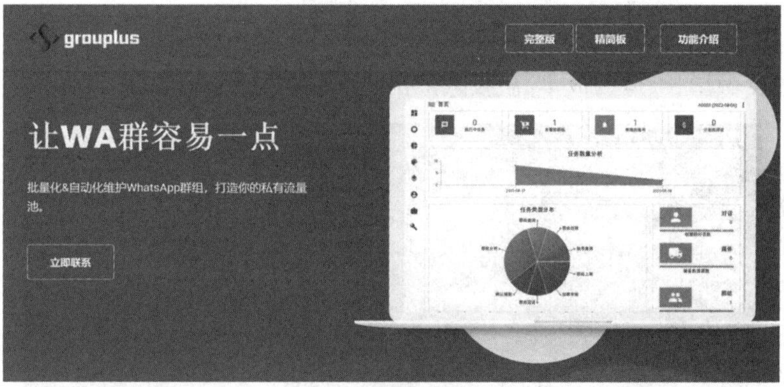


图2.45　孤鹿截屏

（2）侯斯特公众号商店（www.weixinhost.com），是一个提供微信基础功能、营销应用、H5模板、SCRM管理、多公众号管理的推广工具。侯斯特在微信现有功能的基础上进行了深度开发，为公众号提供SCRM粉丝管理功能，更有效地进行粉丝管理，进而实现微信端精准推广。运营人员可以像给手机安装App一样为公众号添加各种功能和服务，实现真正意义上的按需选择和一键安装。

（3）LinkedME（linkedme.cc），是一家企业级深度链接服务平台，通过给App添加唯一的深度链接，可以实现App与App内容页之间的链接和跳转，从而把运营在App之外的潜在流量全部导流到App内，提高App下载、活跃、留存和转化的效率。（图2.46）

图2.46　LinkedME截屏

(4)小裂变(xiaoliebian.com),是通过企业微信SCRM系统链接打通微信公众号、企业微信号、微信视频号、社群等多个流量触点,建立智能化企业微信用户增长系统,解决企业没有思路做增长、运营成本高、投入产出比低的痛点。(图2.47)

图2.47　小裂变截屏

## 二、变现工具

变现的意思是把非现金的资产和有价证券等换成现金。变现的方式各有千秋,总体上分为广告变现、增值服务变现、电商变现、游戏变现、直播变现、金融变现等。变现过程中可以借助一些工具来提高效率,增强变现的程度。

(1)小鹅通,是一款功能较为强大的教育产品和教学场景SAAS平台,能够通过图文、音视频、社群、付费问答、直播、打卡签到、训练营等方式,完成邀请、推广、好友助力、拼团、红包、优惠券、涨粉、链接分销等几乎所有的营销方式，帮助知识创业者最大限度地实现裂变和销售。同时，小鹅通能够通过客户关系管理实现数据化管理、教务管理和培训管理体系改造和支撑，帮知识运营者打磨出更多的爆款课程。但该工具的缺点是免费试用的功能少，付费服务收费较高，对于刚开始运营的创作者而言成本较高。(图2.48)

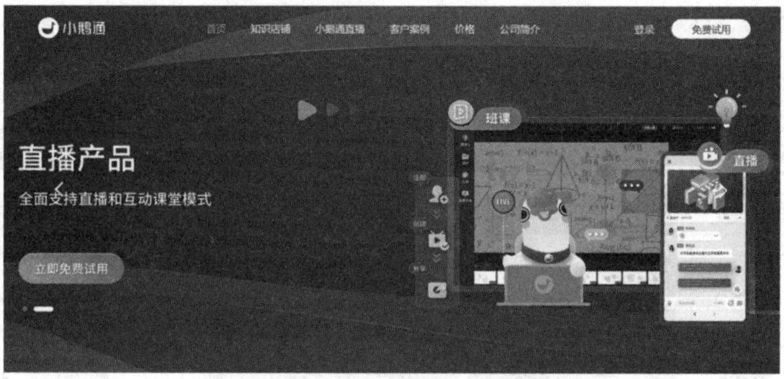


图2.48　小鹅通截屏

(2)Wetool，是微小宝开发的一款高效微信社群管理工具，可以通过积分统计、素材库、社群裂变、群聊功能、机器人功能等比微信更强的功能，支持群统计、自动接受好友、批量群邀请、自动踢人、多群转发等，协助运营者完成多群消息引流、管理和社群裂变。(图2.49)

图2.49　Wetool截屏

(3)有赞,是一款由自媒体电商变现的工具,后台直接绑定即可生成一个微商城。其致力于打造商品快速销售和流通的平台,供货商通过平台与众多有赞商城分销商及微小店店主建立合作关系。目前分销市场已全面覆盖从食品、美妆、日用百货到黑科技、母婴等12个行业大类,引流款、爆款、利润款一应俱全。有赞能够帮助运营者解决渠道销售问题,建立自己的分销网络,提供个性化的分销选货市场,让更多人、平台和流量帮助分销产品。(图2.50)

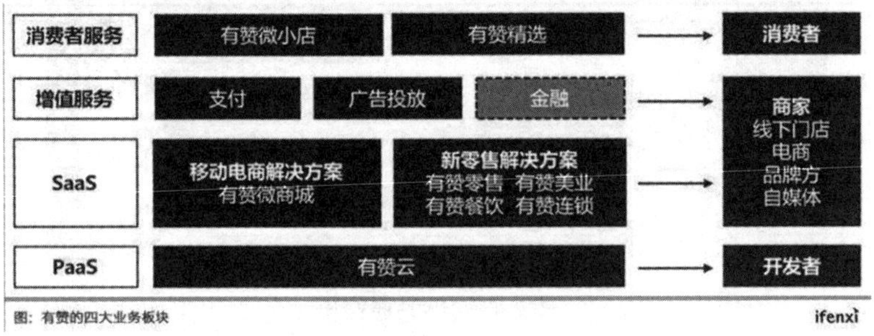


图2.50 有赞业务板块(网络图片)①

了解并学习使用各类新媒体运营工具,可以帮助运营者更加有效、快速地将产品和服务推广出去,吸引更多有效用户,树立品牌形象,优化运营体系,达成运营目的。尽管如此,运营者在借助工具进行运营前,需要清楚地设计好整个运营流程和步骤,才能选择有效的运营工具,以免过度依赖工具而造成成本增加和错误判断。

① 黄勇.付费商家超10万,有赞离百亿美金SaaS公司还有多远[EB/OL].(2018-10-15)[2022-03-07].https://ifenxi.com/research/content/4238.

## 知识回顾

本章主要介绍了新媒体运营过程中搜索、编辑、数据采集、数据储存和整理、数据分析与可视化、推广与变现等常用的新媒体运营工具。这些工具能够帮助运营者简化烦琐的运营工作，提高效率，降低成本，提升运营的成功率。但运营者不能过度依赖工具，在工具选择和使用时需要明确目标、细化方案。

## 思考题

1. 什么是新媒体运营的工具?
2. 新媒体运营工具有哪些特点和作用?
3. 一个新媒体运营者应该如何看待和选择适合的运营工具?

# 第三章　新媒体用户运营

## 知识目标

1. 新媒体用户运营的概念和特征。

2. 新媒体用户运营的流程与方法。

## 能力目标

1. 能表述新媒体用户运营的概念。

2. 能清晰地理解新媒体用户运营的流程与方法，并在现实环境中运用。

## 思维导图

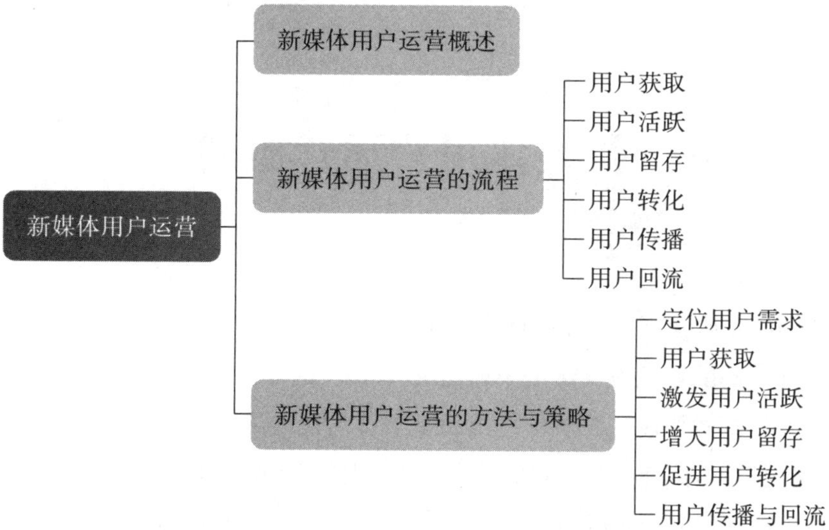

## 案例导入

2022年，随着春节的临近，王老吉推出“姓氏罐”抢占新春运营先机，为用户提供个性化服务，寻找归属感。在中华传统文化中，“家”的概念根深蒂固，姓氏象征着家族的传承，不同的姓氏背后蕴藏着不同的家风文化。王老吉正是以此为突破口，为不同姓氏的消费者“定制”包装，并在原有的红罐上增添代表本氏族的图腾，寓意吉祥如意（图3.1）。

在“姓氏罐”系列的新媒体运营方面，王老吉更是注重用户运营，以用户的感受为第一要务，将用户留言进行再创作，并制作姓氏科普H5形成留言海报（图3.2），使用户感受到了被重视。王老吉以用户为中心，在中华传统姓氏文化的基础上，将自身产品营销与用户运营进行巧妙结合，引爆话题，实现淘宝月销量超过10万，入选天猫“年货节必买榜”。这些耀眼的成绩都离不开王老吉在运营过程中对用户的重视。只有把用户真正的需求摆在第一位，用户才会为产品买单。

图3.1　王老吉“姓氏罐”产品图（网络图片）

图3.2　王老吉姓氏科普H5留言海报（网络图片）

# 第一节　新媒体用户运营概述

内容、平台、渠道、终端、用户，是互联网实践中至关重要的几大要素。无论是优质的内容供给、开放的平台搭建，还是完善的渠道建设、智能化的终端设备革新，最终都是为了实现一个目的——通过用户获取盈利，这也是新媒体时代的商业模式。

用户运营是用户研究的一种角度，其实质来源于传播学的重要研究部分——受众研究。“受众”是指传播过程或传播活动中讯息的接受者或受传者，是传播的对象，是读者、听众和观众的统称。在新媒体环境下,"用户"一词不仅包括其"受众"的传统含义,而且包括以互联网、移动互联网为代表的新媒体网民和可精准辨析的使用者[①]。"用户"一词,反映了受众的主动性和能动性,在新媒体时代,通常指网络信息的使用者与网络服务的应用者[②],并具有个人性、互动性和参与创造性等鲜明特征。

"用户运营"一词,来源于国内互联网从业人员的工作实践,一般用来指代互联网的运营。目前业界和学术界众说纷纭,没有给出一个完整而确切的定义。从商业模式角度看,用户运营指以用户为中心,遵循用户的需求设置运营活动与规则,制定运营战略与运营目标,严格控制实施过程与结果,以达到预期所设置的运营目标与任务;从目标导向角度看,用户运营是一种带有业务目标的策略化服务,其中提供高质量内容是内容运营,举办活动是活动运营,个性化服务则是用户运营[③];从流程和方法角度看,用户运营是指对用户获取、用户采纳、用户留存、用户参与、用户体验、用户满意和用户回流等主题的研究;从职业角度看,用户运营是一种职业,也是一种手段,其职责包括传递价值、打造生态和创造玩法。建立和维护用户生产和用户消费的内容生态闭环,把产品的核心价值告知用户并深入用户内心,赋予产品多种多样的新鲜玩法和功能,能吸引用户,使产品更富有人情味[④]。

综上所述,为了便于理解与记忆,本书将用户运营定义为:以用户为中心,通过用户获取、用户留存、用户活跃、用户转化、用户回流等流程,赋予产品(服务)更多创意和功能而进行的用户维护的互动行为。

## 第二节 新媒体用户运营的流程

在传统产业和PC互联网时代,运营主体并不拥有用户,用户的流量统一存放于大平台(例如新闻网站、应用市场、搜索引擎和电商平台),大平台就扮演了具体分发用户的角

① 刘燕南,史利,等.国际传播受众研究[M].北京:中国传媒大学出版社,2011:12.
② 谢湖伟,吴静.新媒体环境下如何创造用户体验[J].传媒,2011(10):47-50.
③ 韩利.用户运营中的认知、考虑、行动模型[EB/OL].(2014-12-26)[2022-01-11].https://www.yunyingpai.com/user/120.html.
④ 韩叙.做运营这么久,你有没有想过运营的价值是什么[EB/OL].(2016-06-19)[2022-01-11].http://www.woshipm.com/operate/358636.html.

色。因此，运营主体需要用户时就必须持续付费给大平台。但在新媒体时代，新媒体的交互特征让用户与运营主体之间开始产生追随关系，即运营主体可以自己拥有用户，并可以通过反复不断地将信息、优质服务传递给用户来推动用户转化及自传播。因此，运营主体把对大平台的依赖转换成对用户的依赖，用户运营便成为新媒体运营的核心。

用户运营流程来源于“增长黑客”(Growth Hacker)理念①，一般来说就是用户获取(Acquisition)、用户活跃(Activation)、用户留存(Retention)、用户转化(Revenue)、用户传播(Referral)的一个漏斗式循环模式(如图3.3)，在这个漏斗中，被导入的一部分用户会在某个环节流失，而剩下的那部分用户则在继续使用中抵达下一环节，在层层深入中实现最终转化。

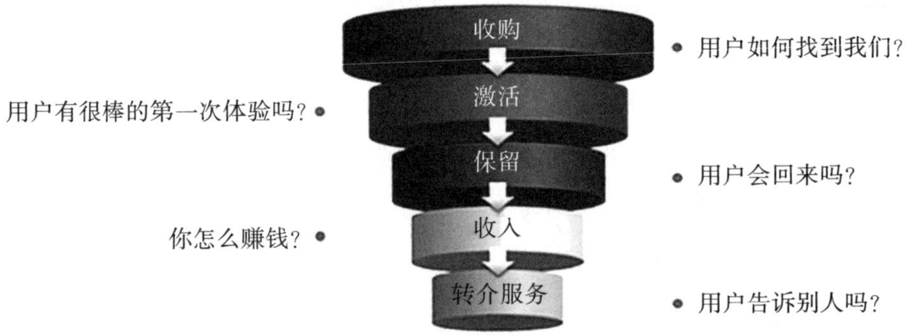


**图3.3 AARRR 度量漏斗图**

## 一、用户获取

用户获取是指在确定目标用户群体后，最大限度地将他们转化成自己的产品(服务)的用户的过程，这也是用户运营中所谓的开源或者拉新。例如，百果园在门店装修期间，以送小礼物的方式快速在销售范围内拉新，建立社群，获取第一批用户。在门店正式开始营业后，继续用优惠券吸引老用户拉新入群，在门店也同时开展入群有优惠的活动，持续不断地获取用户。

用户获取的方法和策略通常有平台导入、流量截取、社群推广、内容推广、线上引流、线下地推等几种，具体的内容与方法将在用户运营方法中进行详细讲述。

① “增长黑客”这一说法源于硅谷，最早在2010年由Qualaroo的创始人兼首席执行官肖恩·埃利斯(Sean Ellis)提出。在2012年4月安德鲁·陈(Andrew Chen)发表*Growth Hacker Is the New VP Marketing*一文后引起业界的广泛关注与交流。

## 二、用户活跃

用户活跃，是相对于“流失用户”的一个概念，是指要让用户积极使用产品并积极参与跟产品和其他用户的互动。流失用户，是指那些曾经访问过网站或注册过的用户，但由于对网站渐渐失去兴趣后逐渐远离网站，进而彻底脱离网站的那批用户。活跃用户用于衡量网站的运营现状，而流失用户则用于分析网站是否存在被淘汰的风险，以及网站是否有能力留住新用户。

用户活跃会根据不同产品（服务）有不同的界定，有的产品（服务）只要在用户指定时间内登录或者启动一次，就算用户活跃，有的产品（服务）需要进行特定的操作才算是用户活跃。当然后者比前者更具有价值，因为它调动了用户的参与和互动。

用于表现用户活跃的指标称为用户活跃度，常见的有日活跃用户数DAU（Daily Active Users），周活跃用户数WAU（Weekly Active Users）和月活跃用户数MAU（Monthly Active Users）。通常DAU会结合MAU一起使用，来衡量产品（服务）的用户黏性和衰退周期。例如，假设一款游戏拥有50万DAU，100万MAU，其DAU/MAU就是50%，也就是说玩家每月平均体验游戏的时间是15天。这一数值越高，说明用户黏着度越高。通常意义上“20%”被认为是一款产品的最低极限，基本保证游戏能够达到临界规模的病毒式传播和用户黏性，如果低于20%就基本可以不用投入大量精力运营了。

例如，百果园在获取用户进群后，每天在黄金时段推送3~5次爆品水果及当天的优惠活动，并解答用户疑问，保持社群的活跃度。同时充分利用店长的朋友圈，及时发送促销消息，放上购买链接，给用户种草，刺激用户消费。

**案例：百果园流量导入**

## 三、用户留存

用户留存是指在互联网行业中，用户在某段时间内开始使用产品，经过一段时间后，仍然继续使用该产品的行为。留存是一个用户使用长度和频率的指标，通常以留存率为核定标准，按照每隔1单位时间（如日、周、月）来进行统计，计算留存下来的用户占新增用户的比例。用户留存和留存率体现了应用的质量和保留用户的能力，是衡量一款产品（服务）是否健康成长的重要指标之一。公式为：留存率=登录用户数/新增用户数*100%（一般统计周期为天）。

一般情况下，观察与统计一款产品（服务）的留存分别以次日、第3日、第7日和第30

日为时间节点,它们的计算方法分别为:次日留存率=(当天新增的用户中,在第2天还登录的用户数)/第一天新增总用户数;第3日留存率=(第一天新增用户中,在往后的第3天还有登录的用户数)/第一天新增总用户数;第7日留存率=(第一天新增的用户中,在往后的第7天还有登录的用户数)/第一天新增总用户数;第30日留存率=(第一天新增的用户中,在往后的第30天还有登录的用户数)/第一天新增总用户数。

同样以百果园为例,其幕后的大数据算法分析每个用户的用户画像,根据用户购买水果的需求,为用户推送类似的产品。这里并不是简单的小明爱吃苹果,从没有买过梨子,就只推送苹果,不会推送梨子,而是分析小明所买的苹果口感如何,是脆的还是软的,是偏甜还是偏酸,从而分析出用户喜好,根据喜好推送相关水果,留住用户。

## 四、用户转化

用户转化也可以称为用户变现,是指让用户进行消费,转化成付费用户。商业的本质是将用户需求变现。对一款产品或服务进行的一切运营,归根结底都是为了通过对用户需求的迎合与满足,采取适当的方式进行转化和变现。用户转化是整个用户运营中最核心也是最困难的一个环节,其困难之处表现在并不是具有巨大用户量和高度用户活跃率的产品(服务)就能够获得相应的用户转化率。

例如,百果园的一个成熟门店在经历了初期拉新、店长社群发布促销活动、大数据推送产品后,稳定了大量用户。这时在低价促销和社群内小游戏的加持下,用户开始转化为消费者。再通过送货上门等服务,培养用户购买习惯等,将头批稳定用户转化为忠实粉丝,为后续用户传播奠定庞大的数量基础。

## 五、用户传播

用户传播是以人际传播理论为基础,应用社交网络完成、依托用户关系的病毒式传播,这是目前低成本推广产品(服务)的全新方式,运营恰当可以引发幂次方增长,通常也被称为爆发式增长。

社交网络的传播效率更高,这点毋庸置疑。百果园也正是抓住了这一点,通过发放优惠券的形式,激励老顾客拉新用户进入社群,双方都可获得奖励,这样可以不停地在私域流量中进行裂变,不断扩大社群规模。

## 六、用户回流

任何一款产品(服务)都会面临用户流失,流失也是不可避免的用户行为。在用户运营中,召回已经流失的用户也是优化运营效果的一项重要指标。回流是指用户在看到广告或好友的分享后,重新点击回到这个产品(服务)的过程,是运营主体追求的社交红利。回流能够验证用户对产品(服务)价值和体验的确认,以及社交的影响力。这是产品(服务)与社交互动运营之间最简单有效的闭环。

任何的消费者都不可能做到从一而终。如面对曾经流失的用户,百果园将目光放到了公域流量场,让丢失的用户从另一个渠道看到百果园推出的爆款水果,从而回忆起曾经购买的水果还不错,产生这个也可以尝尝的想法。这样,流失的用户又从另一头回到了线下门店,公域流量不仅仅可以招新,同样也能挽回曾经的用户,一举两得。

# 第三节　新媒体用户运营的方法与策略

新媒体是以用户为中心的媒体传播方式。因而,做好用户运营,是新媒体运营的核心与关键所在。首先,要对用户需求定位。用户运营的意义是寻找痛点,满足用户的真实需求,只有满足用户需求的运营,才能吸引用户的目光。其次是吸引用户,即用户获取、活跃用户、留存用户及转化用户。吸引用户是用户运营的基础,但只吸引是不行的,在活跃中留存用户是关键,用户留存后如何转化成经济收益才是产品的追求目标。因此,进行有效、高转化的用户运营至关重要。

## 一、定位用户需求

需求也称为需要,是指人们在个体生活和社会生活中感受到某种欠缺而力求获得的一种心理状态。它是人和社会对客观现实的需要在人脑中的反映。①

我们最早对需求的认知来自马斯洛在1943年出版的《调动人的积极性的理论》中提

① 龚卫星.营销心理学[M].北京:人民出版社,2005:22.

出的“需求层次论”，这一理论流行甚广，是国内外心理学家解释需求规律的主要理论，我们可以把它看作是用户需求定位的基础。在这一理论中，马斯洛把人类多种多样的需求归纳成五大类，并按照发生的先后次序分为五个等级（图3.4）。

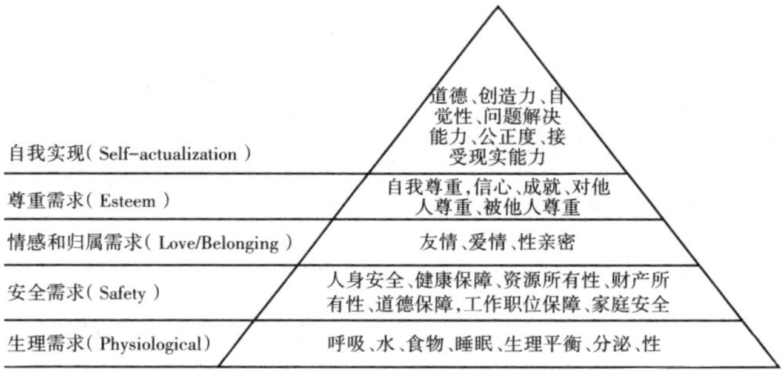


**图3.4　马斯洛需求层次理论**

生理需求，是人类级别最低、最具优势的需求，如：食物、水、空气、性欲、健康，是推动人们行动的最强动力。例如，当一个人极需要食物时，会不择手段地抢夺食物。

安全需求，同样属于低级别的需求，其中包括对人身安全，生活稳定以及免遭痛苦、威胁或疾病等的需求。人们对安全的需求是个整体机制，在消费活动中随处可见。比如，人们买电器时先考虑其安全性，外出旅游时需购买人身保险等。

情感和归属需求，属于较高层次的需求，包含两个方面：一是对爱的需求，即人们都希望伙伴之间、同事之间关系融洽或保持友谊和忠诚，人人都希望爱别人，也渴望得到别人的爱；二是对归属的需要，即人们都有一种归属于一个组织或群体的需求，希望能成为其中的一员并得到关心与照顾。情感和归属需求要比前两个需求都更加细致、复杂，它和人的生理特征、经历、教育、宗教信仰等紧密关联。

尊重需求，属于较高层次的需求，如：成就、名声、地位和晋升机会等。尊重需求既包括对成就或自我价值的个人感觉，也包括他人对自己的认可与尊重。尊重的需要还同个体感到自己对这个世界有用的感觉有关，也与有关事物，如衣服、汽车、教育、旅游和接待重要人物等能否增进自我形象有关。

自我实现需求，是最高层次的需求，是指实现个人的理想、抱负，发挥个人的能力到极限的需要，包括针对真善美至高人生境界获得的需求，因此前面四项需求都要满足，最高层次的需求方能相继产生，是一种衍生性需求，如：自我实现，发挥潜能等。

那么，人的需求心理又是如何产生的呢？“平衡论”理论认为，在正常条件下，人的生理和心理处于平衡或均衡状态，但当某个方面出现“缺乏”时，就会变为不平衡，出现一种不舒服的"紧张"感，而需求可以被看作是用来减少或消除因紧张感而出现的心理反应。因此，用户的需求是生理或心理从不平衡到趋于平衡的动态过程，并通常以对产品（服务）的愿望、意向、兴趣、态度和理想等形式表现出来。

在明白了用户需求的概念后，则需要通过发现用户需求、分析用户需求、描述用户需求和验证用户需求四方面来定位用户需求。下图是弄清用户需求的2+4+3步骤，该步骤来源于郝志中所著《用户力：需求驱动的产品、运营和商业模式》一书（图3.5）。

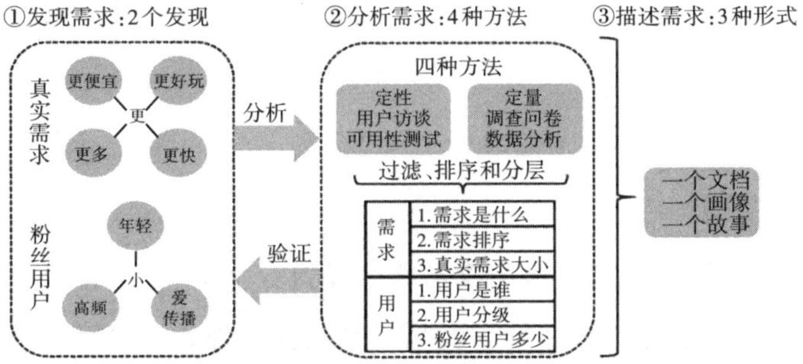


**图3.5 弄清用户需求的2+4+3步骤**①

## （一）发现用户需求

从用户需求的概念我们了解到，用户需求是一种生理或心理平衡的过程，其本质不是用户要什么，而是需要解决生理或心理的什么问题。如用户想要一匹更快的马，表面需求是要马，其实追求的是更快的速度，当时造出了第一辆汽车，汽车比马更快，所以汽车才是当时用户的真实需求。再如，一个单身男士想要寻找一个女朋友，可他的问题是自己不修边幅，那么他的真实需求是找个能帮助他打扮的人，而不是女朋友。然而，更有意思的地方在于，人们往往分不清楚自己和他人的表面需求和真实需求，这才让用户需求变得难以洞察，当然也让运营商们费尽心力，创造出一批批有趣、便捷、满足用户需求的产品。

### 1.定义用户状态

用户需求作为一种生理或心理平衡的过程，本质是解决生理或心理的问题。这一过程，我们可以称为状态，即需求是一种状态。状态来源于几个基础诉求：(1)塑造自己在他人眼中的形象。形象诉求会导致"自我审查"现象，即用户会再三审视自己发出的

① 郝志中.用户力：需求驱动的产品、运营和商业模式[M].北京：机械工业出版社，2015：55.

信息、更换头像、添加好友、进入圈子等，并判断这些动作可能会给自己带来的影响，这一诉求病毒扩散性最强。(2)维持并增进和某个人群的关系。这一诉求表现为修改个人状态以加强和外界的联系，在朋友圈里主动点赞、将内容分享给特定好友等行为。(3)表达的意愿。最常见的是直接发出诉求和潜藏诉求两种。潜藏诉求可以理解为用时间换取娱乐、信息、知识等的诉求。在新媒体时代，用户拥有大量的碎片化时间，并希望能用这些时间交换他们认为有价值的东西。定义状态是腾讯系列产品最常用的方法，如QQ的换装功能，解决用户塑造形象的需求；微信的定位功能，方便别人找到用户，解决用户希望连接的焦虑等。定义用户状态往往来自用户最简单的诉求，而且是结合场景化思考的必然结果。

### 2.创造用户需求

创造用户需求，就是在用户多层次需要中寻找一个定位，结合自身的技术条件，通过组合配置不同资源的方式创造新的产品，最后利用人们的心理引导出新需求。简单说就是需求不仅可以被挖掘，也可以被创造。这是一种主动出击的方式，与其苦苦寻求，不如主动创造。例如，在饮用水市场中，两块钱的农夫山泉已经能满足用户解渴的基本生理需求，然而依云、昆仑山、恒大冰泉等高端水品牌却打着适度的碱性、丰富的矿物成分、富含电解质等对人体机能有更多益处的口号冲出高端水市场。而事实上不论是喝依云还是农夫山泉，都无法从实际意义上影响消费者的感知，至少人体是察觉不到这种区别的。从中可以得知，需求不仅是解决生理和心理问题的过程，也是一种基于支付能力条件下购买具体商品欲望的体现。正如口渴要喝水，不同群体的需求也不一致，有的选择农夫山泉，有的选择依云，差异在于购买力和消费欲望，但都属于满足需求(想喝水)的范畴。因此，我们想要找到用户的真正需求，就应该对用户的身份、年龄、支付能力、使用情景等方面进行分级定位，并把能满足需求的产品(服务)也进行分级定位，为不同级层的用户创造不同类别的产品和服务，最终实现用户需求精准定位。

### 3.发现用户痛点

需求是一个解决生理、心理问题的过程，解决问题势必付出行动，行动就会面对阻碍。痛点是指让目标用户付出某种行动的最大阻碍。比如在美图秀秀推出之前，大部分图像处理软件(如PS)都专注于提高处理图像的性能，但用户使用图像处理软件的最大阻碍是什么呢？通过市场调研，发现是易用性。“易用性”就是痛点，抓住这一痛点，专注于提高易用性的美图秀秀就取得了初期成功。由此，痛点不仅仅是为了满足用户的需求，而且是基于更快、更多、更便宜、更好玩的理念来更好地满足用户需求。随着用户需求和行业的不断变化，新的痛点的寻找也不能停止，因为过去被“想当然”认为是痛点的属性，可能很快就被解决，不再是痛点，而在大多数运营主体一窝蜂聚焦于“曾经的痛点”时，谁挖掘了新的痛点，就可能逆流而上。

痛点的寻找方式大体有两种：一是纵向寻找。纵向寻找痛点，需要先找出影响某个环节的全部因素，然后看哪个因素是消费者现在的最大阻碍。比如一个企业的代言人一定程度上代表了企业的形象，如果代言人的形象有污点，势必会影响到企业本身形象。如韩束在代言人污点事件曝光后，第一时间提出解约，在大众心中树立起了一个正直、靠谱的形象。解约消息一经发出，平常只有百人左右的直播间一下子涌入超百万用户，直播销售增长比达868%。微博话题登上热搜，国民话题参与度大幅度增加，用户纷纷用实际行动支持有社会责任感的企业。二是横向寻找。当所有的竞争者都在关注用户的“使用”阶段时，不妨看看其他阶段有没有发现痛点的机会。比如过去中国的手机市场是渠道为王，手机厂商几乎一半的利润分给了渠道商。通过大量的渠道，手机厂商提供了购买的便利性，消费者随时随地都能买到手机，可以拿在手上一一比较，而且可以当场买走，不用等待。那么同样是1 000~2 000元价位的手机，消费者的主要障碍发生在什么阶段呢？其实不难发现，主要障碍发生在使用阶段而不是购买阶段，即手机的性能。所以这就产生了最初的小米手机。当大部分厂商在努力扩大渠道时(购买阶段)，小米手机努力的重点在产品性能上(使用阶段)。痛点的寻找就是解剖产品和服务的全过程，分析用户的每个动作，在分析中发现人们此刻的行为阻碍，并用更快、更多、更便宜、更好玩的理念来创新产品。

## (二)分析用户需求

如果说发现用户需求是一种思维方式，那么分析用户需求就是实际的操作方法。下面将主要从操作方法层面讲解如何进行用户需求的分析。

用户需求分析首先需要通过需求采集的方法，验证真实需求的存在，并对用户需求的目的(问题)、行为和原因进行量化。然后提炼用户需求，即需求过滤、需求排序和用户分层，从而完成需求分析。所以需求分析包括需求采集和需求提炼两个部分。需求采集是通过4种需求采集分析方法验证需求是否存在，量化用户需求的目的、行为和原因；需求提炼是指梳理用户需求，对需求进行过滤、排序，对用户进行分级(图3.6)。

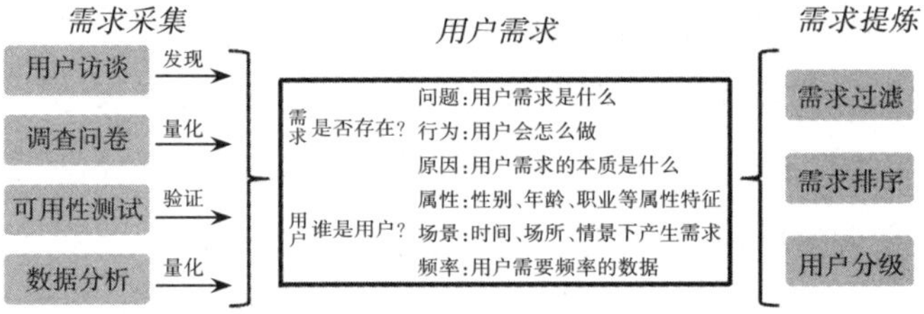


图3.6　用户需求分析流程表①

## 1.用户访谈

用户访谈是最常用的需求采集方法，主要形式是与调研的用户进行一对一或一对多的直接沟通，最好是采用面对面的方式，但若条件不允许，则可以通过电话、邮件、QQ、微信等方式进行，获取用户的需求。

用户访谈可分为：设定目标→设计问题提纲→用户筛选→现场(在线)访谈→结果汇总与分析→提炼需求6个步骤，凝练为访谈准备、现场访谈和需求分析3个关键环节，每个环节在执行过程中应注意以下事项(图3.7)。

| 用户访谈 | 注意事项 |
| --- | --- |
| 访谈准备 | 1.首先要明确访谈的主题和目的，目的不明确不访谈；<br>2.设计访谈提纲，开放式问题，对什么的评价，有什么问题，出现什么状况等；<br>3.确定访谈用户，要对邀请的用户制作标签："男 or 女"，"陌生用户 or 忠实用户"，"小白网民 or 高级网民"等。 |
| 现场访谈 | 1.给用户建立轻松的环境和氛围，访谈像聊天，避免固定问答或审问；<br>2.鼓励超出提纲跟踪用户回复，适当连续追问获得更深层次信息，做标记；<br>3.观察用户肢体语言和表情，判断用户回复是否可以信赖，做标记；<br>4.除了访谈者收集信息，建议录音或者安排观察员帮助详细记录；<br>5.建议40分钟内。 |
| 需求分析 | 1.汇总结果后，先过滤无效信息(严重跑题的，不可信赖的，重复回复等)；<br>2.提炼用户反馈的需求，避免被用户提出的"解决方案"误导；<br>3.识别用户"说的"和"做的"不一致；<br>4.需求分析结果：<br>①用户：个人信息与网络使用偏好；<br>②问题：用户遇到什么问题？<br>③行为：用户会怎么做？<br>④原因：用户问题和行为的原因是什么？ |

图3.7　用户访谈环节及注意事项②

## 2.调查问卷

问卷调查是社会调查的一种数据收集手段，是用户研究中最重要的工作之一。问卷调查的步骤分为：目的设定→问卷设计→测试→问卷投放→结果汇总与分析→提炼需求。问卷调查需要注意的环节如下(图3.8)。

① 郝志中.用户力：需求驱动的产品、运营和商业模式[M].北京：机械工业出版社，2015：52.
② 郝志中.用户力：需求驱动的产品、运营和商业模式[M].北京：机械工业出版社，2015：40.

| 调查问卷 | 注意事项 |
| --- | --- |
| 调查准备 | 1.用户访谈后，明确调查目的再做调查问卷；<br>2.问卷设计：封闭式问题，不诱导用户，题目表述明确，避免专业词汇，不超过15个题目；<br>3.确认问卷设计后定要先小范围测试，重要。 |
| 问卷投放 | 1.根据调查目的，选择适合的渠道投放问卷；<br>2.要做网络调查问卷，收集1 000份以上数据；<br>3.注意调查问卷的用户体验，不要让用户填写问卷体验很差；<br>4.为刺激调查样本数量，不要奖励过重，避免用户为奖励乱填写。 |
| 需求分析 | 1.过滤不完整、无效问卷后统计调查结果；<br>2.需求分析结果：<br>①用户：使用产品的用户特征比例与人数规模；<br>②问题：用户遇到问题的比例、重要性与频率；<br>③行为：用户行为选项的比例和行为意愿度及满意度；<br>④原因：用户原因选项的比例。 |

图3.8　问卷调查的环节及注意事项(图表来自同上)①

### 3.可用性测试

可用性测试是邀请用户实际使用产品，在用户使用产品的过程中观察用户遇到的问题，从用户实际产品使用行为来分析用户需求。这种方法相对于用户访谈与调查问卷操作难度和要求更高，对于产品需求的验证非常有效。其步骤分为：目的设定→测试准备→用户邀请→测试执行→用户访谈→结果汇总与分析。需要注意的事项如下(图3.9)。

| 可用性测试 | 注意事项 |
| --- | --- |
| 测试准备 | 1.任务设计：目的、用户、流程、环境；<br>2.测试准备工作，主要是测试环境和产品准备；<br>3.用户邀请很重要，根据测试目的邀请代表性用户。 |
| 测试实施 | 1.给用户创造轻松的环境，避免给用户产品提示；<br>2.测试中观察用户表情、肢体动作等，做好标记；<br>3.多倾听和观察，不轻易打断用户，及时记录测试要点；<br>4.测试后要和用户访谈。 |
| 需求分析 | 1.测试后根据记录和记忆，快速做需求分析；<br>2.需求分析结果：<br>①用户：测试用户是否是典型代表用户；<br>②问题：问题是否重现或问题严重程度；<br>③行为：用户遇到问题的操作和反馈；<br>④原因：测试后访谈了解用户感受和想法。 |

图3.9　可用性测试的环节及注意事项②

### 4.数据分析

数据分析是利用用户在互联网上被记录的行为和痕迹，通过在产品中植入统计代码，获得用户的实际使用数据，直观分析用户需求的一种科学方法。数据分析的具体实施过程可分为数据准备、数据收集和需求分析，步骤分为：目的设定→代码植入→数据收集→数据分析→需求分析。其注意要点见下图(图3.10)。

① 郝志中.用户力：需求驱动的产品、运营和商业模式[M].北京：机械工业出版社，2015:41.

② 郝志中.用户力：需求驱动的产品、运营和商业模式[M].北京：机械工业出版社，2015:42-43.

| 数据分析 | 注意事项 |
|---|---|
| 数据准备 | 1.确定需求分析的目的:用户特性、用户行为,越小越明确越好;<br>2.定向植入代码,做短期测试。 |
| 数据收集 | 1.数据收集的时长尽量长;<br>2.数据收集完成后,统计结果量化,图形化。 |
| 需求分析 | 1.分析前,确认数据采集的正确性;<br>2.需求分析结果:<br>①用户:调取用户日志文件,分析用户特征;<br>②问题:通过数据对比发现用户问题;<br>③行为:数据结果直接反馈用户行为;<br>④原因:通过用户数据结果判断原因。 |

图3.10　数据分析的环节及注意事项[①]

## 5.需求过滤和汇总

需求过滤是指首先排除合理需求、小众偏门需求和没有应用场景的需求,再运用四种需求分析方法来发现、验证、量化、过滤需求,然后提炼汇总(图3.11)。

| 需求过滤和汇总 | | |
|---|---|---|
| 需求 | 问题 | 用户主要反馈的问题及数据是什么?这些问题就是用户的基本需求。 |
| | 行为 | 用户的反应、行动及数据是什么? |
| | 原因 | 用户问题和行为的原因及数据是什么?原因就是用户的"真实需求"。 |
| 用户 | 属性 | 主要包括用户性别、年龄、职业、收入、喜好等数据。 |
| | 场景 | 在什么时候、什么地点、什么情况下用户产生需求,以及场景数据。 |
| | 频率 | 用户需求的周期及数据。 |

图3.11　需求过滤和汇总的环节及注意事项

## 6.需求排序

需求排序是指根据用户需求的次数、比例以及用户反馈的重要性,进行排序,即"先做什么、后做什么"的问题。以当下音乐App的需求为例,用户使用听歌音乐App无非是需要满足发现音乐、消费音乐、管理音乐的需求,个性需求,音乐社交需求和娱乐需求。面对这些需求,QQ音乐根据基本需求、用户行为和痛点三个需求排序指标进行了产品定位。

(1)分析基本需求,主要包含了用户发现音乐、消费音乐和管理音乐的需求。QQ音乐的用户可以通过搜索、排行榜甚至是好友最近聆听来发现音乐;QQ音乐拥有庞大正版音乐库,通过提供绿钻会员服务的形式,为用户提供更优质的音乐听感和App使用体验感,使得用户对音乐消费的需求得到尽量高品质的满足;作为腾讯旗下的音乐软件,可通过QQ账号关联,对音乐进行云管理,以及支持车载carplay,方便用户管理音乐。

(2)分析用户行为,发现用户个性化需求和音乐社交需求强烈。QQ音乐作为腾讯

① 郝志中.用户力:需求驱动的产品、运营和商业模式[M].北京:机械工业出版社,2015:44.

旗下子产品,与同公司的社交软件相互联系,用户可自我选择制作个性歌词海报分享到QQ空间或者微信朋友圈;同时也可以在喜欢的歌曲播放过程当中发送弹幕,与有相同爱好的用户进行互动,实现音乐社交。

(3)分析用户痛点,专攻用户娱乐需求。QQ音乐主打明星福利,为用户提供专属福利。在QQ音乐,用户可以在线观看明星直播,通过发送弹幕或者评论,就有机会获得专属周边小礼物,也可以参与K歌,完成K歌成就后,获得专属勋章。这些无处不显示QQ音乐对用户的专属服务,加强了用户忠诚度和黏度。

### 7.用户分级

用户分级是基于"20%的核心用户创造了80%的价值"的理念,进一步识别和定义用户,为后续的产品(服务)设计和运营打好基础。可以通过RFM模型三要素,即R(Recency)最近一次消费,F(Frequency)消费频率,M(Monetary)消费金额;及忠诚度(黏性和活跃度)和传播度(自传播程度)两个元素对用户进行分级。一般原始数据为5个字段:客户ID、购买时间、购买金额、忠诚度和传播度。用数据分析软件处理①,加权(考虑权重)得到RFM得分,进而可以进行客户细分、客户等级分类,从而把用户确定为三类:(1)无效用户:对产品认可度不高,也不主动传播。(2)目标用户:目标用户分两种情况,一是对产品或服务认可,忠诚度高,但不主动分享;二是兴趣不在产品,贪图奖品,但分享和传播非常给力。(3)忠实用户(粉丝用户):频繁使用产品,传播力度大、速度快。例如,滴滴在发放用户补贴时非常精准,根据用户的订单行为使用券的比例,把用户分为价格敏感和不敏感的用户。不敏感的用户减少补贴,因为补个十块用户完全没有感知。敏感性的用户在有补贴的情况下,能明显提升打车的活跃度。

## (三)描述用户需求

描述用户需求也称为用户画像,是将产品的用户具体化、形象化,让产品(服务)团队的成员更好理解产品的用户,从而在设计过程中根据具象化的用户特点设计产品。根据"用户是谁""用户希望"以及"用户使用过程"这三个目的,把用户画像分成三种应用场景,然后用"一个文档、一个画像、一个故事"的方式完成用户需求描述(图3.12)。

---

① 目前数据分析软件品类众多,大抵根据针对性和通用性进行分类。在这里介绍5种免费数据分析软件,供大家选择使用:Orange,功能是数据分析和可视化;RapidMiner,是一个独立的工具,也是一个数据挖掘引擎,可以用来集成到用户的产品中;Weka,是一种基于组件的知识流接口,可以处理一个数据库的查询结果;JHepWork,主要是为科学计算提供二维和三维的制图;KNIME,是一个数据集成、数据处理、数据分析和数据勘探平台。

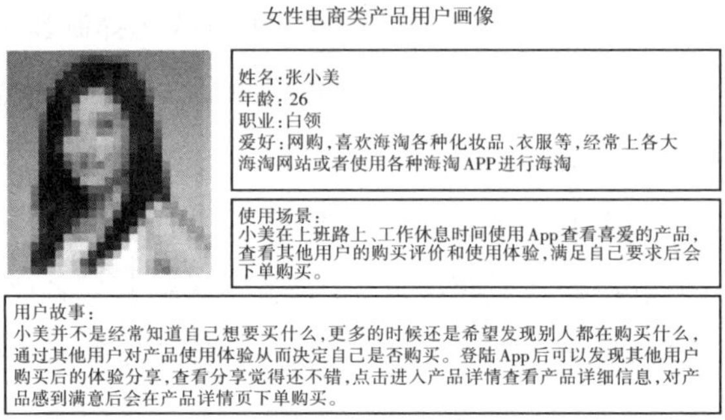


**图3.12　用户画像(网络图片)**

值得注意的是用户画像并不只是代表一个具体的用户,而是代表具有相同特点的一类用户。用户画像的目的是让团队成员更明确用户特点以及行为习惯,为产品设计、研发提供辅助参考。对于以用户研究为目的的用户画像构建,在构建前期要明确目的,根据目的收集相关的用户信息。在用户画像构建完成后,要根据用户画像去发现这一类用户群体,并提出具体方案为这一类群体进行服务。

### (四)验证用户需求

在市场不确定的情况下,贸然倾全力投入资金、大规模进入市场是很危险的。验证产品是否可行,可以使用最小化可行产品MVP(Minimum Viable Product)来完成。这个概念是美国作家埃里克·莱斯(Eric Ries)在其创业学著作《精英创业》中提出的[①]。

最小化可行产品即MVP是指将产品原型用最简洁的实现方式开发出来,快速投放市场让目标用户使用,然后通过不断地听取反馈价值信息,对产品原型进行优化,尽早达到符合市场需求的状态。最简洁的产品原型可以是界面设计图,可以只带有简单交互功能,也可以是一段视频、一个公众号等。其优势在于节约成本、调转灵活,能够直观地被目标用户感知到,有助于激发真实意见。产品开发中最重要的两个问题一是这款产品是否能够满足用户的需求,二是用户是否愿意为产品买单。例如,“悠泊”是一家致力于解决停车难问题的代客泊车服务企业,在将产品构想落实成移动应用之前,他们花费了一周时间开发出了微信MVP,提供了四项基本功能:“一键停车”“我要取车”“查看车辆状态”以及“绑定手机”。邀请了公司内部和邻居公司的所有有车一族来体验,并通过一周时间收集和处理这批种子用户的反馈。产品得到优化后,他们举着印有微信公

① 范冰.增长黑客:创业公司的用户与收入增长秘籍[M].北京:电子工业出版社,2015:34.

众号二维码的牌子到特别堵车的医院门口去招揽真实用户试用。结果,第一天就在朝阳医院门口接到了10个订单。微信成功地扮演了简易入口的角色:几乎人人都安装,个个会扫码,关注一个服务号的操作成本近乎为零。通过微信的快速验证,客户群体的特征渐渐显现:开30万以上车型的用户占比很高,约为70%。令悠泊团队喜出望外的是,这些早期用户们普遍反馈很好,都希望类似的服务能够常驻医院门口,以消除他们开车来医院的"停车恐惧症"。至此,悠泊才正式将微信上的MVP开发成了原生的App应用。

## 二、用户获取

用户获取阶段也被称为"冷启动"阶段。冷启动原本是电脑的一种启动方式,在新媒体运营中,是指在产品初期尚未形成完善的生态体系和足够多可消费内容的情况下,从零开始制造内容和导入第一批用户的过程。早期用户的获取并不是盲目的,而是要在扎实做好用户需求分析的基础上,筛选出第一批种子用户。高质量用户的加入和充足数据沉淀的建立,可为日后的发展奠定良好基础,而一旦冷启动解决不好,很可能埋下后续运营的隐患。例如,小米早在手机推出前,就通过发布MIUI①积累到一批种子用户。当时小米从竞品的网站精心筛选并主动邀请来一批人,请他们试用仍在不断完善中的MIUI,听取反馈意见,并将他们留在自己的论坛里。2010年8月16日,MIUI第一版内测正式开启时,小米特地将这100个种子用户的ID②写到了开机画面上以表达谢意。这100个用户被小米亲切地称为"100个梦想的赞助商",还以此为题材专门拍摄了微电影。这为小米用户爆发式增长及销售收入的快速提升奠定了扎实的基础。

用户获取是一项劳心劳力的系统工程,这项工程方法、渠道众多,而且最终效果因人、因情景各有不同。因此,照搬以往有效的方法,可能会不适合具体产品,因而需要不断地尝试和创新。本书将介绍一些比较常用,曾经在具体产品中用户获取效果明显的方法和渠道,供大家在具体产品需求分析的基础上选择操作。

### (一)走访和了解用户

走访和了解用户是传统营销中使用最广泛的方法,虽较为复杂困难,但能与用户进

① MIUI(米柚)是小米科技旗下基于Android进行深度优化、定制、开发的第三方极受手机发烧友欢迎的Android系统ROM,专为中国人习惯设计,全面改进原生体验。

② ID是指身份标识号码。

行面对面的交流，掌握用户的真实需求。从走访用户做起，将用户视作活生生的个体，通过面对面的沟通，走进用户的内心，吸纳意见并获得鼓舞，这种方法帮助许多初创公司走过了从零开始举步维艰的阶段。例如，网易旗下的有道云笔记，在推出协作版产品时首先拉来公司内部的50个员工每天高强度使用，不断提需求和反馈问题。在产品形态初见端倪后，他们又发布了小范围试用版，邀请了近百位意见领袖和旧版本的核心用户体验。随后的公测版正式对外发布，有道云协作团队制作了一个审核流程严格的内测邀请页面，通过论坛和邮件抛出橄榄枝，一天之内收到了14 000多个参与测试的请求。所有获得邀请的用户在专门搭建的反馈协作群里提问质询，接受产品经理和技术人员的实时回复解答。这批种子用户后来成为有道云协作的义务推广员，就连骨灰级的竞品用户最后也纷纷选择倒戈。

### （二）社交红利引爆用户

社交红利就是指利用种子用户进行从分享到转化再到分享的链接式反应，这是大部分产品在冷启动时的重要命题。社交红利是借助社交网络链，利用了六度分隔理论，即每个用户能够直接覆盖、影响的好友（亲戚、朋友、同学、同事）称为一度，再通过6个人可以找到任何一个陌生人，形成节点[①]。当节点与社交网络完成链接，就会引爆整个网络获取大量的用户。例如，杏仁医生于2014年9月开始运营，2015年1月就获得了近7万名医生注册，这款产品很有效地完成了社交网络与节点的链接，形成了12度甚至更多的社交链（图3.13）。

从图3.13可以看出，杏仁医生启动扩散的第1度是18 054名医生，他们是微博导入及之前各种渠道积累下来的种子用户。当第1度用户开始分享信息后，其中3 248名好友进行了第二轮的分享，带来了16 952名新医生的注册，平均每人影响了5.2人。新医生的注册中有2 839人进行分享，带来了10 703名新医生……链接式反应不断进行，直到12度以后还在继续。由此，就实现了4个月7万人的用户量。这就形成了所谓的病毒式传播，引爆用户增长。

① 艾伯特-拉斯洛·巴拉巴西．链接：商业、科学与生活的新思维[M]．沈华伟，译．杭州：浙江人民出版社，2013：53.

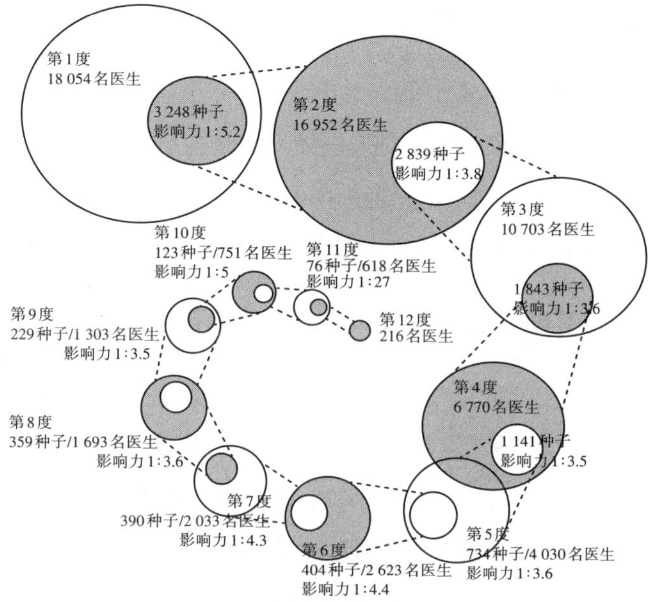


**图3.13 杏仁医生用户分享及转化分析图**①

## (三)数据抓取

数据抓取是用来替代人工采集和标准化数据录入的有效方法。在获取用户过程中,数据抓取可以从竞品和其他相似产品中获取价值信息或用户。当然在进行抓取前要再三思考,以防侵害他人权益。例如,“追TA”是一款移动交友产品,在“冷启动”阶段花了两三天时间才凑足几十名种子用户,而如此少的用户根本无法让产品动起来。为了尽快让现有用户玩起来,运营者们决定通过数据抓取技术从其他平台抓取一批照片,虚拟成真实用户的样子放到应用里。于是经过一番寻找,他们找到了一款将微博作为展示的K歌应用,通过抓取命令,从微博上下载了10 000多张用户照片,再通过人工筛选剔除不适合的照片后,将其上传至服务器,虚拟成真实用户,作为给种子用户体验产品的测试数据。

当然,数据抓取不仅能搜索照片,还可以通过用户行为分析和发现种子用户,并进行用户转化。可以说它是一种比较高效、快捷的获取用户的方法,但相对门槛比较高,需要专业的技术人员进行操作。

① 徐志兵.社交红利2.0:即时引爆[M].北京:中信出版社,2015:74.

案例："对不起，我只过1%的生活"

### （四）讲一个用户爱听的故事

故事是能够帮助我们理解这个世界文化意识的重要资源。故事栩栩如生地描述着让人着迷的时尚情怀，快速而便捷地向人们提供大量的商家信息。一个很好的故事甚至不需要做任何的营销就可以引来众多关注和顾客持续的消费。故事既节省了时间，也节省了精力，以人们最容易记住的方式向人们提供了他们最需要的信息[①]。

### （五）优化搜索引擎（Search Engine）和应用商店

搜索引擎是指根据一定的策略、运用特定的计算机程序从互联网上搜集信息，在对信息进行组织和处理后，为用户提供检索服务，将用户检索相关的信息展示给用户的系统。87%的用户会利用搜索引擎查找需要的信息，70%的搜索者会直接在自然排名的第一页找到自己想看的东西。排序越靠前，优势越明显。利用搜索引擎的排序规则，通过人为手段来干预页面排名的手法，称为搜索引擎优化。它能获取更多自然流量，带动自我增长。常用的搜索引擎优化方式包括提高关键词的密度和权重、增加长尾关键词数量、建立外链、优化页面结构、付费收录和购买排名等[②]。例如，2017年百度推出惊雷算法，对通过刷点获取不正当流量、提升排名的行为进行严厉打击，一旦网页出现一段时间异常访客增长的非常态化情况，可反馈给百度后台，进行投诉，大大增加了用户体验感。

应用商店优化是指通过一些方式提升App在各大应用商店的搜索排名，类似于移动App的搜索引擎优化。主要有榜单优化、搜索优化、关键词优化、转化率优化等几种提升排名的方式。例如，应用"大姨妈"在App Store中的应用副标题里堆砌了这样一串文字："痛经备怀孕美妆颜秀秀恩爱奇PPS减脸拍淘艺宝预产期肥搜酷辣q图必备携萌妈妈狐帮东q百腾微乐我小清新万年日历频闻优迅度雷私情感程视食社区丽酷内涵谱时尚q壁纸"。普通用户根本看不到（也不会想去看）的这串副标题，却是著名品牌名称的重组。其中隐藏着关键词搜索的机密，当用户搜索"爱奇艺"时，实际上搜索引擎返回的是同时包含"爱""奇""艺"三个独立关键字的结果，那么"大姨妈"会出现，同理当用户搜索淘宝时它也会出现。于是"大姨妈"利用了副标题中堆砌的这组被打散重组的产品名称，实际上起到了与标准写法几乎等同的搜索匹配效果，从而巧借东风，吸引到了额外的搜索流量。

① 乔纳·伯杰.疯传：让你的产品、思想、行为像病毒一样入侵[M].刘生敏，廖建桥，译.北京：电子工业出版社，2014：215-216.

② 范冰.增长黑客：创业公司的用户与收入增长秘籍[M].北京：电子工业出版社，2015：39-43.

### (六)免费增值

免费增值是指通过向用户提供免费内容或者补贴价格,来实现向用户销售另一种利润更高的产品或向第三方(比如广告商)销售用户数据这两个目的的一种商业模式。常见的有三种运营模式:一是永久免费模式,即针对用户没有付费服务,如高德地图、百度和豆瓣等,其自身盈利方式为广告收入;二是会员付费模式,通常情况下,其基础功能为终身免费,但用户也可选择付费使用增值服务,以获取更高级的功能或更高的用户权限,如爱奇艺、知乎和网易云音乐等;三是限免模式,即在限定的时间内免费,或限定功能免费,如WPS在2021年推出了新用户限时免费领取15天会员的活动,在成为新用户后开启15天的会员服务,而活动结束后用户的体验会降维,这时会增高会员复购率。

### (七)捆绑下载及嵌入代码和小部件

安卓的第三方应用中心市场竞争非常激烈,如百度手机助手、360手机助手、应用宝、豌豆荚、金山手机助手、安智等,且几乎每个安卓手机厂商都有自己的应用中心,用户能下载App的渠道非常多。不少厂商把应用中心当作入口,利用捆绑手段让用户下载使用。例如,当用户在手机里搜索到豌豆荚网页上的一款应用并点击下载时,豌豆荚的移动客户端会先被下载到用户手机上,再在豌豆荚的移动客户端里自动开始为用户下载该应用,也就是常听到的"捆绑下载"。

### (八)线下活动

除了寻找线上的宣传渠道,某些互联网产品因其覆盖人群的特点和本地化特征,更适宜采用地面推广的方式。常用的地面推广策略包括派发传单、投放线下广告、设置摊位搞有奖活动等。该部分将在活动运营章节中进行详细讲解。

## 三、激发用户活跃

用户活跃,即让用户积极使用产品(服务)并积极参与跟产品(服务)和其他用户的互动。用户活跃可以用来衡量产品(服务)的用户黏性和衰退周期,是用户运营的一个重要指标。那么如何激发用户活跃度?常用的策略和方法主要有以下几种:

### （一）调整准入门槛

提高准入门槛。对于拥有稀缺优质内容的产品（服务），可以抬高用户的准入门槛，通过设置“护城河”、用户分级，让真正需要内容的用户进入，让不是真正需要内容的用户离开，这不仅可以保障用户的荣誉感，也能让进入的用户积极参与，氛围活跃。该方法适用于个性专业产品或高端人群。例如，入驻B站（bilibili视频网站）会员需要答题，且分数需达到60以上，其中弹幕礼仪20题要求全对。答题制度不仅没有劝退B站用户，反而让用户留存率持续保持在80%以上。

降低准入门槛。降低准入门槛可以使产品简洁，让用户不用耗费大量脑力、时间和费用便可轻松使用和操作，让更多的用户参与到产品中，并及时对用户需求做出反应和回馈。例如，新浪微博是通过140字限定，使微博这种形态与过去的博客形态分离，让用户发现制造内容的门槛其实很低，只要在规定字数内表达出自己的观点，即可以生成一条内容。通过关注、拉黑等功能让不发表内容的用户也有事情做，通过转发、@、评论、私信，以及后来加入的点赞，让不同类型的用户都有适合自己的动作。

### （二）A/B测试

A/B测试是物理学的“控制变量法”，即提供两个方案，设定一个变量并排除其他干扰因素进行测试，从而筛选出最优方案的方法。简单来说，就是为同一个目标制订两个方案，让一部分用户使用A方案，另一部分用户使用B方案，记录下用户的使用情况，确定其变化对用户转化率或者收益的影响。多用于测试和评判如何排除收益季节因素、市场环境因素的影响以及页面改动与收益关系等。

现代医学科学首先引入了A/B测试的方法来验证新药的疗效。新药的验证可能是这样一个流程：100位患者，被测试医生悄悄划分为A、B两组，注意患者自己并不知道自己被分组，A、B两组患者的健康情况应该是接近一致的；A组患者将会得到试验新药，B组患者将会得到长得和新药几乎一模一样的安慰剂；如果最终A组患者比B组的疗效更好，才能证明新药的药效。对应到产品里，A/B测试的方法就是将产品的用户流量分割成A、B两组，一组试验组，一组对照组，两组用户特点类似，并且同时运行。试验运行一段时间后分别统计两组用户的表现，再将数据结果进行对比，就可以科学地帮助决策。举例而言，50%用户看到A版本页面，50%用户看到B版本页面，结果A版本用户的转化率为23%,高于B版本的11%,在试验流量足够大的情况下,我们就可以判定A版本胜出,然后将A版本页面逐渐推送给所有的用户。

例如,在自定义产品页前,为了明确的目标和想要突出展示的功能,今日头条在高考前借助高考热度创建了两个不同的产品页吸引用户,并通过自定义产品页产生的展示次数、下载量和转化对产品页进行优化(图3.14)。

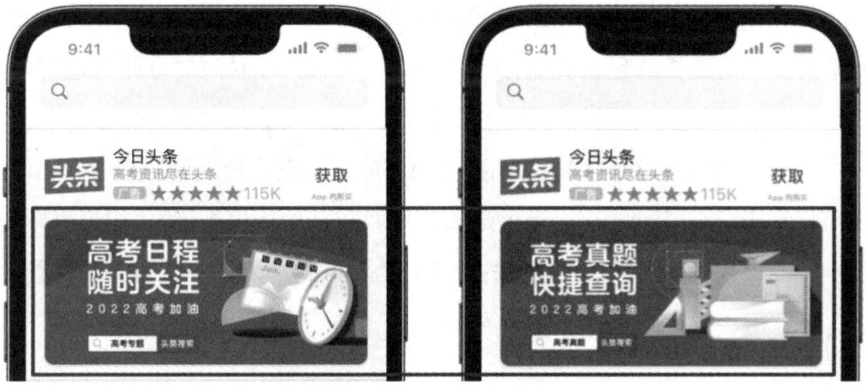


图3.14 今日头条App首页截图

### (三)持久补贴激发用户活跃度

返利和补贴是激发用户活跃度屡试不爽的手法,二者的区别在于,前者是直接给出优惠条件,后者则是需要顾客先行付出,再获取一定的好处。补贴不仅能在短时间内影响用户的单次决策,还可能在更大的时空范围内逐渐引导和改变用户习惯。最简单的补贴形式无非是线下玩法到线上的简单平移,即对用户消费后的直接返利。例如各大电商网站挂出的"买满99元送10元优惠券""电子书全场5折起,买两本可免费获赠一本"。在此基础上,衍生出一种限期使用的优惠券,即当天消费获得优惠券并不能马上用来买新的东西,而必须等到未来的某一时点才能生效。例如在美团消费后,会收到一张限于一天后一周内使用的现金优惠券,它试图通过赠送优惠券来促使用户在一周内再次在美团消费。

运用补贴激活用户活跃度,并改变用户习惯最具代表性的是滴滴和快的打车服务。2014年滴滴打车与快的打车两家服务提供商竞争之初,首先运用了简单的补贴方式,对用户单程打车补贴几元乃至十几元不等的代金券,司机除了每单得到7到20多元的补贴外,每天还能从打车软件那里获得150元的额外补贴,这种做法迅速让传统的线下打车市场接受了这种全新概念的服务。而如今,打车补贴虽越来越低乃至宣告取消,但市场早已经被教育成熟,新的补贴方式开始出现,即打车红包。与此前直接补贴给用户不同,打车红包并非直接存入用户的账户,而是必须分享到微信朋友圈或某个好友,给别人抢走及使用。相较于现金补贴,红包补贴的本质区别在于其具有通过关系链进一步传播的能力,有助于让种子用户引来更多的潜在用户,同时加强了参与感与荣耀感。红包的玩法逐渐也成为电商网站补贴用户的标配,如蜜淘网黑色星期五的海外购物节推出了1元、5元、10元、1 128元不同金额的随机红包大转盘,天猫“双十一”购物节的好友“合体红包”等。另外,也有综合了现金补贴与红包补贴二者所长的玩法,比如微信钱包里的优惠券卡包。用户通过各种形式获得的折扣券、代金券、团购券都存放在这里。最重要的是他们不仅能够自己用,还可以拿来“赠送给朋友”。这种送人自用两相宜的优惠券,给了用户更多选择,也避免了过期造成的浪费,更将经济范畴的交换行为上升到了情感层面的交流互通。

### (四)自助激励

自助激励是指给出简单而清晰的目标,让用户主动寻找属于自己的游戏或社交激励并逐级实现的活跃方式,其特征为目标清晰、规则明确、反馈及时和自愿参与,如在竞技场中获得更高排名、在社交平台获得更多点赞等。自助激励包含了产品价值本身之外的另一重体验,即参与感和成功的激励。例如滴滴打车配有300多人的算法和数据处理团队,每天实时分析和匹配海量的用户打车数据。滴滴打车会对司机的用户画像进行分析,了解他们的使用行为,如经常出现的地点、交班的时间、在哪种情况下会拒单等。分析发现,某些场景下司机们普遍不太愿意接单,为此滴滴打车设计了新的激励系统“滴米”。司机在接活儿时,会根据这一单的难易程度来增减滴米,受欢迎的好单子会扣除滴米,而像上述存在一定难度的单子则会奖励滴米。司机的滴米量越多,越能享受到官方的政策倾斜,获得更好的接单机会。通过这个类似游戏中积分的制度,滴滴打车可以优化某些场景下的接单状况。

### (五)脚本自动化运营

脚本自动化运营是指在产品早期,用户来源尚未稳定,但为了尽快让用户达到一定规模,并建立起对等友善的信号,而编写脚本开发“机器人”自动替运营团队模拟用户、扮演玩家,或采取的类似创建“马甲”自问自答的做法等。例如微博中频繁出现的连转发带评论的“僵尸粉”。在游戏里，玩家也会根据游戏行为和付费金额的特征被划分到不同的组别，进入专门为其量身定制的“副本”世界。在这个模拟的环境里，看到的其他在线玩家实际上都是通过数学建模与人工智能生成的机器人，玩家的行动都被精确地算计与实时地配合着，当系统发现玩家战斗屡遭失败，信心受到打击时，就会在下一场战役中派出较弱的杂兵，当系统发现玩家乐于为低等级的女性玩家免费赠送武器装备时，就尽可能在玩家周围多分布一些女性“机器人”，以此激励用户充值付费。

### （六）制造观念冲突

这是一种比较有风险的做法，同时也是一种能够在短时间内制造出用户活跃和用户引入的做法。通常这一套运营方式是利用社会热点，形成多种不同角度、不同立场的初始内容，然后通过手段，让认同不同观点的用户发现彼此，并制造出冲突，从而引发用户的站队。例如徐峥在《我就是演员》中问章子怡：“她10年拿了8个影后，你好意思说不认识？”一句怒怼“国际章”，节目关注度上来了，观众好奇这位默默无闻的影后究竟是谁，余男这位实力派演员也走进了大众视野。很多产品都大量使用这一方法让用户活跃度有了不错的提升。

## 四、增大用户留存

用户留存是相对于用户流失的一个概念。用户留存是指那些机缘巧合下使用了产品（服务），并且留下来成为不断光顾且持续带来价值的人群；用户流失则是使用产品一段时间后，兴趣减弱、逐渐远离直至彻底丢失的用户。任何一款产品都会出现用户流失，这是用户新老交替中不可避免的，用户流失与用户留存的比例和变化趋势能够说明产品（服务）满足用户的能力和在市场中的竞争力。造成用户留存率低的原因可能有这么几种：程序存在漏洞、性能瓶颈；用户被频繁骚扰；话题的热度减退；出现更好的替代品和其他因素（游戏通关、设备遗失、需求不再存在、产品生命周期终结等）。那么应该如何增大用户留存？下面将围绕这些原因提出几个用户留存的方法。

### （一）提升用户体验

用户体验的核心思想就是以用户为中心，考虑用户使用产品的感受和体验。基于用户视角改善产品的性能，提升用户的体验，往往能将用户留在产品中。提升用户体验方法和原则众多，本书主要介绍5个最重要的用户体验原则，分别是不强迫用户，不让用户思考，简单易操作，遵守用户习惯，超出用户预期。

**1.不强迫用户**

不强迫用户就是让用户在使用产品过程中有足够的自由，随时随地想用就用、想关就关。不强迫用户注册，不强迫用户升级，不强迫用户使用。例如360与腾讯之间著名的"3Q大战"，即腾讯推出QQ电脑管家想在电脑安全市场与360卫士争夺市场，而一台电脑无法同时安装两个安全软件。两方公司为抢占用户，360首先推出扣扣保镖，屏蔽QQ弹窗广告，而腾讯直接宣布"一个艰难的决定"，强制用户二选一。QQ作为一个社交软件，在当时可代替性不强，用户迁移成本过高，而360仅仅作为一个安全软件，能够替代的产品有很多，两个公司之间的战争一触即发，双方不论是在用户还是舆论方面都遭到或多或少的损失。最后工信部介入，360下架扣扣保镖，腾讯则也公开道歉，双方均表示会确保软件的正常运行及兼容，"3Q大战"这才落下帷幕。

**2.不让用户思考**

新媒体时代，产品的核心能力，不是设计出多么炫目的产品，而是应该设计出使用门槛最低的产品，让用户在不需要思考的情况下便能使用，如任何一个3岁以上的小孩都能使用智能手机。这种没有任何学习成本，拿在手里就可以使用的产品，就是好的用户体验。用户在开始使用产品之前，已经形成了某种心理预期，他们希望在产品中尽快满足这种预期，而不是在产品中浪费时间。如用户对骑行类产品的预期就是尽快找到能用的车，对借贷类产品的预期就是尽快能借到钱，对P图类产品的预期就是尽快完成图片处理，那么在产品主要流程与核心功能的设计上就要遵循这一原则，尽快满足用户的核心诉求。相反，看不懂、找不到、选择多都会导致用户进行思考，大大阻碍用户的留存与转化。例如，当你想要购买飞机票出行时，如果选择登录某航空公司官网，不仅注册烦琐、页面信息杂乱，而且查询结果中，还有"享""停""PEK-SZX"(机场代码)"S"等特殊图标和专业用词，生涩难懂，需要花大量时间研究。而选择登陆携程App，你会发现，不仅注册登录便捷、信息简单，提供比价以及快速购买、值机、退改签服务，还会推荐接机住宿、景点门票等外出一条龙服务，自然你就更愿意留在携程中继续使用产品。

## 3.简单易操作

简单,主要是在产品结构、用户流程方面尽量简化;易操作,主要体现在产品(服务)的交互设计方面。好的产品(服务)一定是最简单、最容易让用户理解和上手的,它需要产品(服务)结构简单,易操作;用户流程简化,易操作;交互强,易操作。例如,360的产品在用户体验方面做得非常好,360安全卫士将核心功能描述为“立即体检”四个字(图3.15),用“体检”而非专业术语“检测”,通过运用形象的表述,让用户很容易与身体体检关联起来,很容易明白这个功能是给电脑做次检查。同时,用户只需要点击“立即体检”,360安全卫士就会自动对计算机进行全面的查毒、清理、修复、加速等工作,使任何一个识字的人都能轻松操作,因此用户更愿意持续使用360安全卫士,从而让其占据了电脑、手机监控的主要市场。

图3.15 360安全卫士软件界面截图

## 4.遵守用户习惯

在最初决策产品功能时要十分谨慎,因为一旦功能上市,就很难被取消。在产品升级时,也尽量不要破坏用户的使用习惯,产品要优化,但不要一次性、颠覆性改变,任何巨变都可能让用户因不适应而产生抱怨的情绪,从而离开去选择其他的产品。尊重用户习惯、不破坏用户习惯是用户体验的重要原则,主要有两个方面需要注意:不破坏用户视觉习惯和不破坏用户使用习惯。例如,MOMO App 6.0新版本的变化是非常明显的,新旧版本有很大不同。MOMO的默认界面就发生了巨大改变,由原来附近用户查找,变成了附近用户动态展现,新版本增加了重要的聊天室产品,并将用户常用的查看好友动态放在了个人资料里面。这样巨大的使用体验的改变,对于用户的挑战非常大,直接破坏了用户的使用习惯。

### 5.超出用户预期

超出用户预期不仅代表着要更好地满足用户需求，而且要提供远超同类产品的用户体验，让用户有额外的惊喜。这是产品设计以用户为中心，努力为用户着想，极致地追求用户体验的设计思路。例如，在百度的搜索框内写入周杰伦，百度的联想功能就会提供给用户与之相关的周杰伦歌曲、周杰伦演唱会等最热搜索提示。再如360安全卫士在超出保卫用户电脑的功能之上，设计了一个开机时间提示，“您的开机速度击败了全国75%的电脑，您这次开机共用了44秒”，提醒用户再也不用傻傻地坐在电脑前等着开机，更不用不停地用鼠标点击桌面尝试能不能用。这种用户体验的设计超出了用户的预期，获得了用户的好感。

## （二）引导新用户快速上手

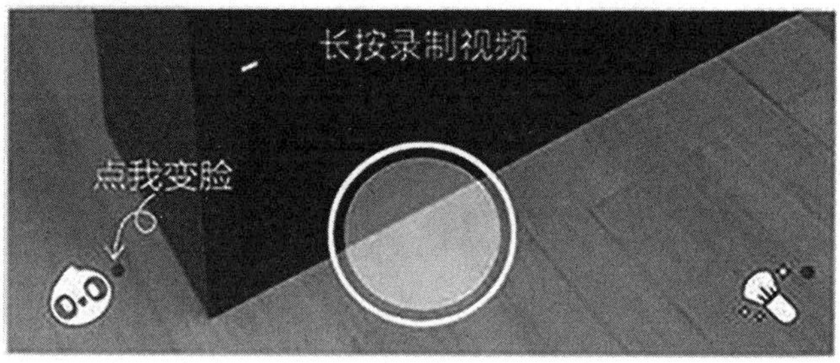

**图3.16　标注式蒙版截图**

产品开发团队经常陷入的一个误区是以己度人地将自身对产品的了解代入到普通用户的认知中，想当然地觉得用户能理解产品的作用和操作方法，遗憾的是，绝大部分用户是一群慵懒忙碌的聪明人，必须让他们迅速上手，有事可做，否则他们的注意力很快会被其他更加简单有趣的东西吸引走。在此，比较常用和有效的方法是添加蒙版引导进行说明，这可以有效地节约用户阅读时间，也更加容易被用户理解和吸收。例如，采用较为醒目的气泡或者箭头等指示性图形配合文字，直接标注在界面上进行说明（图3.16）。或是如淘宝，为了把有限的手机界面用于展示更多的商品，把一些针对商品操作的功能隐藏了起来，通过蒙版引导上的手势图形得知，只需在封面上轻轻长按，这些功能就会立即显现（图3.17）。以及视频网站中双击点赞、长按保存、滑动调整亮度和进度等高级操作，这一类的手势如果能让用户掌握，能够降低用户对软件使用的难度（图3.18）。

图 3.17 淘宝的手势蒙版截图

图 3.18 手势操作蒙版截图

## (三)社交绑定,让用户留下来

社交绑定是一个非常柔和且效果显著的用户留存方式,其核心是依赖于人与人之间的情感关系进行链接,这种链接关系能使用户自愿、自动地在产品(服务)中留下来,并积极地进行活动。例如,支付宝中的蚂蚁森林,通过在支付宝中种一棵虚拟的树,从而在中国西北荒漠种下一棵真实的树,拯救西北荒漠。这个游戏通过给予用户成就感,促使用户进行每天打卡、运动、使用支付宝消费等行为获得相应的能量,并这些能量用于自己森林的小树苗中。同时,用户也可以去到好友的森林中“偷能量”使自己的小树快快成长。这就形成了一股每天早上定闹钟起床“偷好友能量”的风气,通过好友间的捆绑以及竞争心理,你今天偷了我的能量,那我明天要偷回来,周而复始,使用户养成习惯,与好友间建立起了无形的联系。如果今天因为工作或其他原因没有进入蚂蚁森林页面,支付宝也会发来消息,“×××偷了你的能量,快来收能量吧!”把用户重新召唤回游戏当中。

### (四)设计唤醒机制

唤醒机制是互联网产品中专为召回流失用户而设计的产品机制。常用的唤醒机制包括:电子邮件唤醒、消息推送通知、移动网页唤醒应用等。目前在新媒体中,最广泛使用的唤醒机制为消息推送通知。一款游戏用户长时间没有登录,可以推送赠送游戏币或者装备的消息,让用户点开软件,查看装备,继续游戏。但频繁和不合时宜的推送也会造成用户的困扰和反感,甚至引发卸载。因此根据目标人群的使用场景,推送符合其兴趣和需要的优质内容,才能带来更高的用户黏性。

**1.做有针对性的推送,让用户感兴趣或者觉得有用**

推送应该要做到有针对性,建立用户数据库,按照年龄、喜好、地域、行为等进行用户细分。然后,把合适的消息传达给适合的用户,做到精准的点对点推送,用户才更易于接受并产生兴趣。例如,一个健身App,想对广东地区的注册会员做福利活动,那么只需要把信息通知推送给广东的用户就可以了,其他地区的用户收到这样的消息,没有参与的资格,就是打扰,只会引发反感。

**2.写好消息推送的文案,增加用户点击欲望**

推送消息先呈现给用户几十个字的简短篇幅主题概述,用户选择进一步点击该消息还是直接忽略删除,取决于这个消息内容的吸引度。文案如果能深入用户内心,引发共鸣,就会让用户有进一步了解的欲望,对整个产品(服务)产生好感,增加黏性;而假如文案相当敷衍,用户则会相当排斥和厌烦,产品(服务)最终可能面临被卸载的命运。

写好消息推送文案可以简单概括为三个要点。一是借用时下热词。为避免文案过于生硬死板,可以适当运用当下流行的词汇,紧跟潮流,让消息更接地气。二是在文案中加上数字。用户对数字是相当敏感的,出现人数、促销价格、优惠金额、百分比等这些数字,简单粗暴,但更具说服力,比如满199减100、跨店满3件打7折。三是适当增加小图标(表情包),加入图片元素,会显得更加生动显眼,避免沉闷。目前来说,一般都是以添加表情包为主。

**3.消息推送的频率要适当,避免造成打扰**

消息推送的频率很重要,即关于度的把握,可根据产品(服务)的属性特点以及用户的使用频次来确定。对于微信、QQ这种社交型产品(服务),用户使用频繁,每天打开的次数可能是几十上百次,其推送聊天提醒消息,都是用户想立即收到的,因此可以频繁进行消息推送。对于工具类的产品(服务),用户通常一天使用一次,因此,消息推送最好也是每天一次的频率,甚至是固定好推送的时间。比如,天气类固定在每天早上推送当天的天气信息,让用户形成习惯,对其产生一定的依赖。

**4.做好场景化消息推送,在最恰当的时间把消息推出去**

消息推送应该做到场景化,这是因为人处在不同的生活场景下,对消息的接受程度和处理方式存在差异。在对的时间推送过来的消息,往往更能让用户接受;而不考虑场合时间的盲目消息推送,只会让用户反感。比如,晚上十一二点的时间发消息过来,并且不是紧急性的通知,直接就影响到用户休息的心情。消息的场景化推送是要设身处地地站在用户角度,分析用户使用习惯,以及在每一个时间段大部分用户所处的生活场景,并试想在当前的场景下,发送消息过去,用户是否有时间、有心情、有需要去看。例如,一款外卖App,主要面向上班人群。那么,分析一下就可以得知这个用户群的生活场景:周一到周五朝九晚五的8小时工作制,有时会加班,得知用户使用高峰集中在工作日的上午10点到12点,用户一般会在午休前订餐,利用这个时间段推送订餐优惠等消息,正好切中用户现实需要,无疑是最容易被关注并接受的。

## 五、促进用户转化

商业运营的本质是将用户的需求变现。一款产品或服务,从需求分析开始到内容建构再到用户管理等,归根结底都只是为了通过对用户需求的迎合与满足,采取适当的方式进行转化和变现。用户的转化是整个运营过程的核心目标,决定了整个产品或服务运营的成败。

用户转化包含两个内容,转化率和转化数。转化率是指真正产生消费的用户比例

(公式为:转化率=有效用户/所有用户×100%),这里所指的有效用户就是真正持续使用产品(服务)并可能为之付费的用户;转化数是指有效用户的具体数量。用户的转化,可以是一个环节,比如:登录、点击、支付,也可以是很多环节组成的一个流程,比如电商的购买流程、理财产品的注册绑卡流程等。

用户要发生购买行为,需要产品(服务)单独或完全具有以下8种"比免费更好"的原生性特征①:即时性,付费解决时间等待的问题,比如减少排队时间等;个性化,付费解决自我独特的需求,是一种对时间的消费,是创造者与消费者、艺术家与粉丝、生产者与用户之间的不断对话;解释性,付费解决理解和使用问题,例如软件是免费的,但是能适应你理解力的指导方式是非常有价值的,十分昂贵;可靠性,付费解决质量与安全问题,如免费下载应用,需要考虑是否有缺陷、是否为恶意程序或垃圾应用;获取权,付费获取简单便利,例如付费给优酷就可以很快看到你想看的视频节目,虽然这些视频也可以在百度中慢慢搜索得到;实体化,付费体验,如音乐是免费的,但观看演唱会却是非常昂贵的;可赞助,付费传达喜爱、崇拜,例如直播的打赏行为;可寻性,付费提高效率、寻找价值,如免费版本的电子书可以在网络中找到,但读者还是会付费购买亚马逊的电子书包月服务,这是因为评论能指导他们找到自己想读的书。基于上述特征,究竟如何才能促进用户的转化?接下来将详细讲解4种最为有效的方法。

### (一)做好螺旋上升式的需求管理

用户需求是一切行为、一切结果之源,需求是心理需要与支付能力、行为的总和,因而它包含了除需要以外的大量诉求。例如,用户要买一部手机,希望是正品、质量好、价格便宜、到货迅速、整个购买流程简单方便等。我们发现,此时用户除了"买手机"这个目标外,还存在大量的其他诉求,时间层面的、价格层面的、体验层面的等,如果我们把用户"买手机"这一明确目的称为显性需求,其他大量的时间、价格、体验等这些软性诉求则称为"隐性需求","隐性需求"常常是由用户在达成目标过程中的限制性、影响性因素引起的,即用户达成目标的成本因素。所以,用户要发生购买行为,需要商品是符合用户需求的;把握显性需求和隐性需求与转化率之间的关系;完成这个行为需要的成本是可接受和可达成的。就此,有三个基本的思考方向:需求层面,探索和激发用户真实的需求或意愿;转化率层面,提高卖点和目标用户需求吻合度;成本层面,降低用户的达成成本。

---

① 凯文·凯利.必然[M].周峰,董理,金阳,译.北京:电子工业出版社,2016:46-51.

### 1.探索和激发用户真实的需求和意愿

这是一个用户变量的维度，主要受用户自身需求因素影响，同时也可以激发用户的需求，引导用户探索和发现新需求，因为用户不知道自己不了解的东西，就像在乔布斯之前没人知道iPhone。我们可以让用户需求的程度更加强烈。例如，做活动时塑造活动氛围，实际是希望传递活动感知、带动用户的购物情绪，影响用户的情绪其实是为了进一步影响用户的购买需求。虽然需求产生是由用户控制的，但是用户的自身需求受到方方面面的影响，而这些影响因素则是我们可以思考、发力和延伸的方向。

### 2.提高卖点和目标用户需求吻合度

在针对目标人群进行运营时，把握用户真实需求点很重要，努力让产品(服务)卖点和目标用户需求吻合度增高，吻合度越高，用户对产品(服务)的认可程度就越大，成交的可能性就越高。通常，在实施过程中，会把用户分为四个层级，对不同层级用户实行不同运营策略。第一层，这部分用户是最理想的目标用户群体，要做好维护，经常与他们互动，做好二次营销；第二层，这部分用户基本需求度满足得还是不错的，但是对产品(服务)品牌认可度不够，或者忠诚度不够，所以要把重点放在产品(服务)品牌灌输上面；第三层，部分用户对产品(服务)有一定认知，但是宣传的卖点和用户本身的需求不是非常吻合，这个时候就要挖掘用户的显性和隐性需求，然后有针对性地运用运营策略来打动用户；第四层，这部分用户基本上可以判断不是你的用户群体，可以不用花费太多时间。

### 3.降低用户的达成成本

用户的达成成本主要受到客观因素、设计因素的影响。例如，把用户从想买某商品到商品到达手中看成一个行为，那么，要达成商品到手这一目的，用户所需要花费的时间、精力、金钱等则是用户需要付出的成本。对这个行为进行粗略地分解，会得到这样一个行为路径：用户想买某物(需求)→打开手机→打开应用→选购→付款→等待快递→收货。在这个购物行为中可能付出的成本就包括：时间成本、精力成本、金钱成本、习惯成本、心理成本等。运营需要解决的是如何通过渠道和设计去降低这些成本，方法通常分成四个方面：减少时间和精力成本，运用动线规划、页面节奏、高识别度的信息、具有辅助决策意义的内容或细节元素等，让用户更高效地找到目标产品(服务)；降低金钱成本，运用折扣、满减、秒杀、直降、优惠券等优惠让利降低用户的金钱成本；贴合习惯成本，运用排版布局、反馈、文案等设计来保证符合用户的习惯；削弱心理成本，减少用户心理负担，降低用户决策的心理门槛，让用户快速进行转化。

## (二)巧妙运用互联网免费经济

免费,早已成为互联网行业的通识。互联网的“免费”并不是“左口袋出、右口袋进”的传统营销噱头,而是一种把货物和服务的成本压低到零的卓越能力,这意味着企业的核心服务永远不收费。如QQ的聊天功能、360安全卫士的杀毒功能和百度的搜索功能,正是这种模式的代表。免费模式之所以得以在互联网行业大行其道,得益于以下几点:首先,互联网极大地降低了信息的传播成本,这是免费模式的基石所在;其次,产品通过互联网面向全球的海量用户,进一步摊薄了边际成本,即使付费转化率较低,最终也总能凭借整体用户量与付费率的相乘得到一个还不错的付费用户总量。

### 1.基本功能免费,高级功能收费

基本功能免费,高级功能收费的策略称为Freemium模式,这个词最早由AVC[①]的弗雷德·威尔逊(Fred Wilson)于2006年提出。它的含义是指企业通过免费服务吸引用户,然后通过提供增值服务,将一部分免费用户转化为收费用户,实现创收。Freemium策略的提出基于“二八法则”现象:产品中有一小部分对价格不敏感的高端用户,愿意支付额外费用来换取全部的高级功能,而这部分费用成为服务提供商的大部分收入来源,凭借这块收入负担起那些免费用户的服务成本。Freemium模式兴起于传统软件行业,如早期的“共享软件”(Shareware),允许用户先免费使用一段时间,等到期之后就给软件加“锁”(一般是通过硬件序列号来作为判定用户身份的依据),必须付费换取注册码才能继续永久使用。例如,QQ利用会员为广大的QQ用户提供专属的VIP服务。开通QQ会员后,用户可以获得会员身份图标、等级加速、聊天炫彩字、魔法表情、专属皮肤等个性化特权,还能开启诸如聊天记录漫游、好友克隆、提高群组上限、好友克隆恢复等实用功能。特别是在2013年7月,QQ会员将PC和手机打通后,彰显会员身份的途径有了新的释放点。

### 2.交叉补贴

交叉补贴策略,思路是通过有意识地以优惠甚至亏本的价格出售一种产品(优惠产品),从而达到促进销售另一种盈利更多的产品的目的。传统商业的典型代表案例如吉列剃须刀的刀身免费、刀头收费等。交叉补贴需要人们对优惠产品的价格足够敏感,而对盈利产品的价格不那么敏感。此外两种产品的互补性越强,同时购买的概率就越高。

① AVC全称Asia Vital Components,它是全球五大散热器制造厂家之一,主要以研发和制造CPU散热器、笔记本电脑散热模组、热导管和直流风扇为主。

交叉补贴在新媒体应用中最典型的代表是游戏行业。在游戏中,游戏免费、道具收费,免费玩家不得不花费大量的时间和精力来换取等级的提升、装备的升级或被强制暂停,而对于有付费能力和意愿的玩家而言,完全可以靠充值人民币来"一步登天",直接成为神一样的存在。如此,游戏开发商从中获得了巨大的利润。

### 3.第三方市场的流量变现

当用户在使用免费服务时,用户自己就是商品。的确,免费的流量本身不会凭空变出钱来,但如果将这批流量导入另一项服务,就能获取更大的价值。最典型的代表就是互联网广告,例如在体育爱好者社区里投放运动鞋广告、在演员的粉丝群里在线售卖电影票等。从消费习惯和付费意愿来说,将精准人群导流到电商平台是目前最为成功的盈利模式之一。在国内互联网公司中,百度和阿里巴巴的营收主要依靠平台内的广告。

### 4.开放源代码的盈利可能

开放源代码项目是当今不可忽略的一支生力军,其开放、平等、分享的精神造就了电脑和手机上的一大批优秀系统和程序。例如,上海资深安卓开发工程师何晓杰利用业余时间维护着一个私人的开源项目——RootTools①。这是一个对安卓设备进行全方位优化和保护的工具。在最初决定将项目开源时,何晓杰希望通过众包开发的方式来打磨完善自己的这一项目,并且通过吸引一部分用户来听取意见,开发或修改用户呼声最高的功能。随着项目逐渐成熟,他为RootTools建立了简单的主页,放置一些功能预告和联系方式,以此更贴近用户,加快迭代速度和提升项目市场价值。这个过程足足用了三年,直到拥有50万名活跃用户,取得了良好的口碑后,RootTools才开始接受用户的捐赠。

## (三)利用社交进行关系转化

本质上而言,人与人建立关系链是出于心理动机或者共同目的而进行资源的协作、交易的行为。相互协作关联的次数越多,协作成本越高,产生的关系链越多,也越稳固。因此,基于社交关系链进行用户转化也就十分的有效。

### 1.亲自询问

当面获取用户反馈是社交运营最有效的方式。一对一亲自询问用户反馈的方式无疑会达到极好的效果,亲自询问的效果是通过邮件询问效果的7~8倍。例如,家具销售

① RootTools是一款Android ROOT根权限的必备工具,是Android资深玩家定制系统和Android开发者修改程序的终极工具。RootTools能够最大限度地定制用户的Android系统,能够随意改变系统的字体和引导动画,删除系统或软件数据。

中，一名销售助理可能会花费一小时的时间来帮助用户挑选出最适合家庭风格的一款沙发，并且在这个过程中，他们也对彼此有了非常多的了解，比如，他们的家乡在哪儿、他们的家庭情况、用户的喜好等，如此一来，他们之间也就在无形中建立了一种微妙的联系。所以，在销售中或结束后，销售人员可以通过质量反馈等方式和用户进行更深入的接触并建立相对的关系，从而实现用户转化及再次销售的可能性。

**2.用户“奖励”**

利用小小的奖励来促成用户转化率的增长是非常有利的，即让种子用户对产品（服务）进行传播和推广，并通过老用户带新用户给予消费奖励或颁发特权等方式进行奖励，这也是非常有效的用户转化的方式。例如，一个通过购物返利的应用——返利网就推出了老用户邀请一名新用户注册，就可以与新用户共同享受1元购买价值30元包邮物品的优惠，以此来鼓励种子用户引导新用户的转化。

**3.促使用户进行评价**

当新用户在选择产品或服务时，既不熟悉产品，又要面对琳琅满目的竞品，此时查看以往用户的评价（口碑）便成了最好的依赖途径。用户评价（口碑）好、评价数量多的产品自然就会最快促进用户转化。因此，用户评价（口碑）是新用户进行转化的一个有效方法。

### （四）通过设计引导用户行为提升转化率

在做运营时，运营者很容易把用户想象成“完美”的用户，具有鹰的视力、大象的记忆力、蝙蝠的导航能力、骆驼的耐心、猴子的灵活度。《2022国民专注力洞察报告》显示，当代人的连续专注时长，已经从2000年的12秒下降到了8秒。第四届世界互联网大会的数据也显示，一个人每天面对屏幕至少150次，平均每6.5分钟看一次手机。2020年中国青年报社社会调查中心通过网站对1 007名受访者进行的一项调查显示，当下年轻人的学习途径多种多样，看教学视频（48.5%）是受访者使用最多的途径，然后是看书（47.0%）。受访者还广泛利用平台和工具学习，如搜索引擎（39.5%）、微信微博等网络社交平台（39.2%）、短视频（39.1%）、贴吧和兴趣社区（31.9%）等[①]。可见，用户浏览页面以扫描为主，每个页面停留时间很短，没有耐心逐字逐句去阅读。同时，也没有耐心去填写繁杂的注册信息、去主动探索经常使用的软件的各种功能等。真实的用户其实是注意力不集中、不爱记忆、视觉不敏锐、不爱探索、没有耐心的。因此，在产品设计过程中，

**案例：唯品会20分钟清空购物车**

① 李勤余.网络时代，专注力为何成了“稀缺品”[N].光明日报，2022-04-18(2).

应该避免让用户去记忆、思考、寻找和反复尝试。可以通过巧用神奇的数字(分组、记忆、选择)、赋予进度效果、任务拆分、界面排布(图片大小、运营内容的展示)、视频的展示、增加紧迫感和稀缺性元素、折扣信息和授权信息展示、重视移动支付、提升响应速度、提升用户满意度等方式来调整产品的设计,促进用户转化。

## 六、用户传播与回流

用户传播与回流是整个用户运营的最后闭环,也是检验和优化产品的有效指标。一般而言,设计精良且能满足用户痛点的产品会获得用户的青睐,并能引发用户主动传播和增加用户回流。在此基础上,也可以采取四个有效的方法来促进用户传播和回流,以获得更好的运营效果。

### (一)触发病毒式传播

病毒式传播,是基于用户诉求的一种传播方式。一款产品(服务)如果采用了正确的病毒式传播方法,自然能够勾起人们分享给他人的欲望,在新媒体的语境下用最低的成本将产品扩散给更广的人群。形成病毒式传播在内容上需要具备三个特征:与我相关;符合利益诉求;彰显个性、爱心和优越感。病毒式传播的效果由其循环周期决定。循环周期,是指从用户发出邀请,到新用户完成转化(如点击阅读、注册、消费的行为)所花费的时间。循环周期越短,效果越好。运用病毒式传播的佼佼者要数视频网站,例如,在优酷上看完一则奇趣搞怪的30秒视频,将它顺手分享到微博上,马上便能引来粉丝围观,整个循环周期只需几分钟。为了缩短循环周期,首先应当尽可能减少用户的操作成本,如醒目的行动号召、方便的一键分享按钮、傻瓜式的下载安装注册流程。其次可以设法增加用户的"紧迫感",如24小时后就会失效的优惠券、注册后能立即收到10元返利的承诺等。

### (二)用Bug引爆传播

Bug是一个英文单词,本意是臭虫、缺陷、损坏、犯贫、窃听器等,现用于指代电脑系统或程序中,隐藏着的一些未被发现的缺陷或问题,统称为漏洞。利用Bug营销是基于用户"爱占便宜"的心理完成的一场用户传播和转化。例如,一场Bug营销让本来压根没想吃肯德基的你，高高兴兴地掏了35块钱不说，可能还在朋友圈贡献了一个广告位：2019年肯德基借助微信发了一波“35块钱买肯德基全家桶”的攻略，号称寻到商家Bug把原价110元的套餐直接优惠至35元，促使一大波的用户为了薅羊毛大量地购买了此套餐。结果薅了羊毛的消费者笑了，被薅羊毛的肯德基也笑了。

### （三）借用时机乘势而上

现代社会信息的剧增和传递速度的加快，使任何传播都会迅速爆发并迅速衰减。从某种程度来说，病毒式传播追求的是“时机的艺术”。一条消息从什么时候开始推送，在什么时候影响到特定的人群，如何延长半衰期，等等，都是依赖于技术层面的精密策划。例如，猎豹移动在2013年1月初，针对12306官方订票网站在春节期间访问迟缓、购票通道拥堵的问题，高调推出了“春运抢票版”，围绕春运购票来强化宣传。所谓的“春运抢票版”，是在原本的猎豹浏览器产品基础上预装了“抢票”插件，并在推荐网址里加入了与春节相关的元素，用户下载猎豹浏览器春运抢票版后，登录12306购票网站，电脑就能自动重复刷新订票页面，直至成功购票为止。而在等待抢票的过程中，还会推荐用户观看视频，以减少等待的焦虑。整个流程围绕订票前后的各个环节精心设计。很快，猎豹浏览器以“抢票神器”的姿态在网民中形成口碑传播，也有一些平时很少上网的人听闻后特地下载猎豹浏览器进行网上购票。2013年的抢票风潮造就了产品的口碑与用户量双丰收，猎豹浏览器次年又同样将目光牢牢锁定在2014年春节。这次，猎豹适时推出了“我的猎豹浏览器”公众号。网民只需关注这个公众号，不需安装任何应用就能在线自动刷票、查询余票。借助微信本身的发送地理位置功能，它还能为用户智能推荐附近的售票点。许多年轻白领、大学生，甚至平时不怎么接触电脑的农民工、老年人，也学会了用微信抢票。“我的猎豹浏览器”粉丝数蹿升。猎豹浏览器的手机版也加入了抢票功能。除了在首页九宫格导航增加了醒目的“抢火车票”入口、优化了全自动刷票时的输入体验外，还加入了杀手级的“超省流量刷票模式”，连续刷票1个小时消耗的流量仅有0.32MB，与在线观看1分钟的视频相同。这样一来，广大流量吃紧的学生、农民工就不再有任何后顾之忧了。猎豹浏览器借助“春节抢票回家”的民众普遍刚需，在激烈的浏览器厮杀中找到了独特而可信的卖点，强化了自身品牌形象，在赚得盆满钵满的同时也收获了口碑。

### (四)镶入病毒小游戏

基于情绪释放、人际交流需求和碎片化时间场景，一款小而有趣、可以及时分享的HTML[①]游戏能立刻引爆微信朋友圈。2018年微信小游戏“跳一跳”因为上手简单，且在微信好友间有排行榜，朋友圈争相跳一跳，日活跃用户高达1.7亿人。操作简单，自带社交属性的小游戏一经上线就变成了大火IP，其中的流量红利不言而喻，人们纷纷开始借势“跳一跳”，微信公众号“末那大叔”发表软文《微信跳一跳隐藏功能：有人偷偷喜欢你》成为“10万+”爆文。便利店徐记士多也借机植入广告，成为其中的一个小盒子，甚至还有线下真人版“跳一跳”活动，赢新春大礼包。这一系列的周边“跳一跳”活动无不显示了微信“跳一跳”小游戏的火爆程度。

## 知识回顾

用户运营是用户研究的一种角度，其实质来源于传播学的重要研究部分——受众研究，是新媒体运营最重要的前提和保障。用户运营定义为：以用户为中心，通过用户获取(Acquisition)、用户活跃(Activation)、用户留存(Retention)、用户转化(Revenue)、用户传播(Referral)等流程，赋予产品(服务)更多创意和功能而进行的用户维护的互动行为。根据用户运营的定义可以看出，用户运营的整个过程就是用户获取、用户活跃、用户留存、用户转化、用户传播的一个漏斗式循环模式，在此模式中，被导入的一部分用户会在某个环节流失，而剩下的那部分用户则在继续使用中抵达下一环节，在层层深入中实现最终转化。而要完成用户运营的整个流程，就必然会运用到一些方法和策略。一般来说，用户运营有定位用户需求、用户获取、激发用户活跃、增大用户留存、促进用户转化、用户传播与回流六种运营的方法和策略，在整个用户运营中层层互动、相互推进。

## 思考题

1. 如何理解新媒体用户运营？其概念是如何演化而来的？
2. 举例说明新媒体用户运营的流程。
3. 在新媒体用户运营过程中，可以用到哪些策略和方法？
4. 思考新媒体用户运营的策略和方法的实际使用范围和成效。

---

① HTML(Hyper Text Markup Language)超文本标记语言，标准通用标记语言下的一个应用。“超文本”就是指页面内可以包含图片、链接，甚至音乐、程序等非文字元素。

# 第四章　新媒体内容运营

## 知识目标

1.新媒体内容运营的概念和特点。

2.新媒体内容运营中内容的来源方式。

3.新媒体内容运营的流程与方法。

## 能力目标

1.了解新媒体内容运营的概念、特点和功能。

2.明确新媒体内容运营中内容的来源。

3.能清晰地理解新媒体内容运营的流程与方法,并能在现实环境中运用。

## 思维导图

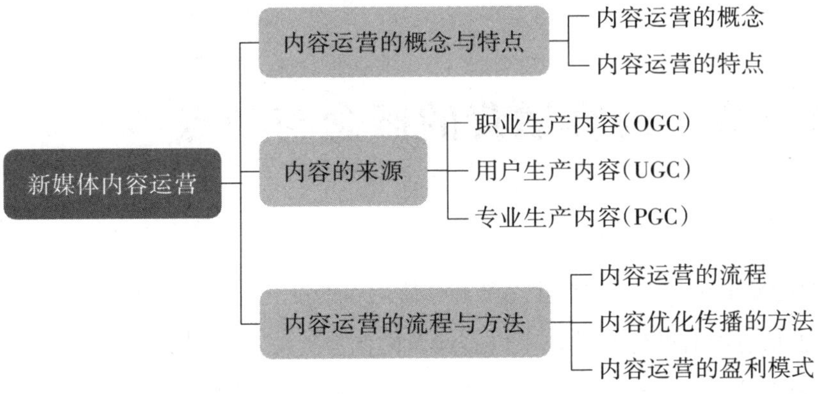

## 案例导入

优酷举办《乡村爱情》盲盒活动

《乡村爱情》作为一部自2006年播出、已推出13季的国民神剧,沉淀了广泛的粉丝基础,年龄上覆盖了老中青各阶段,剧中的经典角色早已家喻户晓,所以在2021年3月第13季在优酷App播出后,便有了很高的播放量。此前,优酷为《乡村爱情11》推出国际海报,引发全民关注。优酷一系列动作都让《乡村爱情》15年的IP持续焕发年轻生机,成为国民潮剧。

与此同时,优酷App跨界合作,邀请《乡村爱情》演员代言,并通过限量盲盒这样新潮、趣味、好玩的活动,集中了5大经典角色,还有盲盒神秘版本(刘能),吸引了大量用户,盲盒一经发售便销量大好(图4.1)。优酷App的此番内容运营中用了什么方法使自己对新老用户仍有高吸引力呢?

图4.1　刘能盲盒产品展示图(网络图片)

# 第一节　内容运营的概念与特点

从新媒体运营的简史中可知,内容运营在新媒体运营的变化和发展过程中曾占据非常重要的地位,但信息内容的爆炸动摇了内容运营的优势地位,让运营者们开始反思何为内容,何为内容运营。在信息量的不断增长和运营者的持续反思下,内容运营有了新的定位:内容的产生是基于差异化人格的,是基于用户真实需求之上的,是为用户服务的，等等。基于此，本章节将从新的角度去讲述内容运营的特点、方法和策略。

## 一、内容运营的概念

通常我们所说的“内容”是指所读到或看到的东西，如网页、博客上的文章、视频、图片等。在新媒体运营中，“内容”则指知识与信息，具有价值与明确的目的性，是为特定人群创建并能够打动特定用户的有用信息。近年来，有价值的内容运营已经跃升为精明运营人员和经营者的首选方式。那何为内容运营？

内容运营指的是运营者利用新媒体渠道，用文字、图片或视频等形式将企业信息友好地呈现在用户面前，并激发用户参与、分享、传播的完整运营过程。①

## 二、内容运营的特点

做好内容对新媒体运营来说具有举足轻重的作用。但是，如今对好内容内涵和形式的定位与传统定位有着天壤之别，稀缺、高场景度和体验性成为当今内容定位的三大特征。对稀缺的需求已颠覆了大众传播时代对重要的需求，稀缺是一种低频度的需求，它决定着内容的质量和品质，是通过细节的差异来显示的，如教你怎样登上月球；高场景度是个体产生的专业需求，如向专业人士寻求精确的医疗咨询；体验性是消费升级的推动力，是一个人的人生宽度，能为人们打开不同的人生窗口。根据内容定位的三个特征，可以把内容运营的特点分为四个方面，分别为：

### （一）帮助用户解决需求问题

内容运营不同于传统营销直接展示产品、重复强调品牌的做法，而是先提供解决方案，帮助用户解决实际问题，培养用户信任，在此基础上，再引导用户自发消费。在内容运营中，解决用户需求的方案和产品并不是割裂的。事实上，好的解决方案必然成为产品的一部分，甚至是产品的核心组成部分。而传统营销打造出来的产品往往将“品牌”作为核心资产，围绕品牌打造系列产品（图4.2）。例如，专注红酒的公众号“企鹅和猫”，前期通过提供专业、系统、有趣、免费的红酒相关问题解决方案，包括如何点酒、如何品

① 勾俊伟.新媒体运营[M].北京：人民邮电出版社，2018：96.

酒、如何选酒等，收获了大批粉丝。在此基础上，“企鹅和猫”顺势推出了“企鹅团葡萄酒会员”“企鹅团精选葡萄酒每月订购”等付费产品及服务，成功实现了粉丝的付费转化。在订阅号日平均5 000阅读量的情况下，销售额成功突破百万元，说明了内容和产品高度结合可以做出极高的转化率。

内容运营打造产品　　传统营销打造产品

**图4.2　内容运营与传统营销的区别**

## (二)向用户传递产品独特的价值

内容运营喜欢向用户传递产品的独特价值，而传统营销往往更喜欢价格战。这是因为购物场景发生了新的变化。在传统购物场景中，无论是线下商超还是线上商城，都存在着大量同质化产品供用户挑选，消费者面临的主要问题是“买哪个”，此时，价格高低、有无促销，是很多用户重点考虑的因素。而在新媒体环境下，新型购物场景可能是躺在床上，悠闲地刷着朋友圈，突然被《不用催熟！吃完陕西眉县树熟猕猴桃，刷新了我对猕猴桃的认知》[①]这则标题吸引，打开文章，发现此文制作精良、图文并茂、内容翔实。文章中详细介绍了猕猴桃的培育方式、多种食用方法、“不催熟”的秘诀等，极大地丰富了用户对猕猴桃的了解。文章中附上陕西眉县树熟猕猴桃的精美图片和购买链接，此时在价格适中的情况下，用户更关心什么时候可以到货。

## (三)内容运营依赖品牌自媒体

传统媒体时代，信息单向线性传播，内容制造权被少数主流媒体把控，运营推广不得不依赖主流媒体。新媒体时代，信息网状交互传播，人人都可生产内容，自成媒体。此时，内容运营和自媒体战略紧密结合。一方面，内容运营中方案的发布、传播，购物场景的搭建、转化，都基于品牌自媒体持续有效地进行；另一方面，通过持续、稳定地生产

① peanut.不用催熟！吃完陕西眉县树熟猕猴桃，刷新了我对猕猴桃的认知[EB/OL].(2021-12-02)[2022-02-08].https://new.qq.com/rain/a/20211202A0A6MQ00.

高质量内容,产品具备了媒体功能,通过自媒体直接接触目标用户。自媒体的本质仍然是媒体。构建合格的自媒体,实施内容运营,至少需要达到3个要求:一是有足够数量的粉丝量;二是持续稳定地生产满足用户需求的内容;三是有切实可行的盈利模式。

### (四)内容运营下,用户分享发生在用户决策的任一阶段

分享产品体验是用户行为决策的重要环节,社交媒体的兴起放大了这种口碑效应对品牌的影响,也使得企业越发重视用户口碑。传统营销模式下,用户通常只有在亲自体验过产品后,才会产生分享行为,且分享的内容一般以产品体验为主。而内容运营模式下,用户的分享可能发生在用户决策的任一阶段,只要内容有价值,引起了用户兴趣,即使最终没有消费,用户也会很乐意地分享产品的相关内容。

# 第二节 内容的来源

随着以论坛、博客为代表的Web 2.0时代结束,跨入以社交平台、微博为代表的Web 3.0时代,内容生产方式基本分为OGC(Occupationally-generated Content,职业生产内容)、UGC(User-generated Content,用户生产内容)、PGC(Professionally-generated Content,专业生产内容)三种类型。OGC为各大新闻站点、视频网站,其内容均为内部自行创造或从外部花钱购入版权;UGC为各大论坛、微博、微信等,其内容均由用户自行创作,管理人员仅负责协调和维护秩序;PGC则在这两种网站中都有身影,由于其既能共享高质量的内容,同时网站提供商又无须为此支付报酬,所以OGC站点和UGC站点都很欢迎PGC。

## 一、职业生产内容(OGC)

OGC以职业为前提,其创作内容属于职务行为,工作职责所在。可以把OGC理解为电视台和影视公司等。例如,新浪网是典型的中心化模式,内容由专业记者和编辑参与生产,由于都是职业工作者,内容生产的质量和数量都有保证。OGC的内容有自行创造和花钱购入版权两种模式,内容基本上不产生收益,收益大多来源于广告。

## 二、用户生产内容(UGC)

UGC指用户创造内容,即用户将自己动手制作的内容通过新媒体平台进行展示或者提供给其他用户。在UGC模式下,浏览者和创作者为一体,用户既是观众,也是演员。最早的国内UGC模式以中文网、酷6视频为代表,要求用户具备一定的专业技能或独家资源。如今随着互联网科技的成熟,特别是智能手机、App、H5的普及,用户记录生活、抒发心情、交流互动的手段越发便捷,UGC的门槛大幅度下降,并融合了更多的社交性、即时性、多媒体性,更加追求个性化①。

### (一)UGC与用户关系

UGC作为一个网络情感诉求渠道,可以让用户与他人交互,满足多维度的心理需求。首先,可以让用户获得成就感。用户都有一定的表现欲,希望能够表现自己最擅长的东西并且得到认同,实现自我价值。新媒体的出现,给了每个人大展拳脚的可能,例如,爱好唱歌,不一定要成为歌星,而可以在原创音乐网站发表音乐作品;有丰富的旅游经验,可以在旅游网站上传攻略帮助其他“驴友”;不少知名的作家都是先在榕树下、晋江文学城等文学网站发表作品,渐渐地为人所知。所以,用户通过贡献高质量的UGC内容展现才华,受到尊重同时也能获得自我满足。其次,可以让用户获得愉悦感。用户总是希望能看到有趣的事情,热衷围观,欣赏他人的喜怒哀乐。由于用户自己生产的内容是真实和接地气的,所以观看者更容易感到亲切和引起共鸣。像一些颠覆性的认知、搞笑夸张的段子、脑残体的神吐槽,可以满足用户享乐生活的诉求,给用户带来新奇与刺激。最后,可以让用户获得归属感。现代网民渴望消除孤寂感,想与志同道合的陌生人进行交流。互联网、新媒体打破了地域、身份的界限,用户借助UGC觅到知音,不再孤芳自赏,而是与他人畅谈言欢,满足交际的诉求。

① 人言.不论UGC还是PGC,戳中用户G点就是好C[EB/OL].(2015-12-13)[2022-01-12].http://www.woshipm.com/operate/255045.html.

## (二)UGC与品牌关系

### 1.主动参与程度高,形成病毒传播效果

相比PGC来说,UGC最大的特点在于用户主动参与程度高,互动空间更大。通常用户自主产出内容后,很容易就会进行自发性的二次散播,引来爆炸式的关注与追随,形成病毒传播效果。比起在资源渠道上花钱砸广告,用户的转发分享才是产品品牌宣传的最佳助力。例如,2016年走红的魔性H5《穿越故宫来看你》,该款H5主要来源于朋友圈,随后通过用户的二次传播迅速地成为爆款和焦点(图4.3)。

图4.3　H5《穿越故宫来看你》截图

### 2.内容优质而多元化

未来的新媒体以90后、00后为主要受众,这群互联网的原住民更习惯表现自我,更具创新精神,他们具有超乎我们想象的智慧,结合平台渠道与创作模式的多元化,将会有更多的优质UGC产品产生。

### 3.沉淀核心用户,提高用户忠诚度

在UGC社区平台,用户除了可以利用UGC与广大网友交流分享,还可以从自己创作的内容中获得收入分成。这样一来,UGC不仅刺激用户使用平台,提高平台的盈利收

人，同时也是平台巩固核心用户的有效手段。例如，在斗鱼直播平台，粉丝购买虚拟礼物送给主播可以换算成人民币，主播也能从中获得一部分分成。利益驱使用户更积极地为平台产出优质内容，大大增强了用户黏性。

常见的UGC玩法

## 三、专业生产内容(PGC)

在OGC以及UGC中间有个区域称为PGC——专业生产内容。这种形态的内容由专业人士制作，但其大型程度比不上OGC，却也不是个人生产的UGC。这个部分的内容不是头部，也不是尾部，而是腰部(图4.4)。例如目前的热门网红、IP都属于这个领域。

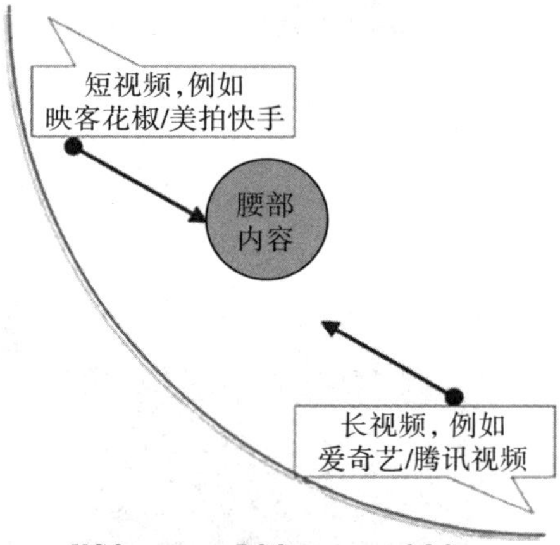


图4.4　内容来源示意图①

### (一)PGC的发展历程

PGC市场的发展模型经历了五个时期：2005~2010年，是UGC、短视频发展的雏形期；2010~2013年，是PGC发展的萌芽期，这一时期专业的UGC制作者出现，乐视、优酷等视频平台陆续上市；2013~2014年，是PGC发展的蜕变期，这一时期UGC的专业度持续提高；2014~2015年，是PGC发展的兴起期，这一时期PGC内容制作、运营、商务团队的形成，自制内容成为重点，优酷的PGC视频数量已经过半，腾讯、今日头条等开展了“原创平台”，面向专业用户和机构建立了内容合作渠道，为个人提供认证包装、品牌及内容

① 黄绍麟.PGC、UGC、OGC，视频行业G点何在[EB/OL].(2016-09-29)[2022-01-12].http://www.woshipm.com/it/421856.html.

宣传展示、商业分成回报等模式；2015年至今，是PGC发展的爆发期，PGC的生产、融资日益旺盛，商业模式陆续形成，打造“品牌共建—内容共创—商业共赢”的三维闭环，构建产业共赢的内容生态。

从内容上来看，PGC生态系统是从内容生产、内容推广，到品牌形成、粉丝汇聚，最终品牌内容被粉丝反哺并进行自推广的整套生态闭环；从商业上来看，优酷等视频平台让优质内容形成品牌价值，再通过价值变现让创作者无后顾之忧，更专注内容创作，通过内容推动商业的升级发展[①]。

## （二）PGC生态系统的完善

完善PGC的生态系统，包括价值延伸、商业变现和PGC生态体系下自制内容的发展等几个方面。

### 1.价值延伸：从自建IP到衍生品开发

在PGC生态系统下，自建IP成为提升附加值的重要途径之一，内容运营已经成为广告的重要传播方式，通过内容嵌入让品牌成为内容的一部分，让消费者产生兴趣，从而最大化提升传播效果。例如，网络自制节目《侣行》计划推出IP电影，邀请明星与张昕宇、梁红夫妇共同出演，同时开启相关手游制作计划、“边看边购”众筹等运营模式。《侣行》众筹的互动糖果书，23小时内便筹款40万元，最终以60万元收官。价值的延伸也成为网络自制节目发展的趋势。既契合中国年轻人的价值观，又具备国际视野与水准的本土开创性，以及融入国家外交元素正能量的节目越来越受到观众的欢迎。

### 2.商业变现：形成长尾消费的市场

PGC生态系统的参与者分别为投资者、内容生产者、生产平台、用户、广告主，相对应主要发挥资金、资源、制作、服务、运营及消费商业变现功能。各平台更多介入内容产业链条中，以加强对内容的掌控力。随着内容的精品化发展，各平台之间的互动与合作增多，精品内容多平台联合传播已经成为趋势，为内容付费和衍生品开发提供了较大的潜力。网络小众市场的受众忠诚度不断提高，粉丝经济下的优质内容变现能力提升，因此在用户消费上，PGC生态系统撬动粉丝和会员力量形成长尾消费市场[②]。

---

① 言之有范．PGC生态形成，网络自制节目下一步如何发展?[EB/OL].(2017-08-24)[2022-01-12].https://www.sohu.com/a/166939938_182272.

② 艺恩咨询.2015年PGC产业生态研究报告[EB/OL].(2015-09-29)[2022-01-12].https://www.waitang.com/report/8407.html.

### 3.PGC生态体系下自制内容的发展

自制内容在PGC生态体系下的发展，呈现出以大数据引导内容制作、内容生产更具国际视野和以原生广告带动社群运营的特点。

（1）以大数据引导内容制作。

内容制作基于趣味、利益、互动、个性四原则，随着未来大数据技术的发展与应用，新媒体的技术、传播模式优势将得到进一步的凸显，将会出现新的CGC（Calculation Generated Content，算法生产内容），这种内容生产方式体现出对UGC与PGC的融合与超越，能够科学洞察受众的信息需求与偏好，并且在生产、营销、传播等各个环节予以体现，大幅提高内容生产质量与传播效率。

（2）内容生产更具国际视野。

在内容制作上，秉承用户参与、内容为王的原则，就需要合理构建互动平台，提供汇聚集体智慧的网络平台，不但要根据搜集分析出的用户需求制定生产内容，还要积极响应用户想要参与内容制作的愿望，增强用户体验，加强UGC、PGC融合，创作具备国际视野与本土开创性的UGC、PGC内容与形式融合的节目。

（3）以原生广告带动社群运营。

UGC使内容题材更贴近受众并显多元化，制作机制更加大胆开放，PGC提供了尖端技术和平台支持。因此，网络自制节目的广告生产投放与传统的生产投放模式有所差异，广告与内容也形成了伴生状态。在传播渠道上，通过新兴技术将推送内容精准化、展现形式多元化，更注重移动端的用户体验。在经营方式上，通过打造完整的产业链拓展盈利渠道。

## 第三节 内容运营的流程与方法

一个产品或者服务，只要说到内容运营，就要涉及内容供应链的建立和产品（服务）本身、内容生产者以及内容消费者三个方面。产品（服务）本身需要维系内容生产者、满足内容消费者，通过各种方式去保证产品（服务）的运转，从内容运营的角度来看，它不仅仅需要明确定位内容消费者，也需要努力维系内容生产者，同时通过对用户的反馈进行跟踪和跟进，以期让内容流转更顺畅、内容消费更黏着、用户转化更快捷；内容生产者是产品(服务)内容的发动机，它决定了产品(服务)会输出怎样的内容给内容消费者，内容生产者所提供的内容与内容消费者兴趣相匹配，是保证内容流转效率和产品(服务)转化能力的动力；内容消费者与产品(服务)定位息息相关，它决定了产品(服务)的内容给谁看，谁会对这些内容感兴趣从而提供可转化的流量①。

## 一、内容运营的流程

内容运营的流程就是内容生产、输出(传播)、转化的整个过程，包括定位内容消费者、内容生产者维系、内容的反馈与跟进等。

### (一)定位内容消费者

定位内容消费者，是一个以内容为主的产品(服务)首先要做的事情，它是决定最早一批内容消费人群的关键。例如，知乎早期的内容消费者定位是IT、互联网人群；豆瓣早期的内容消费者定位是喜欢读书的人群；时光网的内容消费者定位是电影爱好者等。对内容消费者的定位，能在早期为产品(服务)提供一个内容聚焦的用户群体，建立比较直接的效果评价体系，让后续运营调整和改进有依据。

定位内容消费者是一个动态的过程，因此，每个以内容为主的产品(服务)需要评估让用户进入的速率以及用户选型的控制。用户过快进入可能会导致内容消费定位来不及进行调整，甚至冲击最初建立的内容消费者定位，影响产品(服务)所提供内容的质量和用户接受度。通常，控制内容消费者进入的最成熟的方案是邀请机制。采用邀请制能产生稀缺和紧迫感，形成人群精确锁定，能人为制造垂直领域或者单一结构的用户群，并有效考验内容运营者与内容生产者的能力。虽然，邀请制本身让潜在的用户充满了好奇，想要知道邀请码背后的世界究竟如何，但是，如果内容生产者或者运营者的能力不足，甚至网站或产品的技术有问题，就很容易产生用户活跃度低，无法激活有效用户留存和活跃，从而带来不好的结果②。例如，早期B站是不开放注册的，而是通过用户购买邀请码成为正式会员才能解锁全部功能。购买邀请码也有一定的门槛，一般只有

① 张亮. 从零开始做运营[M]. 北京：中信出版社，2015：112.

② 张亮. 从零开始做运营[M]. 北京：中信出版社，2015：74.

注册三个月以上的普通会员才能购买邀请码，一个月只有三次购买机会，购买邀请码还需要五个硬币（硬币通过观看视频获得），这极大地保证了B站的用户符合定位和高黏性。

### （二）内容生产者维系

定位好内容消费者，就需要返回思考内容由谁来提供以及提供什么样的内容是内容消费者所喜欢的这一问题。类似于电子商务，如某产品定位的是女性客户，就不会去进货男士商品。定位内容消费者，只是第一步。下一步是要提供消费者感兴趣的内容，这部分内容可以自己制作，也可以是外包制作，但不管由谁完成，都是内容的生产者。内容生产者制作出内容后，还需根据内容消费者的需求与变化进行内容的维护、修改，以保证内容消费者在产品（服务）中能获得满足，与产品（服务）维持比较长久的用户、消费关系。如公众号“年糕妈妈”，是专为0~6岁的中国宝宝提供媒体产品、教育产品、优选电商等服务的母婴品牌，推送的内容涵盖宝宝衣食住行各个方面。2014年创立品牌，2016年建立电商平台“糕妈优选”，2019年与高校合作探索0~6岁宝宝关怀机制，明确的产品定位、优质的推送内容以及不断丰富的宣传方式，让“年糕妈妈”在众多母婴育儿品牌中遥遥领先。

### （三）内容反馈与跟进

完成内容消费者的定位，制作并持续维系产品（服务）内容后，就要时常关注内容反馈，并进行跟进，形成日常的内容采集与管理工作。在内容的采集与管理工作中，还需要考虑用户反馈和对应反馈的跟进策略，该策略可以根据平台的不同挑选不同的展现方式，设定内容运营的KPI（Key Performance Indicators，关键绩效指标），并与数据挖掘机制相结合，进行数据挖掘之后的反馈与跟进。

## 二、内容优化传播的方法

内容优化传播的方法可以分为内容故事性优化、内容可信度优化、传播方式优化、传播技术优化等方面，优化的最终目的是能以更快捷、更容易被认知、更低成本的方式，在新媒体时代进行最有效、最广泛、收益最大化的传播与运营。

## (一)内容故事化、事件化、娱乐化

信息本身并没有情感上的冲击力,仅有一堆事实资料的信息是无法和用户产生共鸣的。逻辑表述与情感说服之间是存在着较大差异的,用户可以赞同思路而不响应号召,很少有人仅凭因果关系就会付诸行动。为了增强说服力,必须触动人们根深蒂固的欲望和信念。这就需要比事实更锋利的情感来刺痛心灵。因此,情感成了人们强有力的消费驱动。内容要具有情感召唤力,就需要故事化、事件化和娱乐化,让传播的信息为受众喜闻乐见,能"抚慰我""逗我开心""让我思考""令我感动""让我难过""让我幻想""给我欢笑""令我愤怒""让我哭泣"等。如原创女装"罗拉密码"就是通过这一方式,实现了涨粉、线下到线上的转型,以及品牌形象的塑造。作为品牌创始人和店铺主播,罗拉在与用户沟通时,会通过自己设计的服装帮助女性找到自信。比如胖女孩因为身材原因被嘲笑穿衣服不好看,罗拉就亲自上手,把衣服改成合适尺寸,以此来告诉大家胖胖的女生也可以很美。这些举动在表达对女性的关怀的同时,也在宣扬自身品牌的理念:让女性变得更好。粉丝体会到了被尊重、被重视的感觉,用户信任度和忠诚度自然也就提升了。

## (二)内容短视频优化

在视频移动化、资讯视频化和视频社交化的趋势带动下,短视频内容运营正成为新风尚。短视频和图文内容一样都是社交传播的介质,但是短视频因为视频化的表现形式使得其在传播过程中更具表现力。从各大短视频平台的迅速崛起到头条视频每天十亿次的播放,再到微博和秒拍联合建立起来的中国最大的短视频"分发+播放+社交"的生态联合体,短视频在短时间内占据了大量的流量入口,形成了广泛的影响力[①]。短视频内容凭借有情、有趣、有用、有品等特点,进行着广泛的口碑传播。例如,淘宝在内容营销上一直走在各大电商平台的前列,短视频《逆转钢盔》第二季第一集一推出就达到248万次播放量、440万人访客数,其片尾植入的商品"悦味元木锅具套装"创造了该商品正常时段月销量36倍的成绩,不得不说从短视频到内容运营到品牌好感再到销售转化,存在着一定的联系。

---

① 十里桃花. 从淘宝二楼看短视频内容营销的趋势[EB/OL].(2017-03-20)[2022-01-12].http://www.woshipm.com/operate/611428.html.

## （三）在SEO（搜索引擎）中植入内容运营基因

中国互联网环境迅速变迁，SEO大环境的确发生了翻天覆地的改变，但在现阶段以及未来的一段时间内，搜索引擎都将会不断进步，用户体验会变得越来越好。搜索引擎的用户体验，最核心的一项指标就是内容质量。无论搜索结果以哪种形式展现出来，最终还是要以内容展现。在SEO中植入内容需要做到以下几点：

### 1.定位精准

网站内容，用1~2个核心关键词概括出来，网站主题用一句话说清楚，实现内容垂直化。比如，英语口语培训网站应当专心挖掘英语口语培训方面的关键词，不要涉及太多其他小语种，也不要涉及英语翻译、英语考试方面的内容，尽量专注于英语口语培训。

### 2.增加百科类内容比例

百科类知识一直是搜索引擎用户的最爱，是搜索引擎数据库中沉淀得最厚实的内容，所以，网站应适当增加百科内容的比例。比如，一个有机食品的网站，与有机相关的概念都应在该网站得到解答：什么是有机蔬菜、什么是有机大米、有机肥是什么、有机农场怎么样等。具体到编辑层面，要注意大小标题尽可能多地使用，使文章看起来有很强的层次感。

### 3.开通博客专栏

如果说百科类知识是各种提问，博客专栏就是提供处理各种问题的解决办法，专门为用户解决各种难题。比如，一个做翻译服务的网站，可以开通一个“翻译大学”专栏，里面介绍各种语种的翻译技巧、奇葩翻译、翻译工具使用方法等。

### 4.内容不要太自我

作为内容策划者，必须懂得站在访客的角度考虑问题，多想想提供的内容能给他们带来什么。如果是创始人枯燥乏味的创业故事、公司文化、企业介绍、企业的优势、员工故事等，根本产生不了SEO效果。

### 5.放弃外链，专注内链

发外链是SEO工作中最耗体力的事情，也是最吃力不讨好的事情。而内部链接是网站内容进行有机组合的筋络，可以把整个网站的内容很好地串联起来，使网站成为一个完整的可用产品。比如，在文章中做指向首页的链接、在文章中插入不可见的链接、一个页面有多个链接指向同一页面等。

### 6.改友情链接为深度内容合作

如今，友情链接的意义早就不是单纯地传递权重了，而更多的是维系合作伙伴的关系，需要“先友情，后链接”的思维，先要摸清一个人，再摸清他的网站，然后寻找更深层次的内容合作。比如，这种合作可以是互相引用对方的优秀文章，互相在正文中推荐并链接对方的文章，或者专门制作一些内容介绍你的伙伴等，从而达到资源互补和共享的效果。

### 7.主动导出链接

导出链接的意义不局限于权重的聚散，而是更高层次的内容集合。链接指向优秀并且相关的内容，可以让搜索引擎对网站内容进行更明确的归类，也会让网站有更好的用户体验。所以，如果看到好内容，不妨大胆地给出链接①。

## （四）做真内容

用户自从被新媒体解放，尝到了多源内容的甜头，人口红利带来的天量流量让移动资讯里做内容的人都能分到一杯羹。但很快，随着大鱼号（UC）、百度纷纷开始清剿做号者，也称“垃圾生产中心”，移动资讯宣告转向竞争状态，取代了人口红利的内容红利被搬上台面，成为竞争核心。内容红利时代到来，移动资讯平台都在打着内容为王的旗号：今日头条10亿扶持短视频、百家号百亿利润分享、大鱼号公布“W+”量子计划，一个比一个嗓门大②。

然而做优质内容并不是培植、扶持那么简单，重复轰炸，再丰富也会变成垃圾内容。对用户来说，媒体追求热点无可厚非，但如果都汇集到一起，就会千篇一律。当标题党横行、低劣爆文充斥平台时，算法又助长了垃圾内容，于是平台们又慌忙去做人工审核和推荐。但是不论如何，妄图通过技术优势构建移动资讯的护城河，显然都是舍本逐末、缘木求鱼。在此环境下，唯有“真内容”才能破局，“热点+角度+态度”的不重复组成，才是真内容正道。

案例：B站UP主“才疏学浅的才浅”

## （五）跨界内容优化

现在流行一句话，运营做得好与坏，朋友圈来验证。显然，朋友圈已然成为行业广

① 疯鸟.怎么在SEO中植入内容营销的基因[EB/OL].(2014-05-18)[2022-01-12].http://www.woshipm.com/operate/85232.html.
② 曾响铃.移动资讯进入内容红利时代，做“真内容”是破局关键[EB/OL].(2017-07-17)[2022-01-12].http://www.woshipm.com/it/721617.html.

告风向标。当优质内容被朋友圈刷屏分享时，即意味着给品牌的一次加冕。一场来自行业盛大的“注目礼”，从百雀羚一镜到底的神广告再到网易云音乐的乐评地铁的现象级刷屏案例，无不在验证这一点。

2018年9月美加净与大白兔跨界合作，推出时刻润唇系列的限量款——大白兔奶糖味润唇膏。产品一经面市便成为社交网络上的爆款，两大国货金字招牌的跨界首秀为消费者带来诸多看点，讨巧的外观和香气则进一步强化了唇膏产品对消费者的吸引力，在销售上，上架即售罄的成绩也一度成为社交热门话题。(图4.5)

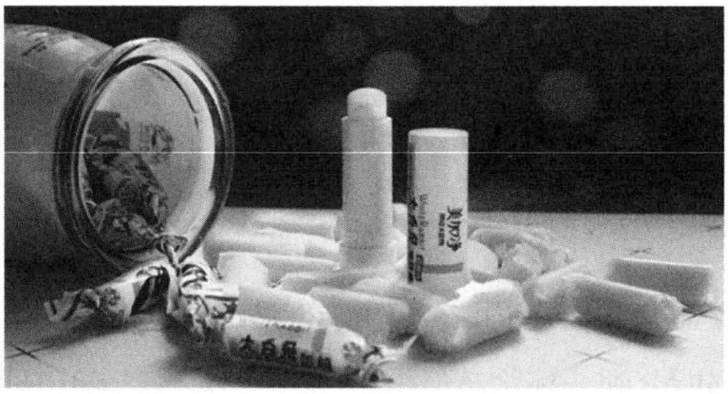

图4.5　美加净大白兔奶糖味润唇膏①

案例：美加净大白兔奶糖味润唇膏运营

跨界产品的方式能比较好地承担美加净润唇全新品类“引擎款”的角色——因此，它就必须不同于常见的话题性跨界。一个合格的解决方案就必须同时满足四个条件：第一，在品牌端高度契合，既要经典感也要自然而然的年轻化；第二，要能够凸显美加净润唇膏的产品力——甚至是成为产品力的加分项，奶糖和润唇膏在形状、使用者的唇部感受上高度相通，而且奶糖味作为润唇膏的味道，不仅合情合理还很有吸引力；第三，产品必须具备强大的话题能力；第四，一切都紧密围绕电商、传播和销售一体化。

## 三、内容运营的盈利模式

在新媒体中，内容运营的核心与追求是内容产生的价值与效果，即内容变现。内容生产者变现的方式大体有五种：补贴、广告与软文、内容电商、知识付费，以及PR(Public Relations)公关。

① 胖鲸智库.美加净×大白兔：品牌跨界如何成就全民现象级案例[EB/OL].(2018-12-27)[2022-01-12].http://www.prnasia.com/story/233725-1.shtml.

## (一)补贴:平台掏钱

在平台运营初期,通过现金补贴的方式,迅速吸引内容生产者入驻,已经成了业内常见的做法。平台补贴一般按曝光量计算,或者被称作广告分成。UGC、今日头条、大鱼号和很多直播平台,也都采取类似方式。下面列举几个平台的补贴、分成方式。

(1)今日头条:今日头条在“新手期”阶段只有少量的头条广告收益,而想得到平台分成就一定要度过“新手期”。其中观众打赏功能、千人万元计划则需要得到内容“原创”标记。有原创的内容才可以获得“观众打赏”功能,从文章读者处获得额外收益,并且有“原创”标记的内容可获得更多广告收入。

(2)一点资讯:一点资讯在2020年有一个点金计划,但主要是针对图文自媒体的。在这个渠道的其他视频创作者想得到收益,则需要向平台小编申请。

(3)网易号媒体开放平台:网易平台获得平台分成的方法与其他平台有些不同,主要是通过网易平台的星级制度。账号初始为零星,涨到三星后会得到平台分成。

(4)企鹅媒体平台:企鹅媒体平台收入来源于天天快报、腾讯新闻产生的有效流量补贴。想得到企鹅平台的收益需要满足以下要求:入驻满30天,正式运营(后台右上角状态为“企鹅号”);同时发文被推荐满20篇(文章推荐量大于0);文章(含视频文章)质量优,发文与媒体定位一致;无违规记录。

(5)大鱼号:大鱼号由于是优酷、土豆和UC这三个平台升级而来,目前注册需要邀请码。但是如果之前有优酷、土豆、UC任何一个渠道的账号,则可以直接升级。如果目前想得到广告分成的话,要满足其中任意一点:五星大鱼号;已开通原创保护功能;内容推荐及阅读量达到平台一定标准。但目前对于流量分成,需要大鱼号达到五星。

(6)腾讯视频:腾讯视频渠道平台分成要求必须是原创视频,总播放量达到10万次,至少上传5条原创视频才可以。不过腾讯视频2022年的收益分成仅限于平台限定的一些方向,如泛娱乐类内容。而像生活类的短视频是没有平台分成的。

平台补贴这种方式存在两个问题,一是分成资金较少,不足以吸引用户为平台贡献独创内容。更多是在其他平台发布后,再在该平台同步。二则是现金补贴会吸引来大批的羊毛党,利用规则套利,更为致命。如头条号补贴高的时候,不少人批量注册几千个头条号,机器发文,一个月也能赚到一万多元。甚至有些号靠人工或者机器抓取别的作者在其他平台发布的内容,立即发布在自己的账号上,靠打时间差赚取原创标记,骗取现金补贴。因此，对平台来说，这一方面会造成内容的水化，另一方面则会劣币驱逐良币，影响原创作者输出内容的积极性。

## （二）广告与软文

优质内容与广告相生相伴。“设定目标人群—生产优质内容—吸引用户—产生影响力—行业周边广告主投放”是互联网内容平台的标准流程。当内容平台或公众号拥有了一定的流量与用户时，广告主会自己找上门来，形式有冠名广告、漂浮广告和软文。相对于硬广告，植入式软文更受广告主青睐。如创立于2017年的微信公众号“十点人物志”以热点人物、经典人物故事为主要内容，吸引了大量喜欢深度阅读的用户，目前共有用户近300万人。“十点人物志”的广告以品牌定制软文和商业人物稿件为主，在广告的篇数上，注意将广告内容和推文内容保持在平衡的比例，以此来保证用户体验。“十点人物志”有着自己独有的软文推广模式——“人物专访+产品推广”模式。2019年，“十点人物志”与国内古风摄影知名品牌盘子女人坊有过百万量级的系列合作，从多次实地探店拍摄到专访创始人，经过2个多月的细心打磨、修改，形成一支精美的视频，并撰写了多篇角度不同的文案进行推广，取得了很好的反响，实现了品效合一。

目前广告模式面临的最大问题是僧多粥少。截至2021年12月，我国网民规模达10.32亿人，较2020年12月增长4 296万人，互联网普及率达73.0%。目前看来，由于互联网未出现新的媒介形式，广告依然会是互联网企业的基本盘。但随着互联网红利的消失，互联网大厂们也给出了不乐观的预期。从互联网大厂的数据来看，2021年BAT三巨头的广告增速纷纷从两位数降至个位数，腾讯的广告收入同比增长仅5%，细分下来，媒体广告收入部分是负增长；百度核心的搜索信息流增速下滑至6%；字节跳动受到的冲击也较为明显。可以想见，做内容产业，能拿到的广告有多可怜。不过值得乐观的是，自媒体广告不高的投入成本与高转化率已渐渐被企业所认知，持续增长指日可期。

## （三）内容电商

内容电商模式是指通过在内容平台之上衍生出的电子商务业务来获取利润。内容电商有情怀营销、垂直营销、需求整合三种模式，三者之间并非完全并列，其中也有竞合。

### 1.情怀营销

在这一模式中，用户出于对内容创作者和内容平台的信任，延伸至信任其推荐的产品。如罗辑思维平台卖月饼，吴晓波频道卖“吴酒”，都销量可观。在这一模式中，无论内容平台上卖什么东西，本质上都是精神消费。建立以人为中心的商业逻辑，用心来维护与用户之间的关系是最重要的商业逻辑。

### 2.垂直营销

在这一模式中，内容创作者是行业专家，推荐的产品值得信任。一些内容平台还就此推出产品使用体验及分析报告，深耕产品专业性和用户体验。如果一个内容号能在某一个垂直领域保持话语权，不仅可以聚集粉丝，还可以吸引大量关联的行业资源，便于精准地进行品牌推广和产品营销，这样，由阅读量到最终用户下单成交的转化率就会更高，内容电商的生态体系愈加完善。例如抖音博主“唐毅 TangYi”的抖音粉丝有一百五十多万人，作为众多明星合作的化妆师，他可以说是化妆领域的专家，粉丝常常“催促”他推荐各种化妆品，其个人品牌的化妆品销量也节节攀升。

### 3.需求整合

网络技术促成信息内容与产品消费的跨界融合是一个不争的事实。在传统工业时代，一个需求需要不同行业来满足，比如一个母亲的需求是抚养孩子健康成长，她既需要育儿知识，又需要奶粉尿布，但这些产品需要由不同的商家提供。而在内容电商平台上，这些需求却可以同时得到满足，只要在传授育儿知识的同时，提供相关产品的电商服务即可。内容和电商，可以在一个平台上实现，内容消费与产品消费可以合二为一。在网络支付体系与物流配送日益成熟的今天，这种跨界融合的集成服务模式，为网友提供了省时有效的一站式需求满足。

## （四）知识付费：用户掏钱

知识付费主要包含打赏和内容付费两种形式。

### 1.打赏

打赏是非强制行为——“爱的供养”。打赏的价值不在于钱，而在于对内容创造者的激励，以及创造全新的用户关系——付费用户。付费用户的黏性往往要高出普通用户很多。当然，秀场直播里的打赏另当别论。

### 2. 内容付费

内容付费即对产品的内容进行付费。例如，2022年1月，一场NBA直播赛开启了微信视频号的付费时代。免费观看比赛3分钟后，用户需要支付90个微信豆继续观看比赛，Android用户要9元，iOS用户的收费门槛更高，需花费12.8元。2020年1月才正式内测的视频号，相比快手、抖音起步过晚，也许只有抓住“内容付费”的转型机会才有赶超的机会[①]。

## （五）PR公关：公关掏钱

随着新媒体的兴盛，传统的公关面临着严重的挑战。在自媒体的驱动下，每个人都是媒体，每个人都有话语权，增加了公关事件的偶发性，也加大了公关的难度。与此同时，企业领导人借助社会影响力获取强势话语权，直接兼任公关总监，在第一线利用微博等社交平台宣传自我以及“攻击”别人来提高企业知名度。在此环境下，内容发布、修正、删除也成了内容运营的获利途径，企业及商家为了提升竞争力或消除负面影响，不惜拿出大量资金用于内容公关。

2020年初，为了响应教育部延期开学以及停课不停学的号召，钉钉从一个协助在线办公的应用摇身一变“兼职”起了网课平台。钉钉网课需要多次签到、打卡等，让学生感觉到时刻都在被“监控”，不喜欢被“死盯”的学生们表示很不满。网上有传言低于1星的应用将会被商店下架，于是钉钉的评论区成了学生们的发泄之地，学生们组团去各大应用商店刷1星“好评”（行业通行5星打分规则，每位用户的最低评分都是1分，无0分选项，因此评分低于1分不可能实现）。钉钉评分从4.7分一度掉到最低1.3分。在此情况之下，2月16日晚上8点，“钉钉DingTalk”在以90后、00后用户为主的B站发布了一个名为《钉钉本钉，在线求饶》的视频作品，用卖萌、可怜的形象向对钉钉恶意刷1星的用户跪求好评，视频发布后钉钉在应用商店的评分及网络好感度均有所回升。

---

① 蔡雨彤. 快手、抖音、视频号交战内容付费[EB/OL].(2022-07-07)[2022-09-15].https://www.woshipm.com/it/5517999.html.

## 知识回顾

内容运营指的是运营者利用新媒体渠道，用文字、图片或视频等形式将企业信息友好地呈现在用户面前，并激发用户参与、分享、传播的完整运营过程。内容的生产方式基本上分为了OGC（Occupationally-generated Content，职业生产内容）、UGC（User-generated Content，用户生产内容）和PGC（Professionally-generated Content，专业生产内容）三种类型，其运营的特点为：提供解决方案，帮助用户解决需求问题，而不是直接展示产品；搭建感性购物场景，向用户传递产品独特价值，而不是采用价格战；依赖品牌自媒体进行，而不是传统主流媒体；内容运营下，用户分享发生在用户决策的任一阶段，而不是只有在体验过后。

内容运营是新媒体运营的核心，是撬动用户产生收益的关键。运营的流程就是内容生产、输出（传播）、转化的整个过程，包括定位内容消费者、内容生产者维系、内容反馈与跟进等。通常会使用的方法和优化策略有：内容故事化、事件化、娱乐化，内容短视频优化，在SEO中植入内容运营基因，做真内容，跨界内容优化等。内容生产完成后，再通过补贴、广告与软文、内容电商、知识付费，以及PR公关五种方式完成内容变现。

## 思考题

1. 什么是新媒体内容运营?
2. 内容运营中，内容的来源有哪些? 不同来源的内容有没有异同?
3. 内容运营是通过什么流程和方式进行的?
4. 新媒体的内容能产生收益吗? 为什么?

# 第五章　新媒体活动运营

## 知识目标

1. 新媒体活动运营概念及特点。
2. 新媒体活动运营的流程和方法。
3. 新媒体活动运营的管理与风险。

## 能力目标

1. 能表述新媒体活动运营概念和特点。
2. 能理解新媒体活动运营的流程和方法,并在现实环境中运用。
3. 能结合具体的案例思考如何进行有效的新媒体活动运营。
4. 能对新媒体活动运营中可能发生的问题和风险有所了解。

## 思维导图

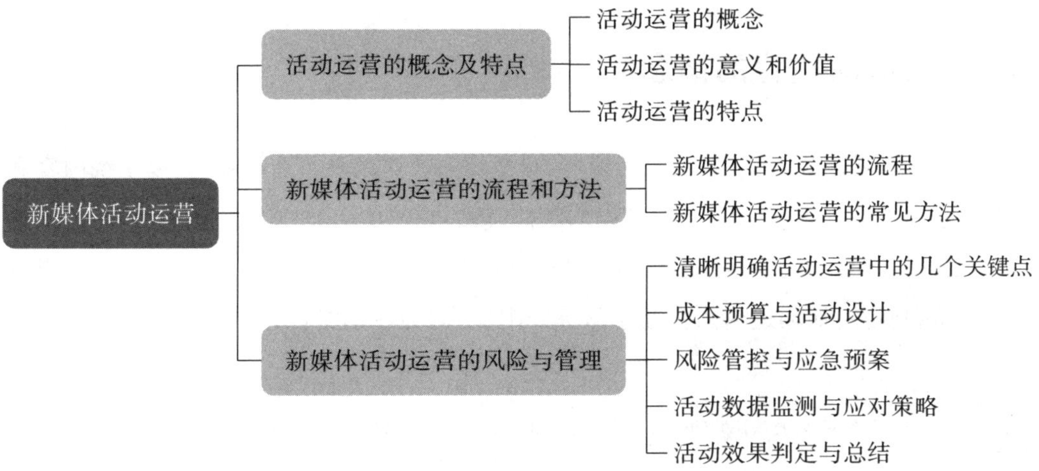

## @ 案例导入

帮盲计划

为了让更多人关注视障群体，了解他们对于安全出行的需求，从而改善他们的生活现状，众烁团队在2021年6月便开始着手准备一项旨在帮助视障群体的“帮盲计划”。一个互动H5、一场专门为视障人士打造的线下马拉松，构成了“帮盲计划”活动运营的核心。线上的H5将玩家化身为马拉松运动员，结果迈开步伐的运动员遭遇重重困难，总是因为盲道破损和被占用意外摔倒。线下也由“我是创益人”公益广告大赛联合广州市无障碍健康运动协会举行了一场只有视障人士参与的特殊马拉松比赛。这场活动运营线上H5的活动更加强调在短时间内，通过交互与玩家形成链接，线下的马拉松比赛有效加强了公益项目落地性，最终取得了显著的成绩。①

# 第一节 活动运营的概念及特点

活动运营是目前新媒体运营中普遍运用，也是最直接、最高效的运营手段。从广义上来讲，活动是一种用于获取和活跃用户的方法，是个比较复杂且庞大的体系，包含活动策划、活动实施、活动执行跟踪、分析评估活动效果等步骤，其主要目的是拉新、活跃用户及提高用户留存率和转化率。

## 一、活动运营的概念

活动运营包含活动实施、活动策划、嫁接相关产业以及打造产业链，是围绕内容和用户进行的，是内容运营与用户运营的延伸，目的是增加品牌的传播度、购买转化率、平台活跃度、产品下载量等。活动运营是产品运营者的基础工作之一。对于所有新媒体的产品和服务，活动运营人员几乎是标准配置，因为活动是用户感知最明显的一项工

① 佚名.一块坏掉的盲砖，竟然让1 730万人苦不堪言[EB/OL].(2021-04)[2022-09-15].https://www.digitaling.com/projects/158815.html.

作。活动除了可以提升用户参与率和转化率，还可以为产品(服务)探路。比如，一个电商网站发现促销打折的活动很受用户欢迎，那么网站就可能采取措施将它固化成团购系统、优惠券体系、秒杀功能等；一个社区网站发现邀请活动可以有效拉动注册用户，那么网站就可能将这类活动固化成推广机制；一个产品网站发现可以用签到等活动提升用户的持续活跃性，指引用户行为，那么网站就可能将一大类差不多的活动固化成任务系统等。

## 二、活动运营的意义和价值

活动运营的意义与价值的根本在于为什么要运营活动，运营活动能够为产品或服务带来什么效果。主要有以下四个方面内容：

### (一)吸引新的潜在用户

这是大多数活动运营的目标，即拉新。活动拉新是以活动为手段、以拉新为目的过程的统称。通过不同的活动形式去提升新用户的注册量、激活率和关注量。拉新是所有新产品走向市场的第一步，事关产品(服务)的成败。在拉新活动中，可以把潜在用户进行分类，比如学生、家庭主妇、白领、单身者、旅行爱好者、宠物爱好者等。依靠活动来聚集同类别的目标用户，让这些用户可以通过活动更加直接地了解产品，拉近用户与产品之间的距离，完成拉新的目标①。

### (二)维护和活跃已有用户

以用户维护和活跃已有用户为主的活动，其最终目标是制造一个老用户可以互相沟通、互相交流的机会，拉近用户跟工作人员之间或者产品相关人员之间的距离。这类活动形式多样，通常会依照用户的级别来安排。比如，有的公司会在年终邀请特别用户参加公司的年会，有的公司会在特别的节日组织用户答谢会等，这其实是找机会让用户聚在一起培养感情。

① 朱珠.活动运营：以拉新为目的的活动该如何做[EB/OL].(2017-07-03)[2022-01-12].http://www.woshipm.com/operate/707068.html.

### (三)快速提升运营指标

活动的参与者基本上都是目标用户,是对产品有一定兴趣的用户,如果是销售方向的活动,就能够提高一些产品的销量;如果是拉新方向的活动或者产品迭代方面的活动,就能够提高产品的转化率。配合以好的传播形式,运营的指标就能得到快速提升。

### (四)提升塑造产品形象

活动是非常直观的,具有体验感和参与感。比如新产品发布、产品的更新迭代或者产品的销售等,可以结合邀请嘉宾的属性,配合宣传,从而迅速扩大活动的影响力,提升塑造产品形象。最常见的是请各种明星代言,比如汤唯代言瑞幸咖啡。代言人的选择需要结合产品的特点,达到间接塑造产品形象的作用,增加产品的软实力。

## 三、活动运营的特点

活动作为客户推动信息流动扩散、吸引用户注意力最常采取的策略,在微博、微信等新媒体平台上比比皆是。同时,各种线下活动也层出不穷。创新与创意的要求节节攀升,运营者总是希望用更低廉的成本实现更好的效果。因此,活动的运营者们绞尽脑汁,思考最好的活动方案。本书将活动方案进行了简单的总结,得出活动运营的一些基本特点:

(1)免费。免费既包括资金费用,也包括额外的要求和条件。参与活动的门槛越低,覆盖的人群就越广,从中能够发现与获得的目标用户就会越多。

(2)简单。在轻量原则下,活动的规则也需要尽可能设置简单。规则越多越复杂,用户越不耐烦。移动互联网的从业者们曾提出过"2秒定律",即如果一款应用或一个活动在2秒内无法让用户明白产品是什么及如何操作,就将遭到被抛弃的命运。在实际工作中,用户在某一个环节多花一秒钟的时间,这个环节的用户流失率就将增加8%~10%。

(3)透明。如何获得活动设置的奖励、是否获得了奖励、谁最终凭借什么条件获得了奖励等,整个流程应该是公开透明、可查可证的,这是和参与用户沟通的最好方式,也会极大减少后续的无谓投诉。在新媒体平台中,获利冲动也催生了"刷奖党"现象,因此,透明的流程就显得非常必要。

(4)有趣。在新媒体中,自娱是一个最为典型的现象,各种玩法像游戏一样,不断推陈出新。有趣能够吸引更多用户参与,也能够激发用户新的自娱创造,从而推动信息扩散再度拉升效果。

(5)可累积。利益的累积能够充分调动参与用户的积极性,就像瑞幸咖啡在新用户邀请注册活动中的规则设定一样,每位参与用户都会变成自己的传播员,但这一规则也不能无上限,而是在一定的限制条件之下,比如"最高三次"的界限。

(6)可兑现。获利的兑现是一种互动激励,要细微并及时,只要用户达到了条件,就可以获得奖品。奖品并不一定要大,但尽量实现随时兑现与汇总兑现。①

# 第二节 新媒体活动运营的流程和方法

活动运营是个比较复杂且庞大的体系。一般来讲,包括活动需求分析、活动主题策划、活动文案策划、活动宣传、活动执行、活动总结六个流程。活动运营的方式多种多样,并且随着场景和用户不断发生变化,常用的有制造话题、发放福利等。

## 一、新媒体活动运营的流程

新媒体的活动运营可以说是新媒体所有运营中,与用户最为贴近、最为灵活多变的一种。同时,活动运营还会根据不同场景和空间分为线上和线下两种运营方式。因此,在本小节中将对活动运营的流程分为线上和线下两个部分进行分析。在这之前,我们先来完整地探讨一下活动运营需要的态度、思维和能力。

### (一)新媒体活动运营的态度、思维和能力

#### 1.积极主动:设立活动运营的愿景

在活动运营中,积极主动的态度是指运营要对活动的结果负责,更要对企业负责。活动运营的愿景就是在运营之前,先明确产品的"价值观",为产品定位,再设立活动运

① 辉声辉语.关于活动运营,互联网大牌案例告诉你六大法则[EB/OL].(2018-02-05)[2022-01-12].https://baijiahao.baidu.com/s? id=1591543677492356417.

营的目标。产品的“价值观”是运营者用来判断用户需求是否合理、活动策划是否有效的依据。因此,在做活动运营前需要思考设计的活动是产品真正需要的吗,活动的需求定位与产品的定位是否一致,如何解决活动中用户愉悦和转化之间的关系等问题,学会用一种积极主动的态度来设立活动运营的愿景。

**2.以终为始:制订好目标与计划**

在行动之前,需要提前进行活动策划,形成活动策划书。做策划书的目的是找到通往活动愿景的可行路径,拆解活动的事项,安排给相应的工作人员,同时给参与的工作人员传达活动的愿景和目标。同时,策划书也是处理突发事件时的依据。如某次活动中,有工作人员突发状况不能到场,根据策划书,可以快速安排另一个人员接手相关工作等。一般来说,策划书中应包含:活动的目的(愿景)、事项执行表(事项、相关人、风险)、人员职能表(人员、对应职能)、资金物料表(物料需求、资金预算)等。

**3.要事第一:活动管理**

在活动运营中要学会对活动事项按照优先级进行排序,分为重要和紧急两个维度,结合人力和资源对事项进行安排。其中重要性根据事项对活动的影响和价值来判断,紧急性的高低则按照事项的剩余时间来判断。优先处理紧急重要的事情,其次是处理重要但不紧急的事情,对于不重要的事情可以安排给其他人,如果有空余人力和时间才去考虑做。尽量不要让重要的事情变得紧急,留出多余的时间来处理突发状况或者优化活动。

**4.知彼知己:了解各方意见**

知彼知己是一种做事的战略,是一个相互取长补短的技能。活动中的每一方都是一个拥有长短不一木板的木桶,如果每一方都单干,那么木桶中的水也就只有短板那么高。但如果能将几方的木板相互整合,长短互补,重新组建一个木桶的话,那么木桶所能承载的水则更多。因此,在活动运营中,需要对产品链条中的各方进行详细的了解,清楚目标和预期,了解实现目标的原则和方法,同时还要整合已拥有的人力、物资、技术等资源。

**5.统合综效:创造性合作**

统合综效是一种做事的态度,往往会产生“1+1>2”的效果。例如,如果你是腾讯的QQ会员,除了享有一些QQ特权外,还能获得其他腾讯系产品的福利,比如腾讯游戏VIP、腾讯视频免费观看等。因此,QQ会员就可以转化到其他的产品中,其他产品的会员也可以转化到QQ会员中来,从而形成各方利益均得的局面。

### 6.双赢思维:资源的共享

双赢思维是一种做事的思维,也是一种高效法则。在活动运营中,双赢思维其实是资源的共享,其中博弈的是相互利益,考验的是各方的诚信、成熟和知足的品德。诚信是指对合作方能够信守承诺;成熟是指争取我方利益和了解合作方利益之间的平衡状态,也就是付出和获得之间的平衡;知足是指以我方的目标为底线,知道自己什么时候能够满足,也不让对方超越底线。在活动运营中,需要展示出活动的信心,表示合作的诚心,了解对方的观点,知道要达到的目标,分享资源换取其他资源,综合发挥这些资源更高的价值,让各方得利。

### 7.不断更新:复盘

不断更新是对以上六个实践的不断更新和提升。每次活动都应遵循"策划—执行—复盘"的流程,其中复盘是最为重要的。一方面,在每次活动结束后,对本次活动的执行过程进行回顾,与策划方案进行比较,找出其中可以改进的地方,把这些可改进的地方和对应的方案记录下来,尝试在后面的活动中进行改进;另一方面,除了具体的执行复盘,尝试把活动运营标准化,提炼出活动运营中的底层态度、方法、技能,以便下次活动参考和使用。①

## (二)线上活动运营的流程

线上活动顾名思义是在网上进行,线上发布、线上执行、线上反馈,如果有奖品则增加一个线下领奖环节。在线上活动运营中,没有百分百完美的活动,只有尽量完美的活动。事先考虑得越周到细致,活动才能越顺畅。因此,首先要明白为什么做和怎么做。其次就要完成以下的五个步骤。该步骤以2017年腾讯的"小朋友画廊"活动为例进行分解,并做出分析。

### 1.制作活动方案

活动方案指的是为某一次活动所制订的书面计划,包括具体行动实施办法、细则、步骤等。对具体将要进行的活动进行书面的计划,需对每个步骤详细分析、研究,以确保活动的顺利进行。活动方案大致包括:(1)活动主题:通过用1元钱购买精神障碍者的画作,为精神障碍者筹集公益资金;(2)活动对象:全体网友;(3)活动时间:2017年8月;

① 湘尘.运营进阶:高效能活动运营的7个习惯[EB/OL].(2017-05-05)[2022-01-12].http://www.woshipm.com/operate/653958.html.

(4)活动描述:“小朋友画廊”是“用艺术点亮生命”公益活动的H5宣传作品,活动由上海艺途公益基金平台发起,以腾讯公益为平台,为精神障碍者筹集公益资金,让更多人关注到这一群体;(5)参与方式:在朋友圈点击“小朋友画廊”H5进入即可,用1元钱购买画作后可以分享至朋友圈;(6)推广渠道:微信朋友圈;(7)成本预估:“小朋友画廊”H5的制作与维护成本;(8)预期效果:实现活动设立的1 500万元的公益筹款目标。

**2.制作活动承载页面**

确定好活动方案后,就该开发一个内部预定页面,即本次活动的线上承载页面。这时需要准备一份需求文档,将流程和需求罗列清楚,至少讲明如何设计、如何实现、何时上线等关键问题,然后随时与技术人员保持沟通,确保页面准时制作完成并通过测试,没有问题后正式上线。需求文档大致为:(1)活动说明:通过网友点击“小朋友画廊”H5作品页面,花费1元钱购买精神障碍者的画作来筹集资金。(2)活动流程:H5作品制作—H5作品发布—付款—分享。(3)设计需求:精神障碍者的画作以H5形式呈现,能体现精神障碍者的内心独白,网友购买后自动跳转到分享页面。H5作品画面温馨,生动有趣,应当能够吸引网友转发。(4)开发需求:前段显示剩余所需筹集资金,购买支持支付宝、微信、云闪付、信用卡等支付方式。(5)上线时间:2017年8月28日。

**3.制订活动规则**

活动规则视活动而定,小型活动规则比较简单,可以与参与方式写在一起,比较复杂的活动规则最好作为单独的一部分罗列。

**4.协调推广渠道推广宣传**

需要协调受众预定的推广渠道,下发活动通知。推广可以和第二步同时进行甚至早于第二步进行。在推广中需要确定的有以下三条:(1)投放时间;(2)投放方式:微信朋友圈转发分享;(3)覆盖范围:设置的投放渠道能让多少人接收到活动通知。

**5.进行活动风险控制**

活动运营在设计时应考虑到活动中可能遇到的各种突发情况,做好应对措施,在活动进行中一旦发现问题就迅速启动应急预案。在这个案例中除了活动正常进行,还要考虑到活动参与人数不足怎么办,要不要再次推广通知;活动过于火爆,资金筹集过多如何处理,如何向网友公开资金去向等。这些都需要提前考虑到并做好应对措施。活动预案可以用文字写下来,也可以做成预案流程图,任何形式都要考虑周全,理顺逻辑。

### 6. 活动正式开始

线上活动运营开始后，需要监控活动数据。在此案例中需要重点监控用户参与情况、资金筹集情况等数据，并根据数据分析及时做出调整。同时，这些数据可以成为活动评价的有效指标，供活动复盘时使用。

### 7. 活动结束，做一份活动效果报告

活动效果报告应包含以下部分：(1)活动效果统计：最终顺利完成1 500万元资金筹备任务；(2)宣传效果统计：对微信朋友圈转发、分享数量进行数据分析，了解微信、微博、知乎等平台网友对于此次活动的评价；(3)经验总结：活动存在哪些问题、总结的经验和教训以及下次如何提高如何优化。

## (三)线下活动运营的流程

线下活动是一种有目的性的策划事件，比如为了吸引新用户、品牌曝光、回馈用户、提升用户活跃度等，活动一般都带有奖品或者福利，往往还会调用一些内部资源或外部资源进行推广。其一般步骤如下：

### 1. 明确活动目的，制作活动方案

线下活动一般会涉及与销售和业务拓展的合作，如果公司(机构)未设岗位，那活动运营就应该完成包括销售和业务拓展的所有相关工作。依据明确的活动目标，设计完整方案。大致包括如下内容：(1)活动主题：提前确定，并与甲方协商；(2)活动时间：提前确定，与甲方协商，并考虑用户时间；(3)活动地点：与甲方协商；(4)活动对象：已有用户或潜在用户，同时也是甲方潜在用户(这是合作达成的基础之一)；(5)活动描述：表述出会做什么活动、怎么做、有什么亮点，从而打动甲方提供赞助；(6)推广渠道：投放时间、投放渠道、投放资源位置等；(7)预期效果：准备两部分方案，一部分提供给甲方，写明活动能给甲方带来的利益，另一部分是内部材料，比如活动平台数据或用户的数据；(8)成本预估：若与甲方合作，则需要给甲方一个报价单，包含各推广渠道费用、线下执行费用、各环节礼品或奖品费用等。

### 2. 制作活动推进时间表，推进准备工作

此时，方案已经得到甲方通过或者签订合作合同，正式进入执行阶段，一般需要召集参与此次活动的人员开一个准备会议。根据已确定的活动时间向前倒推，梳理活动节点，分配

好各项准备工作并确定各项工作负责人,活动总负责人随时跟踪完成情况(表5.1)。

**表5.1　活动推进工作样表①**

| ×××活动推进时间表 | | | | |
| --- | --- | --- | --- | --- |
| 时间 | 事项 | 负责人 | 电话 | 备注 |
| 9月1日~4日 | 活动专题制作 | 小甲 | 131××××8541 | 专题页面需求1234…… |
| | 线下物料设计 | 小乙 | 132××××8542 | 物料设计需求1234…… |
| 9月5日 | 活动征集发布 | 小甲 | 131××××8541 | 征集注意事项1234…… |
| 9月5日~9日 | 投放渠道安排 | 小丙 | 133××××8543 | 监控各渠道投放情况及效果 |
| | 用户咨询接待 | 小甲 | 131××××8541 | 熟悉活动规则事项 |
| | 活动报名统计 | | | 每日报名情况统计并反馈给老A |
| | 线下物料制作 | 小乙 | 132××××8542 | 物料制作需求1234…… |
| | 活动礼品落实 | 小乙 | 132××××8542 | 与赞助方沟通确保数量无误,约定送达时间、地点 |
| 9月10日~9月11日 | 人员筛选通知 | 小甲 | 131××××8541 | 划分通知名单,准备通知 |
| | | 小丁 | 134××××8544 | |
| | 活动场地布置 | 小乙 | 132××××8542 | 及时反馈完成进度 |
| | | 小丙 | 133××××8543 | |
| | 主持人与串词 | 小戊 | 135××××8545 | 联系主持人并撰写活动串词,如需活动通稿一并准备 |
| 9月12日 | 活动执行 | | | 详见活动执行方案 |
| 总负责人:老A 136××××8546 | | | | |

不论是小型活动还是大型活动,一个活动的准备期大体包括上表的各个事项,时间节点安排和参与人员数量依据各自公司的实际情况而定。

### 3.制作活动执行方案,分解执行任务

在各项准备工作有条不紊推进的过程中,活动负责人还要制作一份活动现场执行方案,结合设定的活动流程,把签到、主持、摄影、道具、场务、直播等现场执行中的各项工作分配到具体个人,执行方案一般精确到分钟。在线下执行之前的一两天,召集所有执行人员开活动动员会,下发执行方案,逐项分解任务到个人,保证每个人都清楚自己到现场应该做的工作。活动现场执行方案包括以下几项:(1)活动目的:简单描述活动,并说明本次活动目的。(执行人员和项目推进人员不一定是一批人,所以需要再次申明)(2)活动时间地点:工作人员一般要在活动正式开始前1~2小时到场,熟悉场地环境,准备各自负责的物料和奖品。尤其是负责签到的人员,要提前到达活动现场,聚拢用

① 老是换马甲.活动运营丨策划并执行一场线下活动的全流程清单[EB/OL].(2017-02-18)[2022-01-12].http://www.woshipm.com/operate/586723.html.

户，不要让用户早到而无人接待。(3)活动流程：活动流程表根据活动环节安排而定，活动从开始到结束的每项工作都应该分配到个人。大型活动的流程复杂，需用到的资源众多，牵涉人员很多，更需要细致。这里以50人的小型相亲活动为例，让大家熟悉基本的流程，根据具体活动增删即可(表5.2)。(4)活动环节设计：一般在活动方案确定时就已基本成形，这里需要做的是明确各环节的规则。要注意的是设计活动环节时应以用户体验为核心，设计适合目标用户的活动内容。比如，若让一群老年人去坐过山车则严重违背用户体验要求。(5)物料、礼品清单：逐项注明活动需要用到的所有物料和礼品种类、数量，并备注各物品在活动执行中出现在什么环节、什么地点。然后交代给各自的负责人，如果所需物料和礼品种类比较多，最好做一个表格，交给各项物品负责人。

**表5.2 一场50人的活动执行流程表[①]**

| ××××活动执行流程表(9月12日) | | | |
|---|---|---|---|
| 时间 | 项目 | | 人员分工 |
| 14:00~14:30 | 嘉宾签到 | 嘉宾签到统计 | 小一 |
| | | 签到嘉宾到场发放臂贴号牌 | 小二 |
| | | 引导嘉宾按号落座，填写张贴征婚宣言 | 小三、小四 |
| 14:30~14:50 | 活动开场 | 活动介绍说明 | 主持人 |
| | | 商家代表发言 | 小三催场 |
| 14:50~ 15:30 | 暖场破冰 | 破冰游戏规则 | 主持人 |
| | | 游戏道具准备 | 小四 |
| | | 游戏奖品准备 | 小一 |
| | | 自我介绍 | 主持人控场 |
| 15:30~16:00 | 才艺比拼 | 邀请嘉宾上台展示自己 | 主持人 |
| | | 才艺奖励礼品 | 小一 |
| 16:00~ 16:30 | 三分钟约会 | 三分钟换位时间提醒 | 主持人 |
| | | 移动秩序维护 | 小二、小三 |
| 16:30~17:00 | 最后的游戏 | 游戏规则及游戏分组 | 主持人 |
| | | 游戏奖品准备 | 小一 |
| 17:00~17:15 | 心动互选 | 发放收集心动互选卡片 | 小三、小四 |
| | | 互选结果统计 | 小一 |
| | | 结果公布 | 主持人 |
| | | 互选成功礼品发送 | 小二 |
| 17:15~ 17:30 | 自由活动 | 留场用户维护 | 小三、小四 |
| | | 离场用户伴手礼发放 | 小一、小二 |
| 活动摄影：小五　微博图文直播：小六　视频直播：小七 | | | |
| 现场总调度：老A | | | |

① 老是换马甲.活动运营丨策划并执行一场线下活动的全流程清单[EB/OL].(2017-02-18)[2022-01-12].http://www.woshipm.com/operate/586723.html.

### 4.现场执行,所有的努力都将在这里呈现

现场执行就是把活动执行流程表逐一落实。最好的状态当然是执行人员各司其职,用户满意,活动顺利进行。但是,完美的活动大多时候只是奢望,总负责人要处变不惊,面对各种状况迅速应变,做出应对措施,并通知到相应负责人。现场执行的常见问题及应对办法有:

(1)内部人员问题:执行人员到场后应迅速进入各自工作岗位,签到引导人员、招呼用户、主持人再次熟悉串词、各项物品负责人厘清清单数量并提前送到预定位置、提前与摄影摄像说明需要什么场景的人物镜头等拍摄需求,总之尽快把所有现场的准备工作做到位。提前建立活动执行群,出现突发情况,及时通报,比如某个执行人员迟到,总负责人要立马安排其他人补位;有人遗忘工作内容或走神,旁边的同事要及时提醒协助,执行人员要齐心协力保证活动顺利进行。

(2)用户问题:用户签到环节,签到负责人要快速联系未准时到场的用户,询问查明情况并标记清楚,对最终到场人数做出准确的预估。一旦用户人数不足,及时通知总负责人,评估是否影响后续活动环节,如有影响,总负责人做好决策后第一时间找到主持人告知调整方案,同时通知到受影响环节的执行人员。参与用户出现问题或发生矛盾,如果相应负责人不能单独解决,第一时间通知活动现场总负责人出面协调解决。

(3)活动流程有变:如果活动进行中再出现流程变化,总负责人趁主持间歇快速告知主持人,以便主持人临场应对,并通知其他执行人员。

### 5.活动回顾和活动效果报告

活动结束后一般需有活动回顾,其发布时间需与甲方提前约定好。此外,甲方还需提供一份活动结案,包括活动概述、活动效果统计等各部分成果和数据。活动效果报告也是必需的,包括结案中的成绩、需总结的经验教训等,具体有:活动流程的问题及优化步骤,总结出现的所有问题和应对措施及今后的改善方案等。通过复盘,能清楚认识到一次活动的成功与失败。①

① 老是换马甲.活动运营丨策划并执行一场线下活动的全流程清单[EB/OL].(2017-02-18)[2022-01-12].http://www.woshipm.com/operate/586723.html.

## 二、新媒体活动运营的常见方法

新媒体活动运营的方式多样，并且随着场景和用户的变化不断发生变化。要想罗列出完整的活动运营方法实属不易。本章节仅对目前比较常见的三种方法进行简要的陈述与分析。

### (一)制造和炒作事件

制造和炒作事件是活动运营中比较常见和比较容易理解的方式，其关键在于所制作和炒作的事件的涵盖人群、规模与产品之间的融洽程度。

**1.制造新闻事件**

制造新闻事件通常称造势，是通过新闻事件来吸引大众与媒体的关注。制造新闻事件要从用户的心理和关注点去策划事件的方向、领域；事件要具有娱乐化、社会化特征，并能与产品或服务有机紧密结合，达到“润物细无声”的效果。例如，2020年新冠肺炎疫情期间，各行各业都受影响，疫情缓和后，为了逐步恢复生产力，国家大力提倡“地摊经济”，互联网巨头们没有错过这波热点。腾讯、美团、优酷、支付宝等互联网公司直接将招聘工作搬到了地摊上，接地气还低成本，一张图片发出去瞬间上了热搜，成为新闻。(图5.1)

**图5.1 腾讯“地摊招聘”①**

**2.事件炒作**

事件炒作就是通过制造话题、包装网红或制造争端等方式来营造热闹的景象，同时植入产品或服务信息，引发用户的关注与传播。激烈的矛盾冲突是事件炒作的灵魂。事件炒作分为三个步骤：制造热点话题，选择媒体平台和发布信息与炒作。

(1)制造热点话题：制造话题的关键是争议。从用户的情感、欲望和社会心理出发，利用争议、炫富、愤怒、同情，以及八卦、无厘头等作为热点话题进行炒作。例如，京东团队的话题运营杰作，就是通过京东CEO刘强东与“奶茶妹妹”章泽天的恋爱事件制造了

① 赵阳SEM博客.案例盘点：2020全年爆款营销案例盘点，文末有彩蛋[EB/OL].(2022-01-02)[2022-02-06].http://www.mysemlife.com/20984.

一系列话题，引发人们的讨论，从而让刘强东和京东在互联网上持续地保持热度和关注度。

(2)选择媒体平台：不同的媒体平台之间属性不同，如论坛、QQ空间等以话题为导向，是具有共同兴趣群体的谈论平台；微博、微信等社会化媒体是以用户为中心的分类群体平台等。在发布话题时，要选择一个适合的媒体平台为主阵地，进行密集式发布，形成热点。

(3)发布信息与炒作：信息在发布后需要进行维护，就是要将信息保持在最吸引人的位置，促进转发和评论。具体的炒作手法有制造争端、一人多角等，通常由网络推手、网络水军、职业粉丝等进行操作。例如，2013年12月30日，肯德基推出了一款新的炸鸡类产品"黄金脆皮鸡"，此款产品成为肯德基老牌炸鸡产品"吮指原味鸡"的挑战者，在这场"炸鸡大PK"中，消费者可以通过登录肯德基线上投票平台为自己支持的产品投票，投票结果将成为决定这两款产品去留的重要参考因素。《南方日报》等多家媒体报道了PK结果。

## (二)设置线上、线下福利活动

线上与线下福利活动就如同以往实体商业的促销活动，基于用户想获取更具性价比的产品或服务的愿望所制定。在实体商业竞争中，促销活动往往以降低成本、缩减利润为前提，而在新媒体时代，线上、线下福利活动则更多地关注于用户的真实心理需求。

### 1.签到

就是让用户像上班打卡一样，每天在不同的"主题吧"中点击"签到"按钮，将用户归属感激发起来，并用作衡量平台热度的通用标准。对个人而言，连续签到可以获得更多经验值，经验值可以换取头衔、积分、现金或实物奖励，让用户在特定的时间(如深夜12点)形成习惯和依赖，最终将用户长期留存在平台上。对群体而言，"签到"或变体"抢沙发"意味着展示一种独属文化。"签到"是一种常见的周期性活动策划。从腾讯到阿里，不管是游戏、娱乐还是会员等，都在着力培养用户的习惯——经常上线看一下，久而久之就成了习惯。

### 2.抽奖

满足一定条件的用户参与抽奖，抽奖的类型可以是礼盒、转盘、彩票开奖结果、股市指数等，时效可以是即时的（立即开奖）、延时的（指定时间公布开奖结果），奖品可以是现金、实物或者虚拟物品（积分、游戏的道具、商户的优惠券等）。

**3.红包**

满足一定条件的用户可以获得红包，红包中有一定金额的可抵扣的代币或现金，有些可以提现，有些不可以提现。红包可以限制使用场景。

**4.收集**

用户通过活动收集指定物品，收集后的物品可以组合或者单独进行兑换。比如，集齐七颗龙珠召唤神龙其实就是收集类活动。

**5.返利**

用户满足一定的消费金额和笔数，可以获得返利（可以是现金，也可以是积分），返利获得的奖励可以在限定的场景使用。例如，淘宝以“淘金币”的形式给予商品优惠。淘金币是淘宝网的虚拟积分。在淘金币平台上，买家能够兑换、竞拍到品牌折扣商品，也可以兑换、抽奖得到免费的商品或者现金红包，并可以进行线上商家的积分兑入。

**6.竞猜（彩）**

用户参与活动，进行竞猜（彩），赢取奖励，多见于世界杯年份。

## （三）组织社群活动

社群活动运营是一种效果好、成本低的运营方式。它的运营目的有两个，一是自然构建更多和用户的“接触点”，将产品和用户之间的连接时间变得更长；二是让用户之间互相服务，实现黏合。组织社群活动有四个原则：

**1.让用户自己组建社群**

这一原则重点解决企业构建社群或者进入社群环节的问题。由于这一原则体现了社交网络中的“零成本”特征，因此还将对企业长期运营风格产生影响。例如，Keep App成立于2015年，其跑步业务在2016~2021年这五年中发展迅速，这离不开跑步用户自己建成的各种跑步团。这其中就有基于运动和公益的Happy Runner乐跑团，以“做一个快乐的跑者”为核心理念。5年来，Keep跑步用户累计跑步次数达到7亿、用户累计跑步距离达到近300万千米，用户足迹遍及全球229个国家。

### 2.给出简单而清晰的目标,并逐级实现

这一原则重点解决用户个体在社群中长期活跃的问题。例如,手游《刀塔传奇》营造了一种氛围,协助用户不断树立自助目标。这个游戏每时每刻都设计了一个或多个目标,仅仅面向用户的重点目标设计就分为四个阶段:第一个阶段是用户进入游戏的前10分钟,重点是吸引用户留下来。在这个阶段中,《刀塔传奇》强调游戏美术设计以吸引玩家。第二个阶段是用户玩游戏的第一天,重点是让用户体验游戏。第三个阶段是用户玩游戏的第一个月,重点是用户在游戏中的"成长"。在这个阶段主要是引导英雄经验等级和战队等级不断提升,同时用户还会获得更多的英雄。第四个阶段是用户玩游戏一个月以后,这个阶段的重点是"玩法",即不断推出新的内容。

### 3.每个人都清晰地知道自己的任务,并去完成它

即在此原则下,为了完成目标、获得激励,用户清晰地知道当下应该去完成什么任务。这一原则重点解决社群中的核心用户长期活跃的问题,侧重于协助每位社群成员设定合理的目标与角色定位,推动人人成为内容传播者和活动者。例如,"闺蜜圈"通过产品和数据挖掘方式完成人群细分工作。用户在注册一些应用、社区时,会被要求自选几个标签或者兴趣爱好,此后根据用户使用产品的过程持续添加标签。然后再根据这些标签和当前地理位置等一系列行为特点,不断尝试推荐内容。

### 4.即时且正向的群体激励

这个原则重点解决企业与社群之间的黏合关系、方向控制难题。群体激励有几个关键因素,一是让用户实时了解在完成这一过程时,自己所能做出的贡献,用户在社群(或好友中)的占比、排名和贡献值等。二是实时全员告知,将最优秀结果通过激励明确下来,并公开实时告知所有的参与者。[①]

① 徐志兵.社交红利2.0:即时引爆[M].北京:中信出版社,2015:194.

# 第三节 新媒体活动运营的风险与管理

相对于其他运营方式来说,新媒体的活动运营因其直接面对用户,具有更大的灵活性和多变性,因而风险指数也会不断攀升。在这种情况下,想要活动运营顺利实施并取得预期效果,就必须充分考虑到活动运营中存在的风险、活动管理方式及应对危机的方法。

## 一、清晰明确活动运营中的几个关键点

活动运营的实质是通过锁定目标顾客群体,通过空间、演讲、展示、体验等全方位形式展现专业的产品形象,并通过与目标群体的接触互动,进行有意向的挖掘和隐藏式销售。在活动运营工作越来越细分、表现形式越来越庞杂的当下,清晰明确活动运营的几个关键点显得非常重要。

### (一)切忌英雄主义

在活动前期的时候,尤其是小型活动,如十几二十人的分享会,运营者会觉得一个人能搞定所有的事情。通常想起来可行,但做的时候会发现困难重重,一个人的精力和时间是有限的,当遇到所有问题都需要一个人去解决的时候,内心会感到无助和挫败。所以,不管活动规模的大小,都应该由一个团队来完成,并制作一个整体的分工表,进行分工合作。

### (二)"独裁"是必要的

当涉及活动环节、程序等问题无法通过讨论产生结果时,"独裁"还是很必要的。因为无休止的争论只会耗费更多的精力而毫无益处,此时,通过"独裁"可以最快、最有效地解决问题。但是,"独裁"必须基于明确的活动目的和诉求之上,同时,是可以实施和执行的。

### (三)做一个完整的分工表

这个表格是非常必要的。表格的制作方法,已经在活动流程章节中详细地讲解过,在此不再赘述。除了制作详细完整、带有时间的分工表格之外,还有两个细节非常值得注意。一是要善于利用邮箱来完成工作传递和备份,即便能够在微信上互相沟通,也需要使用邮箱来承载这一环节。需要让全组的人知道需要做什么,同时也需要随时告知领导,让其保障活动的顺利以及为你分责,从而处理好危机与责任的关系。二是要随时记录现在正在做的事情以及事情的进展,进行进度标注,列出时间需要,更好地促进活动的完成,并为复盘分析提供必要的保证。

### (四)时间节点倒推

活动无论大小都需要倒推时间节点。大型活动需要邀请外地嘉宾,需要给他们订机票、订住宿,倒推时间预估为两个月。小型活动比如周末分享会,倒推时间预估为一周。提前确定主题、嘉宾,做出倒推图,并在倒数第三天时进行推广。要注意一点:要以活动为中心,活动前后都应该有时间表,活动后期的反馈复盘也应放到时间表中,也需要做时间倒推,同时包括活动结束一至三天需要达到的目标等。

### (五)执行安排责权分明

执行安排需责权分明,专事专管、专人专责,即可在出现问题时很快找到责任人,且无法推责,从而确保活动运营中的每一个环节都能执行到位。

### (六)重要人物、环节做到有备份

最重要的人物和环节做到有备份,以防突发情况的出现。当然,最重要的是不要着急慌张,要稳住自己的情绪,以最快速度思考和解决问题。

### (七)清楚传播的重要性

传播分为两个类别。一是不同活动目的的活动对应不同的传播方式。依据活动目的划分的活动类型有两类,一类是着眼用户的,目标就是活动的参与者;另一类是着眼于嘉宾的,服务对象是嘉宾,用户在某些情况下是嘉宾带来的。当然很多时候是这两种类型的结合。这种活动的层次较高,同类别用户会很多,嘉宾的影响力很重要。比如,可以把邀请的重量级嘉宾拿出来做宣传。主要着眼于用户的话,传播方式是奖品、互动嘉宾影响力和场地。传播的品质一定要高,形式可选择做H5。回到同类型的活动中,可以结合当时的网络热点、网络语言,然后挖掘这个活动中最吸引人的点,变换一下传播的渠道和传播的形式,给人新鲜感,这样就会从同类型的活动中有一个重点的突围。二是不同类型的活动有不同的传播方式。如大众性传播活动:微博、微信、各个大账号、KOL等,都需要根据自己的活动类型来采用合适的传播方式。例如,早上7点到9点、下午3点、晚上9点到12点是一个传播的高峰期,如果要请KOL发稿应尽量在这三个时间段,可帮助获取较高的传播量。

### (八)运营团队

在活动运营过程中,营造一种团队专属的氛围,在团队工作中积极引入话题和事件,制作出团队的共同回忆,让团队成员更加亲近,形成团队归属感,会产生意想不到的效果。可以说,活动运营是直面用户的,而活动运营者的需要可被看作用户的一部分,两者都需要进行运营。

## 二、成本预算与活动设计

通常情况下,总体预算在每一年的年初甚至上一年的年末就已确定,也就是说,假设某个企业或者产品的相关运营指标是用户数(注册、活跃、留存、付费、流失挽回),那么企业或者产品能够用在这些数据上的花费基本上就已经确定。

一般来说,任何一个企业都想以最低的成本来实现最大的收益。因此,活动运营者们殚精竭虑在有限预算下创新活动的形式与内容。在进行成本预算时,首先必须具备的基本思路为:先看能不能借势,再看能不能借力。可以借势的用抽奖开展,可以借力的用合作分摊成本;如果势、力皆无,那么就要拿出数据说服老板,要么降低活动预期,要么增加活动预算;如果说服不了老板,那么只能尽最大努力设计一个吸引人的活动。举一个较为成功的案例,以上一节介绍过的社群活动为例。2014年1月11日,“辣妈帮”的5个团队成员,仅用15万元的预算,在86个城市举办了年会。这几乎是用不足以举办一场大型活动的人力与资金,完成了同日同时86场不同城市的年会,这是如何实现的呢?首先,“辣妈帮”在上一年的11月在App社区里发出妈妈们可以在自己所在的城市申办自己的年会的号召，要求申办年会的妈妈们需要在自己的城市组建一个志愿者团队，成员分别承担主持人、财务、导演和统筹、时尚达人、化妆师、宣传人员等职责，活动场地与活动经费通过协商与众筹的方法获取。"辣妈帮"的团队仅仅为志愿者们提供一份详细的任务清单，其中包括：年会场地需要什么条件、如何征集节目、如何安排排练、现场如何组织、摄影师和化妆师的安排与调度、年会如何宣传推广等。这些清单放置在不同的时间和步骤中，志愿者按照进度对照清单就可以实施完成。通过这样的操作，"辣妈帮"用极少的预算完成了一场大型活动推广。①

## 三、风险管控与应急预案

活动运营中最烦琐的环节不是如何设计一个有趣的活动，而是如何保证活动有序地开展，增强用户体验，减少活动风险。活动的开展是否有漏洞、活动设计是否有缺陷等，都是需要考虑和严格把关的内容。

一个活动从设计到上线要经过五个阶段，每个阶段都要对其可能会产生的风险进行评估和备案。下面这幅介绍活动运营环节与风险的解释图（图5.4），可以清晰地展示出活动运营每个阶段可能发生的风险。从图中不难发现，其实所有的风险，大都和"沟通"有关。沟通的成本很高，运营人员、产品人员、开发人员、测试人员、客服人员等，甚至包括用户，大家在沟通的过程中，很容易出现的问题是"没有说同一种语言"。②

因此，在活动策划环节，需考虑几个问题：设计的活动规则是否有漏洞，穷举极端事例；活动是否会影响普通用户的体验，如系统问题等；奖励设置是否合理，考虑用户获奖难度和用户获奖所需的成本；运营节奏如何把控，何时投放宣传，哪些指标需要调整，运营效果如何监测等。同时，在与开发、测试人员确认了开发需求和排期之后，需要着手整理FAQ（Frequently Asked Questions，经常会遇到的问题），并在运营前完成与客服团队的沟通，确认客服人员知晓处理相应事件的应对策略。做好应急预案，当极端事例发生或出现数据异常波动的时候，能及时拉回至健康状态。

① 张亮.从零开始做运营（进阶篇）[M].北京：中信出版社，2019：148.
② 张亮.从零开始做运营[M].北京：中信出版社，2015：122-123.

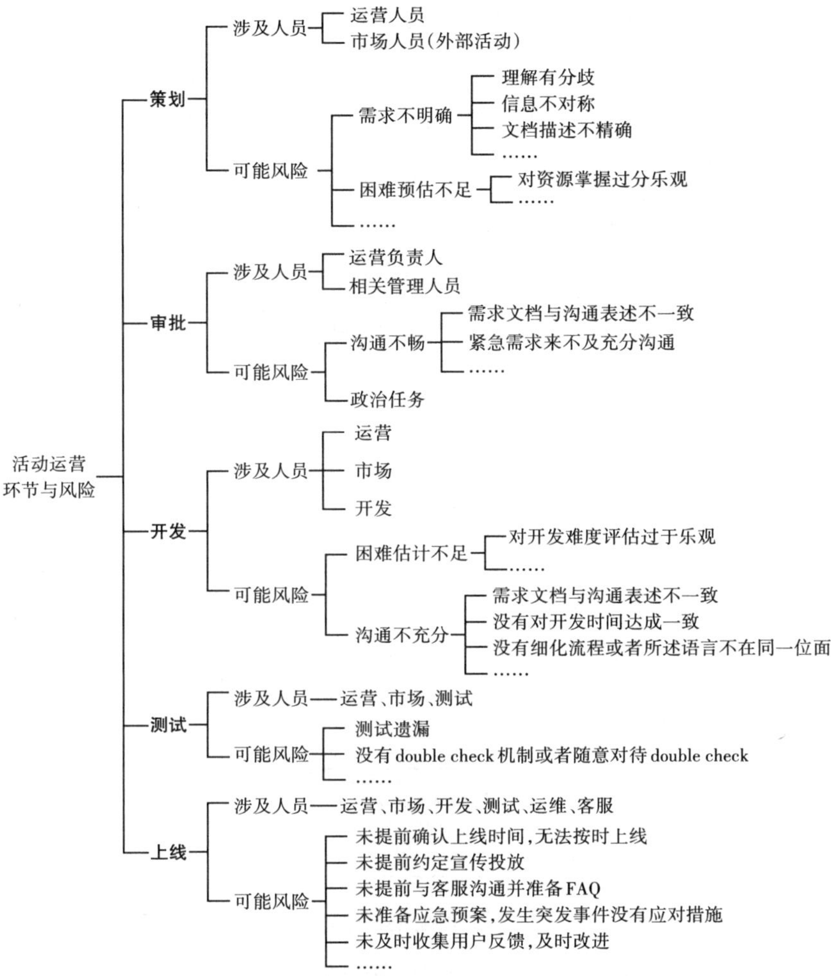


图5.2 活动运营环节与风险[①]

## 四、活动数据监测与应对策略

活动运营是一种短期刺激运营指标的手段。所谓短期刺激运营指标,是在活动设计的有效期内,通过活动运营有效地提升相关核心指标的方法。例如,社区运营的核心指标可能是用户活跃度、内容新增数量;电商运营的核心指标可能是成交量、客单价、转化率;游戏运营的核心指标可能是活跃付费转化率、付费人数等。为了得知活动是否提

① 张亮.从零开始做运营[M].北京:中信出版社出版,2015:120.

升了相关核心指标，就需要对活动数据进行监测，并得出应对策略。如下面的例子：

某个旅游网站，发起了老用户邀请新用户加入，老用户和新用户都可以获得100元代金券的活动。如果活动期间，新用户完成了一笔旅游订单，不论金额大小，作为邀请人的老用户还可以获得100元的代金券。我们来分析一下关键节点和对应加入的数据统计（如图5.3），了解如下几个问题：

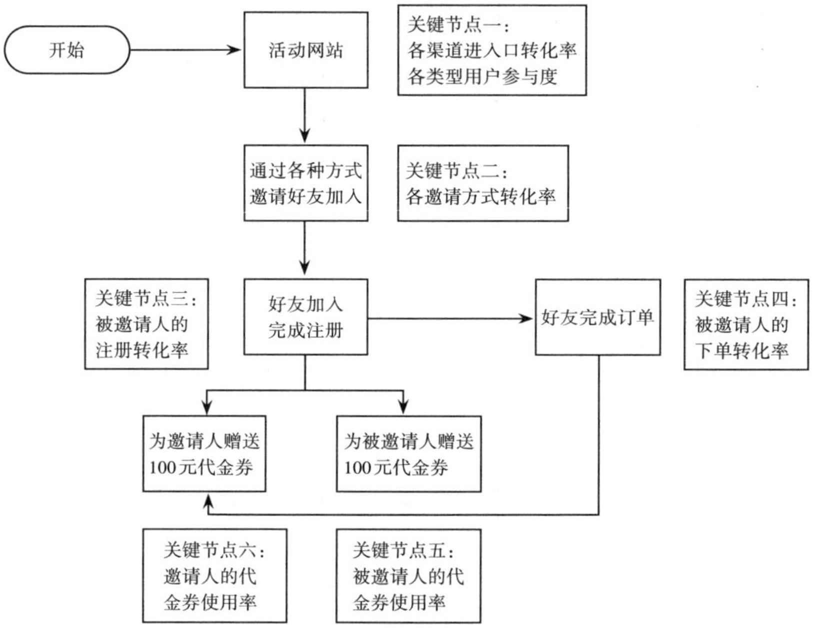


**图5.3　活动数据监控流程图**①

（1）需要了解活动投放的渠道引入用户的转化率，并且了解什么样的用户对这类的活动感兴趣，是否下过单，是否带动了原先未注册的用户进行了注册等。

（2）需要了解用户偏向于使用什么样的渠道来邀请其他用户，以及各渠道的转化率如何，这可以帮助我们在后续运营活动中进行改进。如果用户喜欢用SNS（Social Networking Services，社交网络服务）渠道，那么就要加强；如果用户不喜欢，那么以后就尽量不用。

（3）还需要了解新用户是否对活动感兴趣，此时可以尝试调整文案、强化引导等手段，来提升新用户的转化率。在这一数据指标监测中可以有效地掌握用户的偏好，究竟对何种文案感兴趣，究竟是否能够通过各种引导来完成用户转化等。

① 张亮．从零开始做运营［M］．北京：中信出版社出版，2015：131.

（4）还需监测新用户进入后有没有下单、下了什么单、单价多少等，这对于了解网站销售的产品（服务）对新用户的吸引力如何、什么样的用户喜好什么样的产品（服务）有所帮助。

（5）既然发了代金券，总归要知道用户有没有使用。

## 五、活动效果判定与总结

在整个活动完成后，要对活动效果进行判定与总结。判定与总结的方法与流程在前一节中已有较为详细的介绍，这一节仅对成本测量和KPI（Key Process Indication，企业关键业绩指标）两个部分进行介绍[①]。

### （一）成本测量原则

所谓成本测量原则是指在活动设计时，提出一个总成本和人均成本的数值，以及活动的目标值，考核活动结束时，判断成本是否在预期成本以内。比如：本活动预计可以带来1万名注册用户，活动奖品总成本10万元人民币。那么，可知1名新注册用户的成本平均是10元人民币。如果你花了8万元，带来了2万名注册用户，那么这个活动效果是超出预期的。如果你花了6万元，但只带来了5 000名注册用户，那么这个效果就需要检讨了。成本测量原则的预期是：将活动总成本控制在预算总成本以内，同时单个指标的成本越低越好。

### （二）KPI达成原则

KPI达成原则是在活动设计时，虽然提出了总成本和人均成本数值，但同时也提出了活动目标值，用以考核活动结束时是否达成了活动的KPI。还是用上一个活动的案例：本活动预计可以带来1万名注册用户，活动奖品总成本10万元人民币。结果，由于某些原因，成本没有控制住，超发了10万元人民币，但是这个活动却因为超发的10万元人民币多带来了2万名注册用户。平均下来，一个用户的成本由原先预计的10元变成了7元不到。因此，KPI达成原则的预期是：用超出预期的效果来覆盖成本控制不当的负面影响。

---

① 张亮. 从零开始做运营（进阶篇）[M]. 北京：中信出版社，2019：57.

## 知识回顾

活动运营包含活动实施、活动策划、嫁接相关产业以及打造产业链。活动运营是产品运营者的基础工作之一，其功能是为了吸引新的潜在用户、维护和活跃已有用户、快速提升运营指标、提升塑造产品形象等。新媒体的活动运营可以说是新媒体所有运营方式中，与用户最为贴近、最为灵活多变的一种。同时，活动运营还会根据不同的场景和空间分为线上和线下两种运营方式。通常看来，新媒体活动运营有制造和炒作事件，设置线上、线下福利活动和组织社群活动三种方式。但是，不论采用哪种活动运营的方式，都是一项艰巨而浩大的工程，因此，想要活动运营顺利地开展、实施并取得预期的效果，必须对其进行风险预测与管理。一般情况下，新媒体活动运营的风险与管理需要完成：清晰明确活动运营中的几个关键点、成本预算与活动设计、风险管控与应急预案、活动数据监测与应对策略、活动效果判定与总结五个步骤，并为下一次的活动提供参考。

## 思考题

1. 什么是新媒体的活动运营?
2. 新媒体活动运营的特点是什么? 新媒体活动运营有什么功能?
3. 如何策划一个线下活动运营的方案? 需要考虑哪些因素?
4. 在活动运营过程中会发生哪些不可预测的风险? 我们该如何处理这些风险?
5. 活动反馈包含哪些内容? 在新媒体活动运营中起到什么样的作用?

# 第六章　新媒体产品运营

## 知识目标

1.新媒体产品运营的概念及要素。

2.新媒体产品运营的流程和方法。

## 能力目标

1.了解新媒体产品运营的实际意义。

2.熟悉新媒体产品运营的方法,并能实际运用。

## 思维导图

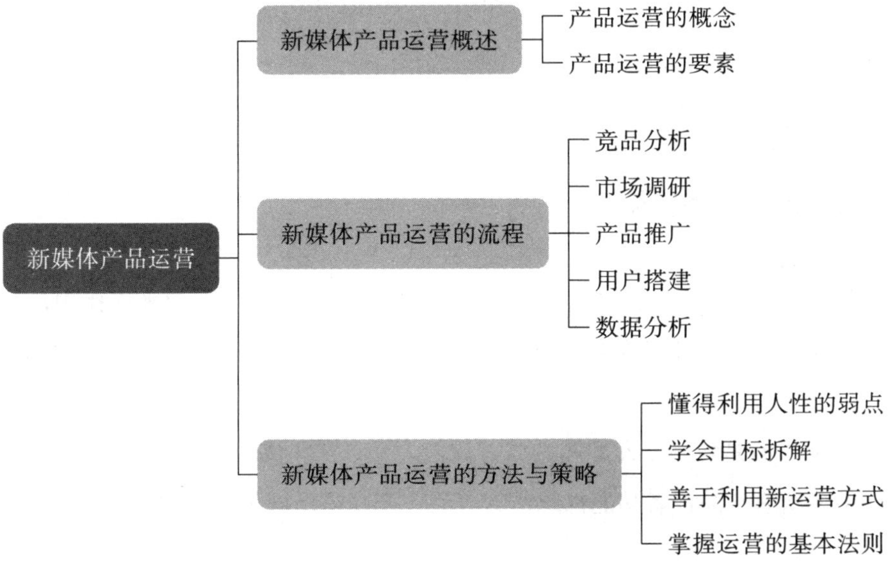

## @ 案例导入

流利说App

作为一款专注于人工智能英语教学的App,流利说自2012年上线成立以来,下载量持续走高,截至2021年4月总下载量达9.4亿次。流利说App的运营可分为三个时期:引流期、扩张期和成熟期,根据每个时期核心功能的不同,其运营策略也做出相应的调整。

引流期,流利说鼓励用户将语音上传至App,通过系统进行打分,让用户反复听标准的发音,锻炼口语。再通过小组学习的形式,将希望提升口语的用户粘连在一起,共同学习,形成用户黏度。扩张期,推出AI口语情景实战功能,击中用户“心里知道但说不出来”的痛点,紧扣用户的职业焦虑,促使用户进入App,尝试AI口语情景实战功能,在模拟现实的情景中练习口语。成熟期,流利说继续延续AI的亮点,新增“AI单词纠音”和“AI指定专属学习计划”,细分受众需求,提供个性化口语技能提升服务。同时上线精品课程、直播课和外教课等,为用户提供专业的口语课程资源,用专业的服务稳定老用户,吸纳新用户。

流利说的每个阶段都根据产品相应的特点进行新媒体产品运营,一步一步占领线上英语培训市场。

# 第一节　新媒体产品运营概述

## 一、产品运营的概念

所谓产品运营就是指从内容建设、用户维护以及活动策划三个层面来连接用户和产品,并产生产品价值和商业价值的新媒体手段。可简单概括为三个核心词语:产品、连接和价值。

产品,狭义上指的是独立开发的网站或者软件。从广义上来讲,只要是涉及产品开发、推广等环节的所有产品或者功能都统称为产品。产品是新媒体运营的基础和核心。

连接，就是把产品、产品生产者、用户以及其他运营者连接在一起。

价值，是产品运营的归宿，即实现产品价值和商业价值，达成销售目标。

产品运营有广义和狭义之分。广义的“产品运营”可以把新媒体运营过程中涉及的账号、平台、活动等项目都看作产品，进行策划、运营和调试。狭义的“产品运营”是指企业的互联网产品运营，包括企业手机软件的设计与开发、企业网站的运营与调试等。

在具体的运营过程中，产品运营主要是针对不同的用户群体，通过内容、渠道等营销（推广）产品，并通过数据指标优化运营手段、产品功能和体验等。

## 二、产品运营的要素

产品运营以产品为运营基础，以用户为运营中心，以渠道为运营重点，具体包括六大核心要素：产品优化、数据运营、内容运营、用户运营、渠道管理、推广营销。（图6.1）

产品优化：在不改变产品性质的情况下，对产品结构进行调整，使产品具有更大的使用价值和价值，可从产品本身的目标和可用性目标两方面进行优化。

数据运营：用适当的方法，对收集来的数据进行目的性的分析，包括提取有用信息和形成结论两大部分，为决策提供数据支持。

内容运营：指如何在获取内容的同时，基于不同的用户，将相应的有价值的信息进行串联传输。内容运营和普通的文案编辑有质的区别，它必须有生产端和消费端，目的是为用户提供个性化内容的获取。内容运营种类繁多，最为普遍的是新媒体内容运营。常见的内容社区运营，如知乎；基于内容平台的运营，如今日头条，也都属于内容运营的范畴。

用户运营：指以用户为中心的全LTV（Life Time Value，客户终生价值）一系列战略目标的制定与操作，包括用户的活动、推广与留存。

渠道管理：主要指流量的引入，及对引入的数量和质量进行的管理运营。渠道管理主要包括渠道信息搜集、渠道选择、渠道传播内容、渠道效果评估，以及根据目标及时地进行渠道调整优化等。

推广营销：以扩大产品的销售量为主要目标，通过各种手段向顾客宣传产品，以激发顾客的购买欲望和行为。

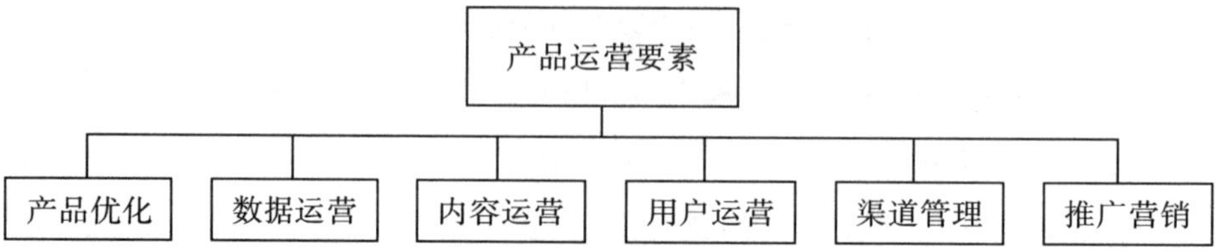


**图6.1　产品运营要素图**

# 第二节　新媒体产品运营的流程

新媒体产品运营的流程主要包括竞品分析、市场调研、产品推广、用户搭建、数据分析五大流程(图6.2)。

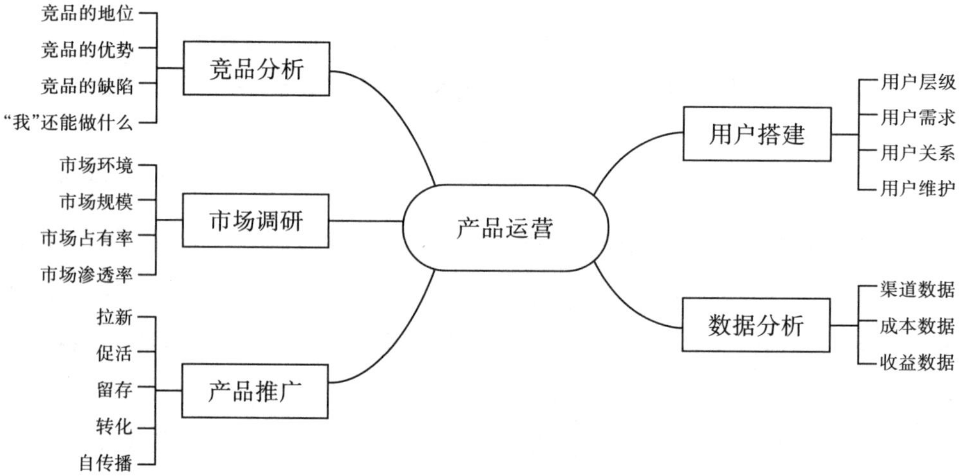


**图6.2　产品运营流程图**

## 一、竞品分析

要做新媒体的产品运营，首先要对竞品进行调研，分析竞品才能做到知己知彼、百战百胜。竞品调研主要包括四个方面：一是竞品的地位，竞品在市场上处于何种地位，和“我”有哪些方面的不同；二是竞品的优势，竞品在市场上为什么被用户偏爱，它满足了用户的哪些需求；三是竞品的缺陷，竞品在市场上用户反响如何，哪些地方存在问题；四是“我”的方向，在市场上，“我”还能做什么以满足用户的多样化需求。

## 二、市场调研

市场调研是对即将投放或已经投放到市场的新媒体产品进行分析，它不仅要求要了解产品自身信息，还需要对产品所处的大环境进行调研。此外，还需要对市场/行业的规模、市场/行业规模的占有率以及市场/行业规模的渗透率进行调研。

市场调研是一个动态化的过程，产品需根据市场环境做出适时调整。以支付宝为例，2020年新冠肺炎疫情期间，支付宝率先在首页设置新冠肺炎患者人数实时增长模块，成为人们查询疫情现状的主要渠道。同时，该模块的上下模块开始推送淘宝防疫产品打折的消息，这样的营销方式不仅契合了疫情的大环境，也为支付宝带来了更多的流量（图6.3）。

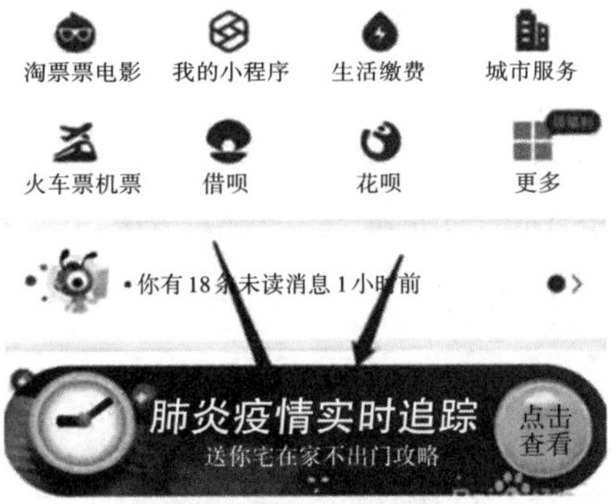


图6.3 支付宝首页新冠肺炎疫情实时追踪页面（网络图片）

而市场/行业的规模调研，则主要分析当前产品在该行业或市场的“天花板”在哪里，目前对于产品发挥促进还是抑制作用。以短视频行业为例，截至2020年6月，我国短视频用户规模已经达到81 786万人，使用率高达87%。

而市场/行业规模占有率的结果则决定了产品是否应该进入该市场。若同类产品的市场/行业规模占有率已经很高，那么无论采取何种运营方式，产品都很难在该市场/行业立足。

市场/行业规模渗透率可协助判断产品应当以何种方式进入该市场/行业，可衡量企业产品当前以及未来的发展空间。

因此，市场调研对于新媒体产品运营非常重要，它决定了产品的去留和未来，应做好常态化的市场监控并及时掌握竞争态势。

## 三、产品推广

产品推广是产品运营最重要的阶段，首先需要通过渠道运营扩大流量，同时，内容运营、用户运营需要及时跟进。产品推广环节多数可参考经典的AARRR模型(Acquisition、Activation、Retention、Revenue、Refer)：拉新、促活、留存、转化、自传播。这是一个倒金字塔模型，每个阶段都会有部分用户流失。如果把"产品推广"看作是企业主与用户之间的恋爱，那么拉新(Acquisition)就像恋人最初的相识，需设法展示自己、让对方认识自己；促活(Activation)就如同与对方进一步发展，确立了恋爱关系；留存(Retention)则是保持双方恋爱的热度，维护好这段关系；转化(Revenue)即如何让对方心甘情愿地在你身上消费；自传播(Refer)即双方关系稳定后，愿意向亲朋好友介绍你的存在。下面以网易云音乐App为例。

**案例：网易云音乐和农夫山泉**

第一步，拉新。如网易云音乐App的拉新渠道主要有四种：第一种是付费渠道推广。通过在抖音、快手、百度等流量较为集中的应用上付费投放广告，将目标受众导入广告主的应用，实现网易云音乐App的用户增长。第二种是联名营销。与产品进行跨界合作，达到品牌曝光目的的同时，吸引对方品牌的用户下载应用，如乐瓶(网易云音乐和农夫山泉的合作)。第三种是与关键意见领袖(KOL)合作，为网易云音乐导流拉新。第四种，利用带有"分享""传播"性质的平台活动，通过老用户的分享，获取新用户(图6.4)。

图6.4　网易云音乐App新年祝福分享活动页面

第二步，促活。网易云音乐App的促活主要通过个性化推荐和UI设计来完成。UI设计（或称界面设计）是指对软件的人机交互、操作逻辑、界面美观的整体设计，也叫界面设计。好的UI设计不仅让软件变得有个性、有品位，还让软件的操作变得简单易懂、舒适自由，充分体现软件的定位和特点（图6.5）。

第三步，留存。网易云音乐App留住用户的方式有很多，比如会员卡促销，给新用户一张免费体验的周卡，或者以极低的折扣促使新用户购买VIP，如新客首月2折，或者与其他平台联合促销，如网易云连续包年送爱奇艺月卡等（图6.6）。

第四步，转化。网易云音乐App的付费服务可分为内容付费、流量付费和实物付费。付费的方式有很多，如充值会员、云村有票、K歌打赏、听歌周边商城的购买等。

第五步，自传播。分为主动推荐和被动推荐。主动推荐是客户自身愿意分享，如在微信朋友圈自发分享云音乐歌曲。被动推荐给人一种被强制推销的感觉，所以在进行产品推广时，要避免用户产生抵触心理。而品牌营销是被动推荐的一种比较好的方式，网易云音乐App通过多渠道营销，在用户心中植入了特定印象，产生了品牌效应，当用户想听歌时，脑子中会不由自主地想到网易云音乐。

图6.5 网易云音乐App手机端页面

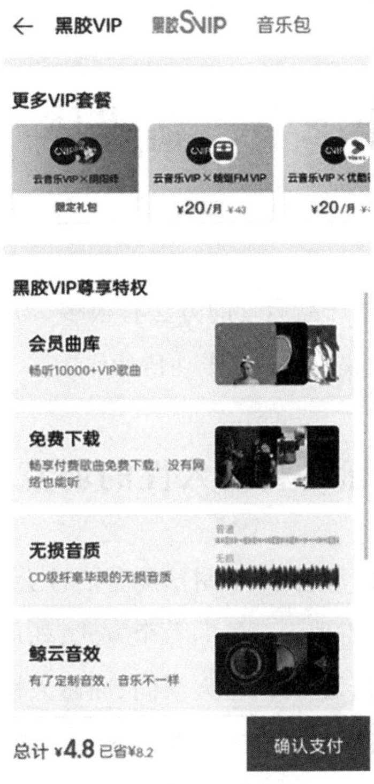


图6.6 网易云音乐App购买VIP页面

## 四、用户搭建

用户主要是指产品的使用者,用户搭建包含了解用户需求和维护用户关系两个方面。了解用户需求,主要是了解目标用户,构建用户画像。维护用户关系,则是通过各种手段和用户保持联系,使用户成为产品的忠实购买者。

## 五、数据分析

新媒体产品运营中涉及的数据是根据用户行为统计而来的数值,通常情况下分为三类:渠道数据、成本数据和收益数据。渠道数据起着衡量渠道质量、渠道作用的作用,它是由产品自身定位的客户群体和产品的特性所决定的。成本数据顾名思义,是企业为了得到某种经济利益而花费的本钱。收益数据,是企业利润的数据。对这三类数据进行分析,分析数据的准确性、影响数据的因素等,做好数据的长期监测,从客观的视角判断数据呈现出的现状、变化和未来,才能更好地实现产品收益。

# 第三节　新媒体产品运营的方法与策略

新媒体产品运营的方法有很多,需根据不同的产品,采取相应的策略和方法,以解决不同的问题,达到事半功倍的作用。

## 一、懂得利用人性的弱点

美国作家戴尔·卡耐基编著的社会学著作《人性的弱点》详细阐释了人际交往的基本技巧、赢得他人喜爱的六个方式、如何让他人想你之所想等重要的法则,为读者提供了与他人相处、得到他人认同、回避人性的弱点以及战胜人性的弱点的各种有效策略。在新媒体产品运营中,若懂得利用人性的弱点进行产品营销,会极大地提高产品的销量。消费者在购买产品的时候,考虑的因素主要有两个:第一个因素是产品的质量,第二个因素是产品的价格，而大多数消费者对于价格是十分敏感的，这也是拼多多为何独占市场一角的原因，更是人性弱点最直接的体现。

目前国内咖啡店门店数排名第一的是瑞幸咖啡，第二是星巴克咖啡。星巴克公司成立于1971年，是世界上首屈一指的专业咖啡烘焙商和零售商，而瑞幸咖啡2017年才成立，短短几年时间，瑞幸咖啡在国内的门店数就超过了星巴克咖啡，颠覆了人们对咖啡企业的传统认知。瑞幸咖啡发展如此迅猛，很大程度得益于其抓住人性的弱点，进行裂变营销。首先瑞幸咖啡抓住了人们喜欢免费的心理，用户只要下载瑞幸咖啡App，并注册成为会员，就可免费领取一杯咖啡。不用付出，即可获益，加之其门店数量发展之迅猛，品牌效益较好，因此，很多用户都愿意下载注册（图6.7）。

其次，瑞幸咖啡继续利用人性贪婪的弱点，用户注册后，每成功邀请一名新用户注册，双方还可再免费领取一杯咖啡，这种“邀一赠一”的方式使用户愿意主动分享，完成裂变，迅速占领市场（图6.8）。最后，瑞幸咖啡对于消费者的重复消费优惠力度较大，经常有“买二赠一”“买五送五”等优惠活动。

图6.7　瑞幸咖啡免费赠送咖啡图示

图6.8　瑞幸咖啡给好友免费赠送咖啡图示

## 二、学会目标拆解

目标拆解（Target Decomposition）就是将总体目标在纵向、横向或时序上分解到各层次、各部门以至具体的人，形成目标体系的过程。[①]目标拆解是明确目标责任的前提，是使总体目标得以实现的基础。在明确了业务场景、统计/分析目标之后，下一步则需要继续拆分合适的衡量指标，并在此之前提出分析的假设。

① 彼得·德鲁克.管理的实践[M].齐若兰，译.北京：机械工业出版社，2018：124-130.

瑞幸咖啡的成功并非偶然，它对自己的目标有着较为清晰明确的分析。在正式营业之初，瑞幸咖啡进行了较为有效的试营业，它先在北京开了三家店，分别是：联想桥店、望京SOHO店以及银河SOHO店。这三家门店在地理位置、周边人群等方面各有优、劣势。联想桥店的主要目标是进行内测，用于观察用户的购买频次、对价格的接受区间、复购率、消费习惯，并对用户人群进行细分，做用户画像；望京SOHO店的地理位置较好，房租相对较高，人流量相对较大，其开设的主要目标是测试裂变营销及其效果；而银河SOHO店地理位置相对较偏，房租相对较低，人流量相对较少，则用来测试微信LBS门店推广效果。瑞幸咖啡通过线下三个不同商圈有代表性的试点，收集用户对于购买咖啡的基本诉求，调整后期正式营业的销售策略，目标极为清晰。

在明确目标下的数据采集完成后，则需要学会分析假设、拆分目标、拆分衡量指标。例如，在选址上，从前期试运营的数据来看，望京SOHO店和银河SOHO店这两家店铺的盈利数额差距不大，但租金相差甚远。此外，用户选择外带咖啡的数量远远高于门店堂食，这就使瑞幸咖啡选择租金更低的店铺，用租金反哺咖啡成本，降低咖啡价格，最终让用户获利、提升产品销量成为可能。再如，在用户画像上，从前期试运营的数据来看，购买瑞幸咖啡用户多为80后的白领和小资，下单高峰期为13:00~17:00，且对外卖的等候预期时间为30分钟以内，职场白领更偏好美式，女生更偏好瑞纳冰系列等，这为瑞幸咖啡在正式运营过程中持续完善饮品和服务细节奠定了基础。

综上，瑞幸咖啡作为新零售咖啡品牌、国产咖啡品牌的后起之秀，有着对标星巴克咖啡的野心，它在运营过程中，将目标进行了详细的分解，逐步追上头部品牌。

## 三、善于利用新运营方式

当今，我们正处于新媒体时代下的新零售时代，这是基于互联网、大数据等新兴科技，融合线上线下两种运营模式的新型销售时代。产品的推广不再单单局限于线上或是线下，而是两者相融合。因此，产品运营方式也发生变化，产生了许多新型运营方法。

### （一）品牌运营（Brand Marketing）

品牌运营，是通过市场营销使客户形成对企业品牌和产品的认知的过程，利用品牌符号在用户心里形成印象，使用户在选择产品时脑海中联想起某品牌并进行选择。品牌运营的第一步是明确产品的品牌市场定位。任何产品想要在市场中获胜，必须找到市场的空缺点，让自己成为该市场的唯一。国内绝大多数咖啡店都位于核心商圈，装潢精致，适合看书、休息、打卡拍照，但这类咖啡店的劣势就是门店租金较高，咖啡价格较高且用户人群需拥有足够的空闲时间。瑞幸咖啡在三个门店试运营期间，找到了市场的空缺，主打外卖市场，随后陆续在全国开设6 580家门店[①]（数据截至2022年3月31日），遍及城区各个写字楼，目的是让用户在最短的时间内享受到外卖咖啡。品牌运营的第二步是品牌人群定位，这里需要做的是用户画像。瑞幸咖啡的用户画像是生活在一二线城市的年龄以24岁到30岁和36岁到40岁为主的白领群体，这类人群在意生活的质量、享受生活、喜欢喝咖啡，但工作压力大、时间紧，很少有机会去咖啡店坐下享受一杯热气腾腾的咖啡，瑞幸咖啡也抓住了这类人群的痛点，主打外卖市场。品牌运营的第三步是构建符合目标用户的品牌形象。瑞幸咖啡的目标用户是白领群体，他们对生活有着精致的追求，渴望自由、优雅、有品位。瑞幸咖啡的产品形象由简单且容易识别的蓝色、白色两色组成，加上一只姿态优雅的麋鹿，简单流畅的设计体现了满满的文艺范儿和品位（图6.9）。

图6.9　瑞幸咖啡形象图示（网络图片）

瑞幸咖啡在选择其品牌代言人上也是深下功夫，实力影星汤唯和张震十分贴合瑞幸咖啡目标群体“时尚”“年轻”“自信”的需求，精准击中目标用户。

## （二）基于新技术的运营

利用先进的技术为营销服务是新零售时代的一大特征。例如，瑞幸咖啡的LBS广告联合腾讯QQ开展“刷脸喝咖啡”活动、在北京工业大学内尝试由“真机小黄马”无人车完成“无人配送咖啡”等，将新技术与营销方式相结合，刷新用户体验，创新运营模式。

① 邵蓝洁．瑞幸咖啡2022年一季度营收24亿元，经营利润首次扭亏．央广网[EB/OL]．(2022-05-25)[2022-09-15]．http://food.cnr.cn/jdt/20220525/t20220525_525837410.shtml.

案例:瑞幸咖啡"碰瓷"星巴克

### (三)线上、线下相结合的运营方式

新零售时代的产品推广不再单单局限于线上或是线下,而是两者相融合。同样以瑞幸咖啡为例,其线上传播方式有LBS广告(基于位置的广告推送)、信息流广告、媒体新闻稿、大V推荐,以及制造营销事件(瑞幸咖啡"碰瓷"星巴克营销事件)等,通过线上多种传播方式,扩大知名度。瑞幸咖啡的线下传播方式主要集中在楼宇广告,特别是城区白领居多的写字楼和小区,提高曝光度。

### (四)用户自传播

用户自传播指的是赋予产品分享属性,并在产品圈内形成口碑,用户自发地向朋友推荐并进行传播的一种方式,它区别于企业自身在视频平台、地铁及电梯中投放的分众广告等拉新方式。惯用的形式是:用户1使用产品后觉得不错,把产品分享给用户2,同时用户1和用户2均拥有相应的福利,以此类推,当用户邀请新人达到商家设定的上限后,该用户则没有邀新福利,但新人依然具有相应的福利。这种模式减少了商家的广告推广成本,用户在相应的激励下,愿意自发为产品做宣传,完成用户注册、裂变拉新。同样以瑞幸咖啡为例,它的拉新摒弃了传统的赠送优惠券的方式,创新使用了"新用户首单免费"的方式,吸引用户下载App并注册,使用免费品尝的方式吸引大量用户注册之后,又通过"邀一赠一"的方式,激励用户主动分享,这一手段为瑞幸咖啡在短时间内完成了裂变拉新。

## 四、掌握运营的基本法则

### (一)SMART原则

SMART原则又被称为目标管理原则,是由管理学大师Peter Drucker在1954年的著作《管理实践》中提出的。他指出目标的制定需要掌握五个关键因素:S(Specific)代表具体,指绩效考核要切中特定的工作指标,不能笼统;M(Measurable)代表可度量,指绩效指标是数量化或者行为化的,验证这些绩效指标的数据或信息是可以获得的;A(Attainable)代表可实现,指绩效指标在付出努力的情况下可以实现,避免设立过高或过低的目标;R(Relevant)代表相关性,指绩效指标与工作的其他目标相关联,绩效指标是与本职工作相关联的;T(Time-bound)代表有时限,注重完成绩效指标的特定期限。

## (二)5W2H分析法

5W2H分析法又叫七问分析法,是由“二战”中美国陆军兵器修理部首创的。它以五个W开头的英语单词和两个H开头的英语单词进行设问,发现问题并解决问题。(图6.10)

5个W分别为:

What:是什么?目的是什么?做什么工作?Why:为什么要做?可不可以不做?有没有替代方案?Who:谁?由谁来做?When:何时?什么时间做?什么时机最适宜?Where:何处?在哪里做?

2个H分别为:

How:怎么做?如何提高效率?如何实施?方法是什么?How much:多少?做到什么程度?数量如何?质量水平如何?费用产出如何?

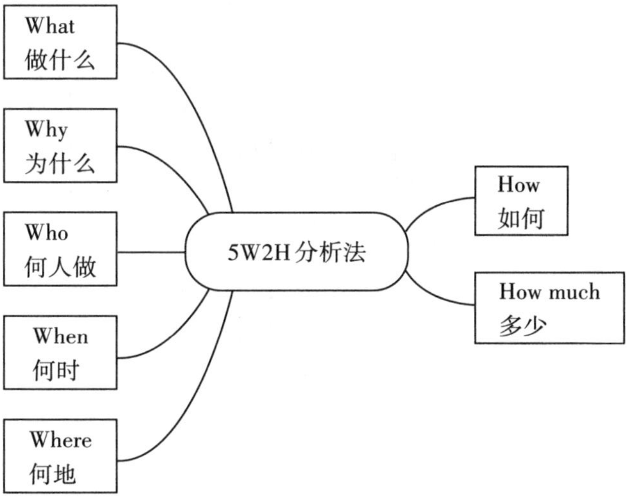


图6.10　5W2H分析法图示

## (三)4P营销理论

1960年,美国密歇根州立大学的杰罗姆·麦卡锡教授在其《基础营销》一书中将营销要素概括为4类,即产品(Product)、价格(Price)、渠道(Place)、促销(Promotion)。

1967年,菲利普·科特勒在其畅销书《营销管理:分析、规划与控制》中进一步确认了以4Ps为核心的营销组合方法,即:Product,产品,注重开发的功能,要求产品有独特的卖点,把产品的功能诉求放在第一位;Price,价格,根据不同的市场定位,制定不同的价格策略,产品的定价依据是企业的品牌战略,注重品牌的含金量;Place,渠道,企业并不直接面对消费者，而是注重经销商的培育和销售网络的建立，企业与消费者的联系是通过分销商来进行的；Promotion，宣传，很多人将Promotion狭义地理解为“促销”，其实是很片面的，Promotion应当包括品牌宣传（广告）、公关、促销等一系列的营销行为。

### （四）SWOT分析法

SWOT分析，是基于内外部竞争环境和竞争条件的态势分析，它利用矩阵图思维，将企业的优势（Strengths）、劣势（Weaknesses）、机会（Opportunities）和威胁（Threats）等因素列举出来，对研究对象所处的情景进行全面、系统、准确的研究，从而根据研究结果制定相应的发展战略、计划以及对策等。SWOT分析，可以帮助企业把资源和行动聚集在自己的强项和有最多机会的地方上，使其战略目标更加明确（图6.11）。

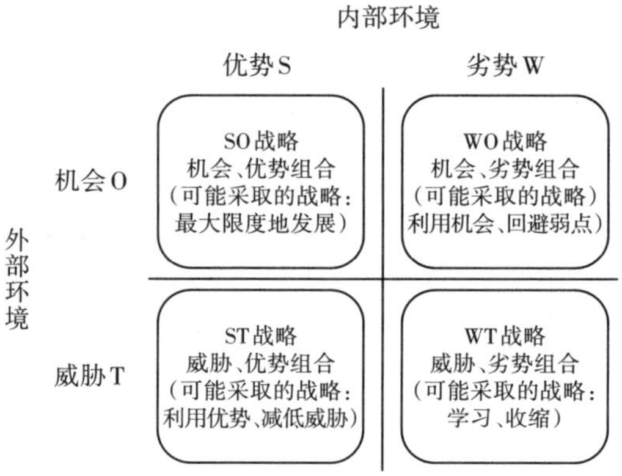


**图6.11　SWOT分析法图示**

## 知识回顾

新媒体产品运营是新媒体运营的基础，其定义为从内容建设、用户维护以及活动策划三个层面来连接用户和产品，并产生产品价值和商业价值的新媒体手段。具体包括：六大核心要素，即产品优化、数据运营、内容运营、用户运营、渠道管理、推广营销；五大流程，即竞品分析、市场调研、产品推广、用户搭建以及数据分析；多种运营方法，即懂得利用人性的弱点、学会目标拆解、善于利用新运营方式等；以及运营的基本法则，即SMART原则、5W2H分析法、4P营销理论、SWOT分析法等。

## 思考题

1. 如何理解新媒体产品运营?

2. 新媒体产品运营的要素有哪些?

3. 请用一个实例来阐述新媒体产品运营的流程。

4. 请试着阐述“知乎”产品运营的方法与策略。

# 第七章　新媒体渠道运营(上)

## 知识目标

1.新媒体渠道运营的基本概念。

2.新媒体渠道运营的基本方法和技巧。

## 能力目标

1.了解新媒体渠道运营的实际意义。

2.熟悉新媒体渠道运营的方法,并能实际运用。

## 思维导图

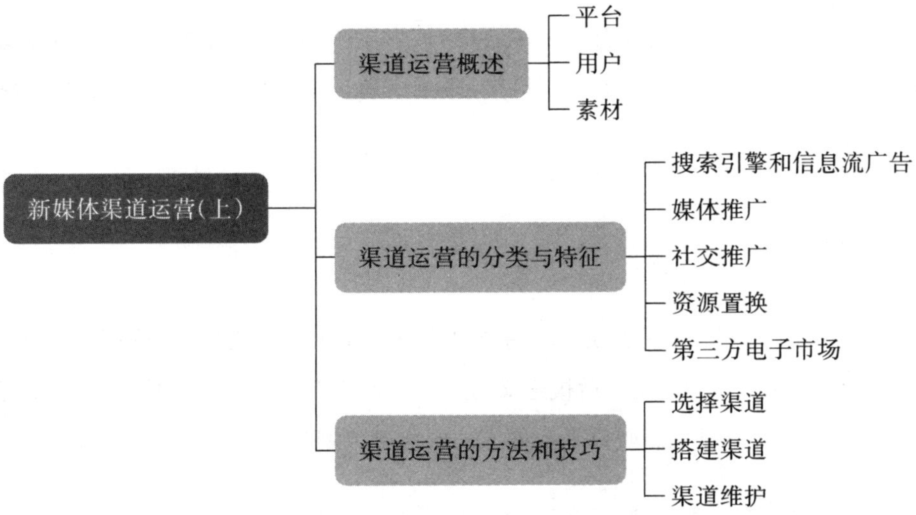

## @ 案例导入

2021年11月，董明珠在中国制造业领袖峰会上一句“我现在就是希望她能在我身边，把她培养成未来第二个董明珠”，不仅轰动了全场，也让“孟羽童”这个名字在一夜之间传遍了大街小巷。数据显示，凭借“第二个董明珠”所引发的舆论热潮，孟羽童抖音平台个人账号“孟羽童Morita”7天涨粉超过90万人，在11月8日至11月14日的涨粉周榜中排名第八。通过制造话题，引起大家好奇讨论，然后用“第二个董明珠”这样的名号增强记忆点。随后孟羽童在拥有139万粉丝的“格力电器”直播间，仅持续直播了4小时，总观看人数就达11.3万，单场销售额约62万元，当晚的GMV(网站成交金额)成绩远高于格力直播间近30天的场均GMV[①]。

# 第一节　渠道运营概述

所谓渠道运营就是通过媒体平台(微博平台、微信平台、直播平台等)，以引流为主要目的的新媒体运营方式，其目标是花最少的钱引来最高质量的流量(用户)。虽然因所面对的产品和行业不同，渠道运营会有差别，但流程、步骤、发放方式都大同小异。

渠道运营就是从不同的地方引入更多用户，其本质原则是：在合适的时间、地点将合适的内容推荐给适合的人。根据原则得知，影响渠道运营的核心要素应包括“平台+用户+素材”三个部分。

## 一、平台

平台，早期运用于计算机领域，是指在系统工作中具有基础性地位的电脑应用软件，起着承载和协调系统工作的作用。后被定义为一种虚拟或真实的交易场所，其功能是促成供求双方的交换[②]。常见的新媒体平台按不同层次可以划分为三大阵营(图7.1)。

---

① 电商君：一句话涨粉百万！格力直播间，董明珠再造“董明珠”[EB/OL].(2021-11-25)[2022-09-10].https://www.sohu.com/a/503327939_465282.

② 徐晋，张祥建.平台经济学初探[J].中国工业经济，2006(5)：40.

第一阵营的新媒体平台包括:电商,微信、微博,问答和百科四类。该阵营因用户群体众多、流量大,是各类企业需要深耕的平台。第二阵营新媒体包括:直播、视频和音频等平台。娱乐化、直观和及时互动性是该阵营的主要特点和趋势。第三阵营的新媒体平台包括自媒体(微信除外)和论坛等。这些平台影响力和用户量均不及微信公众平台,但也有着各自的生态体系。

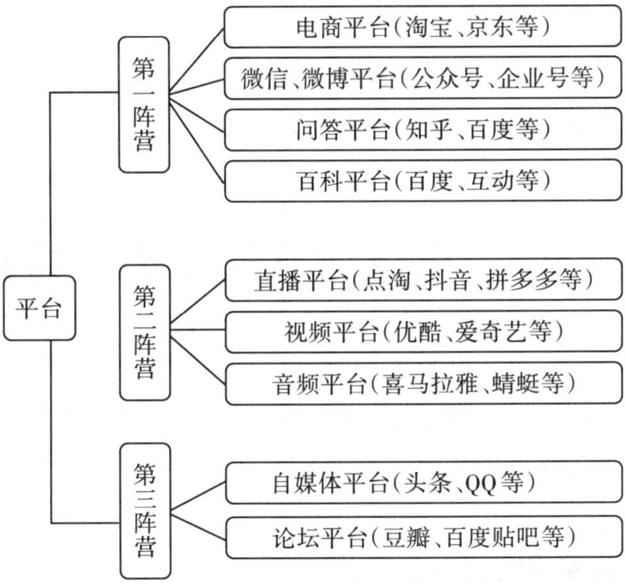


**图7.1 新媒体三大阵营平台**

## 二、用户

所谓用户即确定目标用户群体,做出用户画像。包括:(1)基本情况:具体对象、年龄、地域、性别、学历等;(2)用户习惯:使用产品的时间、形式,接触信息的方式,活跃状态等;(3)用户需求:用户在某方面的缺乏或需要。对于用户分析,可以通过第三方数据平台、行业相关报告、DMP数据管理系统等对用户进行定位。例如,DMP用户画像分析方法,就是将庞大的用户从不同维度进行划分,再枚举出各个维度的属性,最后对每个属性进行详细的拆分。基于DMP模型可以挖掘高质量的人口属性画像、用户兴趣画像、社交图谱画像及相关业务领域的画像,用于支撑广告营销、推荐、产品运营等多种业务场景(图7.2)。

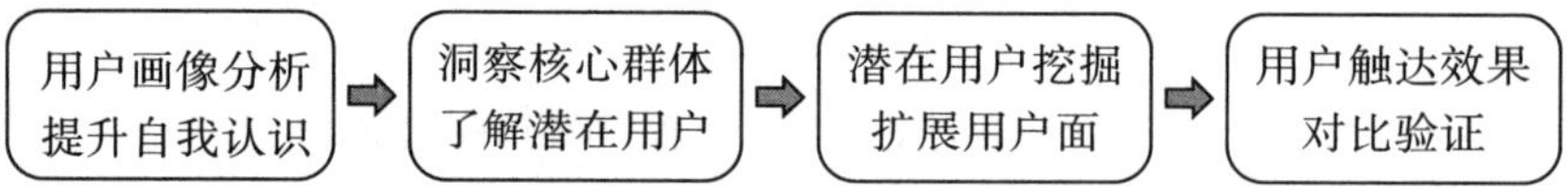


图7.2　DMP用户画像分析

## 三、素材

完成用户分享，了解了渠道特性后，还需要综合考虑：品牌、产品、活动、活动形式等因素，针对不同的人群、活动、渠道设计不同的素材。

# 第二节　渠道运营的分类与特征

渠道运营主要包含搜索引擎和信息流广告、媒体推广、社交推广、资源置换、第三方电子市场等几个分类，并各具特征。

## 一、搜索引擎和信息流广告

搜索引擎，就是用户在搜索引擎上搜索广告主购买的关键字，搜索结果页就会显示跟用户搜索的关键字匹配的相关内容。信息流广告需要依据平台本身的内容分发机制，给用户推荐相关咨询内容，穿插在原生资讯内容中。

搜索引擎和信息流广告运营的优势是流量较大，成本明确可控。CPC（Cost Pre Click，点击付费）和CPA（Cost Pre Action，按广告的实际投放效果付费，效果包括下单、下载、咨询、注册）是其主要计费方式。但也存在作弊风险，效果堪忧。

## 二、媒体推广

媒体推广包括媒体软文、测评、新闻稿推广等手段，都是品牌推广的方式。适当的媒体推广，能够很好地将产品与用户维系在一起。媒体推广可通过CPC和CPT（Cost Per

Time,按用户使用时长或使用周期)计费。优势在于,质量较好,短时间带动大量下载,短时间形成曝光,具有话题性和流行性。但应用用户量有限,广告的展示曝光受限。

### 三、社交推广

社交推广主要利用微博、微信、论坛、社区等手段进行推广,包括微博大号营销、草根炒作等手段对产品进行宣传以获取用户。其优势在于推广成本极低,却可以高效传播,对于产品的宣传能提供较大的帮助。但宣传效果虽较好,却不是获取用户的最佳方式。

### 四、资源置换

资源置换就是平台之间通过交换各自的资源,达到互相宣传、品牌共赢的作用。相较于直接花钱买流量来说,资源置换也是成本控制的方式之一。其优势在于精准、效果较好。但流量不稳定,维护监控成本较高。

### 五、第三方电子市场

是指由参与交易的双方以外的独立第三方提供的电子商务平台,企业利用这一平台实现企业与客户或者供应商之间的交易。例如,手机助手(360)、手机厂商商店(小米)、运营商商店(苹果)等。其优势在于,用户质量较好,流量稳定,维持部分运营即优化工作。但此类市场渠道高达几百家,维护成本较高。

## 第三节　渠道运营的方法和技巧

渠道运营是运营组成部分的重要环节,一般来说,产品冲量、KPI的完成等在很大程度上依赖于渠道运营。那么要如何才能搭建渠道运营体系呢?基本上可以分成三步走:选择渠道、搭建渠道和渠道维护(图7.3)。

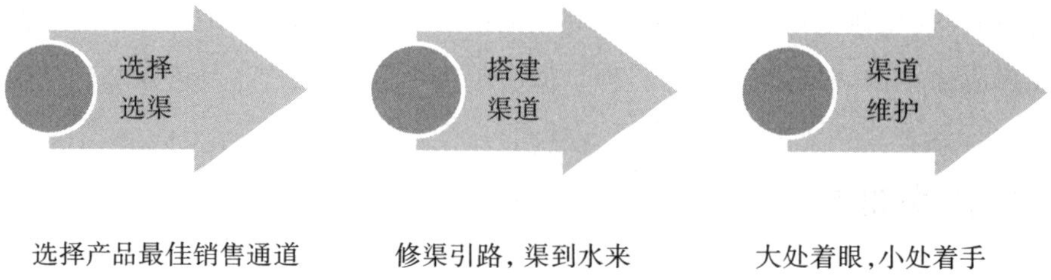


图7.3　渠道运营体系的搭建步骤

# 一、选择渠道

从理性的运营思维出发，可以认定新媒体推广渠道的选择对整个运营的过程起到关键作用。因为在产品的不同阶段，需要通过切中用户痛点加有效的数据测试来评估渠道运营的整体效果。

## （一）通过目标确定运营思维

在产品发展期，需要通过运营的目标来确定渠道。比如运营的目标不高，仅仅为了吸取一定的粉丝，获得些许曝光量，就可以首先考虑渠道成本来进行推广。如选择一些新媒体免费推广渠道：知乎、豆瓣、简书等。相反，如果想要快速获取较高流量，就可以选择一些付费推广渠道：微博粉丝通、微信广告等。

## （二）选择核心渠道做专精

在确定目标、选择好核心渠道的基础上，就应该做渠道深挖。具体可以进行如下操作：

（1）刚开始时，可以选择1~2个渠道，精准挖掘流量，为期1~2个月。可以选择微信作为第一渠道，做不同的类型文章测试、做社群运营活动、做自定义菜单、开发接口、做关键词引导等。然后，选择微博作为第二渠道，做微博话题内容、KOL推荐、粉丝头条等。

（2）合理制定每个渠道具体测试方式和周期。例如，测试公众号中哪些文章内容用户阅读量高、转发量高、留言点赞率高，从而确定用户的兴趣点，做专精内容；对于粉丝通，根据不同账号维度、不同地域维度、不同信息维度，观察用户活跃情况，做精准推送。

（3）回收数据，把推广放到最好的渠道上。从确定目标、分解目标、测试结果来判断哪些渠道引流效果更好。然后就可以把运营的成本集中起来，专注一两个渠道。

### (三)注重不同阶段渠道的选择

在产品初期、发展期和成熟期都有不同的渠道操作方法,总结来说:(1)产品萌芽期(铺面):多个渠道选择+用户质量+数据回收+快速见效;(2)产品发展期(做专精):核心渠道+用户质量+稳定引流+持续见效;(3)产品成熟期(做专精+铺面):多渠道+用户质量+稳定引流+持续见效。

不管在哪个阶段,都需要牢记:(1)效果第一。不是使用渠道越多,引流的效果就越好。因此,要把精力放在有效的渠道上,通过数据分析,注重效果第一。(2)没收益不考虑品牌渠道。产品初期不需要考虑品牌广告,这样会无形增加成本。(3)把效果好的渠道挖到底。如果找到一个能带来不错的流量的引流渠道,就要深挖这个渠道,让它带来最大的价值。

## 二、搭建渠道

### (一)搭建用户体系

用户是渠道搭建的核心,也是灵魂。因而首要考虑获取足够量的用户才能确保渠道能被搭建起来。用户的获取可以总结为向内求和向外求两个路径(图7.4)。

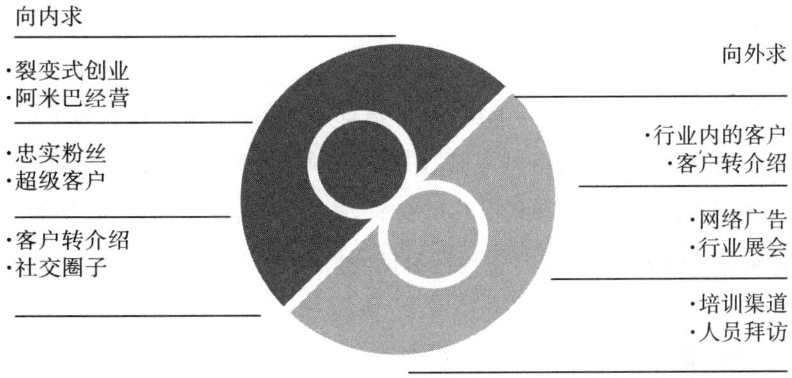


图7.4 用户获取路径

#### 1.向内求

向内求是通过公司内部运营来实现用户的增量。包括:(1)内部员工孵化:裂变式创业、阿米巴经营。员工对公司产品和项目有着足够的了解,因此可以通过裂变式创业的方式,给团队一笔启动资金,在公司内部成立独立核算的小组,把团队获得的部分利润给到团队,很大程度会激发团队的积极性,去调动一切可以调动的资源,吸纳并转化用户。(2)忠实粉丝、超级客户。除了内部员工,忠实粉丝、超级客户也是不错的人选,他们热爱产品,对公司有着比较深刻的了解,当设计出完整的渠道模式后,可以在现在的用户中开始一轮招募,帮助完善整个机制。(3)客户转介绍、社交圈子。客户转介绍也叫口碑式传播,大致可以分为两种:第一,终端客户转介绍终端消费者购买了产品,可以设计一个奖励措施,让他介绍他的朋友加入;第二,通过同学圈、朋友圈、合作伙伴等介绍其他朋友加入。

#### 2.向外求

向外求是通过公司外部运营来实现用户的增量。包括:(1)行业内的客户、客户转介绍。行业内的用户会对产品有更加清楚的认识,能减少很多解释成本,但需要重点突出项目本身的优势和差异化,因为行业内用户专业度较高,更关注项目自身优势和长远规划。(2)网络广告、行业展会。网络广告、行业展会是非常常规的一种用户体系搭建方式,通过增加宣传的方式,让更多感兴趣的人成为用户。(3)培训渠道、人员拜访。有时候在做招商的时候,也可以把目光放在行业内以及做过类似项目的客户身上,对他们做好定向邀约。这一类客户对行业和客户都非常熟悉,不仅有丰富的经验,还有稳定的用户群体。

### (二)完善运营模型

完善运营模型主要有以下几个指标:探索合适的单价,完成月人均销售目标,建立可复制的销售方法论,业务人员可复制,团队可复制、可预期。完善运营模型后就能为完成盈利模型提供保障:在渠道商收入和成本结构下可实现利润目标,且能有效服务好用户。对比渠道的投入,此时适合在预期目标内扩大规模。

## 三、渠道维护

渠道可持续发展是站在公司角度和渠道商角度,深刻了解和服务客户需求,为实现未来的增长和利润目标而做的充分的规划。渠道可持续发展也是围绕着产品和市场的竞争策略所做的一种销售实现手段。

渠道运营体系的搭建是一个仁者见仁、智者见智的过程。哪怕同样的用户、类似的业务,但因具备不同的能力,渠道设计就会不一样,甚至同一家企业不同阶段因不同的目标,渠道的体系搭建也会相应调整变化。因此,只有未雨绸缪,在产品的发展期不仅考虑渠道的挖掘和建立,也充分重视渠道的维护,才能让产品保持长久的销售力。

## 知识回顾

渠道运营就是通过媒体平台(微博平台、微信平台、直播平台等),以引流为主要目的的新媒体运营方式,其目标是花最少的钱引来最高质量的流量(用户)。渠道运营主要包含搜索引擎和信息流广告、媒体推广、社交推广、资源置换、第三方电子市场等几个分类。通过选择渠道、搭建渠道和渠道维护来完成整个运营。

## 思考题

1. 什么是新媒体渠道运营,它具备什么优势?
2. 目前最常用的渠道运营平台有哪些? 各自有什么特点?
3. 一个处在初期的产品应该选择什么运营渠道? 如何搭建渠道运营体系?

# 第八章　新媒体渠道运营(中)

## 知识目标

1. 电子商务,微博、微信和社群运营的概念。
2. 电子商务,微博、微信和社群运营的基本方法和流程。

## 能力目标

1. 了解电子商务,微博、微信和社群运营的实际意义。
2. 熟悉电子商务,微博、微信和社群运营的方法,并能实际运用。

## 思维导图

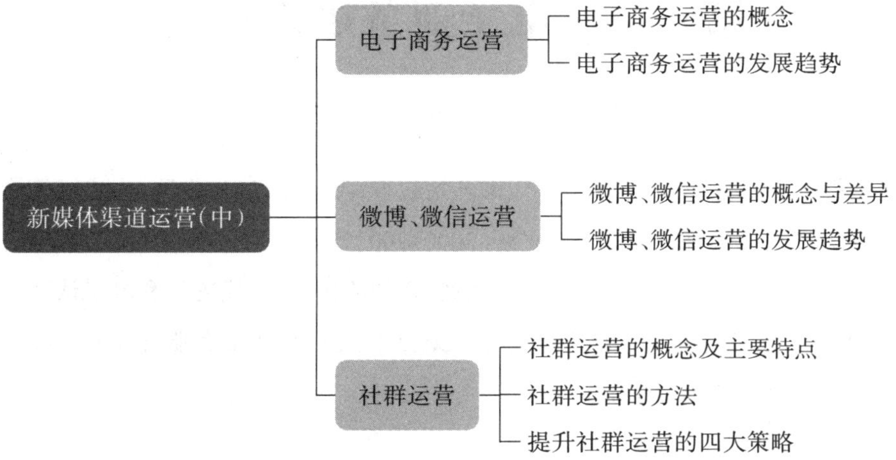

## @ 案例导入

五芳斋的渠道运营

又逢一年的端午节，凭着高信誉、好品牌，五芳斋在2021年卖出四亿个粽子，营业额超过二十亿元。作为粽子界的百年老字号品牌，在中国粽子界中妥妥为首屈一指的领导者。作为受节气影响巨大的商品——粽子，仅靠端午节的营收，即使行业龙头也难以支撑下去。加上2020年疫情影响，五芳斋营收24.21亿元，同比下降3.44%，而2019年的销量相比起2018年也从4亿个下降到3.65亿个。169家直营店中，有近100家的利润都为负数，有着不同程度的亏损。因而五芳斋也做糕点、月饼、汤圆、咸蛋、八宝粥等产品，并开始向餐饮领域拓展，但都没有获得预期的效果。拓展领域不是一件容易的事，五芳斋却从未放弃，借助着新媒体环境建立了全渠道运营模式，才使五芳斋的市场占有率遥遥领先。

五芳斋一方面在天猫、京东开设“五芳斋”直营店进行直接销售；另一方面，通过线上经销商、电子商务平台的自营平台进行销售，覆盖了天猫、京东、抖音等各大电商平台。同时，五芳斋不断加强与知名IP跨界的合作，与迪士尼合作，并推出多款联名产品，包括迪士尼和漫威系列礼盒，通过微博、微信等平台，利用网红、博主、UP主等打开固有客户群，增加品牌曝光量。

# 第一节　电子商务运营

我国第一批电子商务于20世纪90年代末开始起步，阿里巴巴、易趣网、当当网等诸多知名电子商务网站先后涌现出来。在经历2000~2002年的互联网寒冬后，2003年出现了快速复苏回暖。随后经过十几年的迅猛发展，在物流快递、在线支付和电子认证等服务业发展推动下，电子商务服务业快速发展。2020年，全年电子商务服务业营业收入达5.45万亿元，同比增长22%(图8.1)。

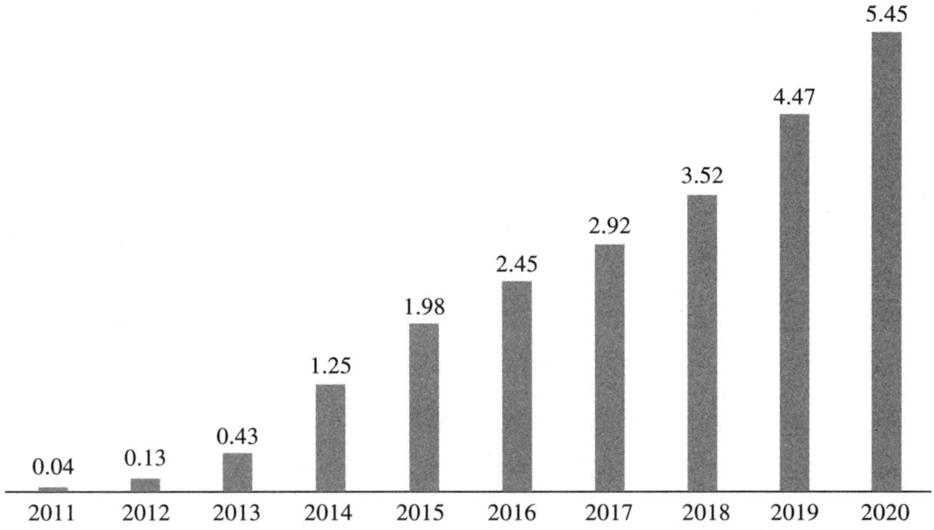


图8.1 2011~2020年中国电子商务营业收入(单位:万亿元)[①]

## 一、电子商务运营的概念

电子商务平台是一个为企业或个人提供网上交易洽谈的平台。企业电子商务平台是建立在因特网上进行商务活动的虚拟网络空间和保障商务顺利运营的管理环境;是协调、整合信息流、货物流、资金流有序、关联、高效流动的重要场所[②]。电子商务运营(Electronic Commerce Operation,ECO)是基于浏览器/服务器应用方式,买卖双方不谋面地进行各种商贸活动,实现消费者的网上购物、商户之间的网上交易和在线电子支付,以及各种商务活动、交易活动、金融活动和相关的综合服务活动的一种新型的商业运营模式。电商的形式的很多,主要有C2C(Customer To Customer)、B2C(Business To Customer)、B2B(Business To Business)、O2O(Online To Offline)等。C2C,指消费者与消费者之间的电子商务平台,如淘宝等;B2C,指商家对消费者的电子商务平台,如天猫、京东等;B2B,指商家(泛指企业)对商家的电子商务平台,如阿里巴巴等;O2O,指将线下的商务机会与互联网结合,让互联网成为线下交易的电子商务平台,如美团网、饿了吗等。

① 前瞻产业研究院.2021年中国电子商务服务业发展现状及市场规模分析 行业保持良好发展势头[EB/OL].(2021-12-27)[2022-10-21].https://www.qianzhan.com/analyst/detail/220/211021-b1930a8f.html.

② 中国建筑信息编辑部.为完全互联的建筑业打造电子商务平台[J].中国建筑信息.2014(12):8-9.

## 二、电子商务运营的发展趋势

历经20年的发展，电子商务已经成为与人们日常生活息息相关的便捷工具。对电子商务整个行业而言，也发生着重要的变化。

### （一）电子商务平台变化

电商的运营和发展离不开电商平台发展，目前而言，电商平台出现两个趋势：一是行业巨头在不断整合。互联网的“独角兽”是一种典型的强者更强、弱者更弱的现象，电商巨头不断在辐射行业的上游来实现更多的布局，抢占行业的风口，不断整合与合并。二是垂直电商受宠。在行业不断整合的过程中，垂直类的、更有特点、定位清晰的新型电商越来越受到行业的青睐。在“独角兽”压力之下，电商垂直化的道路为电商行业的生存和消费者的多元选择提供了有效路径。

### （二）用户变化

用户是电商发展的根本，特别是电商在运营的过程中把握住用户变化的趋势，提前布局，更能提前进入蓝海。随着中国电商的进一步普及和发展，电商用户逐渐从一二线城市走向三四线城市甚至农村市场。中国互联网络信息中心（CNNIC）第50次调查显示，截至2022年6月，我国农村网民规模为2.93亿，占网民整体的27.9%；城镇网民规模为7.58亿，占网民整体的72.1%，较2021年12月增长1 039万①。用户下沉的时代已经到来，在具体的电商运营过程中，一二线城市用户和三四线城市用户在电商的需求、使用等习惯上一定有差异性的表现，需要有针对性地调整。

### （三）新技术的驱动和消费场景的升级

从“VR（Virtual Reality，虚拟现实技术）Buy+”购物开始，电子商务就已经踏上了利用新技术来提升用户体验，从而驱动电商进一步发展的征程。不管是黑科技还是VR、AR等各种新技术，都是给消费者体验升级、带来消费参与感的重要方式。

---

① 中国互联网络信息中心．第50次《中国互联网络发展状况统计报告》[R/OL].(2022-08-31)[2022-12-17].http://cnnic.cn/n4/2022/0916/c38-10594.html.

### (四)内容当道和电商社交的发展

电子商务发展的一端是移动化,另外一端就是社交化。社交发展的过程中,不仅仅是常规的电商点评和电商体验的分享,社交发展还促进了更多内容模式的火爆。"网红经济"就是一个重要的体现。和传统电商的买流量比起来,网红电商更能创造流量。电子商务运营不再是孤立的运营体系,而是整个新媒体体系的贯通。合理地使用新媒体运营的各个平台、各种方式,都能够为电子商务运营赋能,从而在电子商务运营的红海中走出一条崭新的大道。

案例:五芳斋的无人智慧餐厅

# 第二节　微博、微信运营

微博是指一种基于用户关系信息分享、传播以及获取的通过关注机制分享简短实时信息的广播式的社交媒体、网络平台。微博平台是2009年出现的,2018年8月8日,微博获金运奖年度最佳效果运营奖。微信是腾讯公司于2011年1月21日推出的一个为智能终端提供即时通信服务的免费应用程序。

## 一、微博、微信运营的概念与差异

微博运营从执行方式来讲,即以微博平台用户为潜在营销对象,企业品牌或个体形象通过持续更新自己的微博内容来传播品牌信息、产品信息,或发布、参与可能引起潜在客户兴趣的话题,借由持续的内容创意和组合表现形式与用户互动,吸引关注,提升影响,塑造形象。微信运营一般是指,个人或者组织通过微信的各种功能和产品的使用和运营(包括个人微信、公众号等微信产品),达成与用户沟通、服务、销售等目的。微信运营和微博运营有着明显的区别。

### (一)用户属性差异

微博和微信都是主流的新媒体,都具备大量的用户,在用户的群体划分上,没有特别典型的区别。但在使用目的上，微信偏向工具，主要用于实时人际沟通，而微博更多的是用于了解新闻热点。同时，在用户接收信息的过程中，微博具有“干预”机制，用户引导性较强。而微信却根据消费者自主选择，在内容上没有任何干预。

### （二）传播者差异

用户认证上，微博是广泛的，无论个人、组织还是企业，都可以得到认证，成为大号，因而微博上大量的明星、名人的大V非常活跃。但微信只支持企业、政府等组织的认证，所以极少有明星和名人的公众号，即使有，也是以名人为标签的知识和内容为代表的信息类公众号存在。

### （三）传播方式差异

微博的发布频次不受限制，虽然内容上有短小直接的倾向性要求，但因不限制外链，所以内容的组合上非常丰富，可以图文组合，可以文字加视频，也可以文字加链接等等。微信在发布频次上受到限制，同时在内容上，更多的是以图文或者文字加视频的方式为主。同时，微信对内容管理非常严格，并有明确的禁止内容说明和举报惩罚机制。

### （四）传播效果差异

微博和微信都有大量的促进互动和传播的机制，常规的社会化媒体的转评赞功能都存在。但微信只显示阅读数，隐藏转发量。微博显示转发量，隐藏阅读数。

以上四个维度，只是从功能上来看微博和微信的区别，如果归纳起来从更深度的角度来看，微博是社交媒体平台，微信是社交沟通平台。微博的属性更偏重在媒体，是一个媒体社交化的工具，是用户基于自己的兴趣建立的相互之间的链接。但这种链接是一种弱关系的链接。所以在这种链接上，相互之间的传播是不对等的，是单向的传播，即一个主体发布信息，多数人员围观。但这种传播是公开的，所以传播的速度和广度非常的快和大。微信的属性更偏重在社交上，是一个社交沟通的工具，基于相互之间的关系而建立的链接，这种链接是一种强关系的链接。所以在这种链接上，相互之间的传播是对等的，能相互交流和分享信息，信息的渗透力非常的强。基于以上的区别，微博运营的核心在于广传播、浅社交，重在更加高效地把信息传递出去，让粉丝有兴趣地关联。

## 二、微博、微信运营的发展趋势

微博、微信运营的重要性和复杂性是并存的。在遵循营销和传播的基本原则和方法论的基础上,如何最大化运用微博所具备的扁平快和微信强链接的特点,将最直击目标客户群兴趣点的内容用最合适的呈现方式、最合适的传播节奏、最有效的渠道组合精准传达,真正做到将最合适的内容传达给最适合的用户,将效果最大化,对企业品牌或产品运营来说,是值得深入研究和持续优化的。

### (一)注重平台差异化特征,发挥粉丝经济和关系经济力量

微博是社会化运营的重要阵地,其特点是一个开放的平台,是将陌生人引入并转化为粉丝的最好平台。因而,可以通过微博平台完成:(1)挖掘粉丝关注热点,进而再有针对性地进行内容推荐;(2)结合社会热点事件,与产品定位和核心关联,利用时事造势营销;(3)通过开放私信和评论与粉丝互动,弱化产品与用户之间的界限,加强产品与用户积极互动;(4)定期举行热点话题的讨论,如抽奖、转发(转发粉丝的文章或请求微博上的大号帮忙转发自己的博文)、互动(转发行业大号的个人观点或者用软文方式替其宣传)、话题(抛出有争议的话题、激荡几方观点)、投票、分享资料等运营活动。

微信是关系平台,注重服务、社交、沟通、商务等多种特征,因而微信更适合于情感型的关系维护和支持,包括:(1)高质量内容推送,引起用户好友圈转发;(2)以利用用户的空余时间为出发点,开发各种有趣味功能的小游戏和小程序;(3)定期举行热点话题的讨论、福利转发、献爱心活动等。

### (二)微博、微信联动,从单打独斗到整合发展

案例:五芳斋微博运营

微信和微博的运营组合,是内容传播深度和广度的组合。微博因其功能和平台的特性适合做有广度、快速的短内容。在运营的过程中,不管是个人还是组织,单一的内容形式都是不合适的,一定需要长内容和短内容组合来使用。涉及公开信息属性的内容,就需要快速传播,运用微博比较合适。涉及黏合属性的内容,就需要深度剖析,微信运营。因涉及的运营方法也不一样,大多数时候微信和微博之间不是二者选其一的关系,应该采用组合的方式,相互补充才能达成更好的营销或者传播目标。例如,可以运用微博公开、大号推荐的粉丝特征,拉身边人带动关注微信,然后通过微信进行深入互

动，与粉丝建立情感关系，将冰冷的粉丝关注转化为有温度的情感关系，提升粉丝的黏性和转化率。

# 第三节　社群运营

## 一、社群运营的概念及主要特点

社群是有共同属性（如爱好）的人的集合。社群运营就是指通过运营手段（如交流、分享），使这些人活跃起来，使他们与自己的产品有持续、多频的联系。通过兴趣和内容的交互，将物理的属性（互联网）和用户的精神层面（归属感、集体感、荣誉感）联系起来。

### （一）社群运营的核心条件

从社群概念的角度来看，社群运营必须满足三个必要的条件：(1)内容用户引入社群的前提条件，这是建立社群的根本。只有拥有长期且稳定的内容价值，社群才能获得长期运营的潜力。一个优质的社群不是什么事情都做，不是什么内容都分享，更不是毫无章法的机制，建立一个社群要有清晰的目标才能保障内容的准确。只有确定清晰的目标，才能判断内容存在意义及价值，方便运营者围绕目标组建更好的内容。(2)文化和互动的统一。社群运营的另一个关键在于与用户产生精神层面的联系。文化的打造就是保障这种联系的灵魂，而互动就是建立文化的必备手段。优秀的社群文化不仅能保障社群的活跃度，让大家有精神层面的归属，还能吸引更多的新鲜血液，从更长远的角度来保障社群的长期性。通过互动匹配文化，可以更加高效地建设社群文化。(3)机制和构架的统一。社群运营需要通过物质层面和精神层面的反馈来抓住用户，这两种反馈的达成需要机制作为保障，而机制的核心就是需要建立社群构架。例如，运营者可以制订好目标和规范，吸引核心用户参与运营的工作，获取用户的创意，从而提升核心用户对社群产品的忠诚度。这些对于产品运营来说是非常宝贵的资源。

## (二)社群运营的意义

社群运营出现比较早,但直到近几年,特别是随着微信社群的逐步兴起,企业主们才迅速认识到社群圈层带来的全新意义。其原因在于:其一,社群运营具有很多优势,如低投入高回报,精细化用户运营,高效沟通,增加用户黏性,形成品牌美誉度。其二,对于绝大多数企业来说,目前的运营困境是企业之间的竞争越来越激烈,流量获取成本越来越高,消费者越来越智能化,而传统的拉新、引流效果越来越差,硬广告无法打动消费者。消费者的需求在升级,消费的需求也在不断升级。社群运营无疑是打破这些运营困境的良方。

## (三)社群运营和社区运营的区别

社群运营和社区运营在某种角度来看是具备同样意义的,比如都是以互联网工具为核心,同样以信息沟通、分享交流为主要目的。但是从运营范围和运营方式的角度来看,两者又有着明显的区别。

### 1.两者使用的工具不同

社群运营一般使用的是社会化平台中组建群组的功能,而社区运营一般使用的是一个整合型的社区网站或者社会化平台。

### 2.两者的建设灵活度不同

一般情况下,社群运营中任何人都可以随时组建、随时取消;而社区运营相对比较复杂,需要成熟的互联网运营团队组建,进行从服务器到技术到产品的整体的维护。

### 3.两者的内容呈现方式不同

社群运营一般内容属于相互交流状态,而且常规搜索引擎如百度等不可抓取。而社区运营的内容呈现出固定页面的特点,常规搜索引擎可抓取。

### 4.两者的用户关系不同

社群运营组建时,组建的目的和目标中一般就已经存在基本的用户关系,而社区运营则是用户围绕产生的内容而产生的一系列新的社交关系。

在实际的运营工作中,不少运营者无法区分社群和社区运营,忽略了社群运营的核心条件,陷入更多的误区:(1)不明确目标随意建设群,把群建设成聊天群、销售群;(2)

建群的过程中容易多建而不是重点建设，分散精力；(3)只建不管，导致群初期活跃，后期逐步不活跃；(4)毫无章法管理群，线上线下活动缺失，从而无法生产社群价值。要做好社群运营，不陷入误区，需要从人群机制、维护机制、管理机制、变现机制四个角度不断优化，才能实现社群运营的真正目标。

## 二、社群运营的方法

做好社群运营一定要搞清楚运营的目的是什么，而不是稀里糊涂拉几百个微信群，圈几万个“僵尸粉”。因此，需要了解社群运营的具体方法。

### (一)搭建平台，完善群规

社群平台有很多，作为产品运营者，想要面面俱到，很容易就会造成短板效应——一旦一个社群平台运营不佳，会严重影响其他社群平台的影响力。因此，产品运营者在创建社群前期，要分析品牌特点、粉丝特点及目标用户群体，找到社群平台的主战场。包括：

**1.了解社群的类型**

新媒体时代，基于不同的动机、需求自主创建或自发形成的社群越来越多。作为产品运营者，必须要明确社群主要有哪些类型。常见的社群类型有兴趣型、产品型、品牌型和知识型四种。例如，星巴克社群就是一种品牌型社群。当产品型社群发展到一定程度时，用户群体会对产品产生信任和情感，热衷于产品，这样很容易形成社群品牌(图8.2)。

**2.社群平台的选择**

社群运营不是简单地运营一个微信群。在当前互联网主流趋势下，适合社群运营的平台越来越多，主要有QQ、微信、微博、百度贴吧、知乎、豆瓣等。每一种平台都有自己的特色，因而运营者在创建社群之初，应该先分析社群的目标群体，然后再选择一个适合自己的社群平台，才能创建一个更精准的社群。

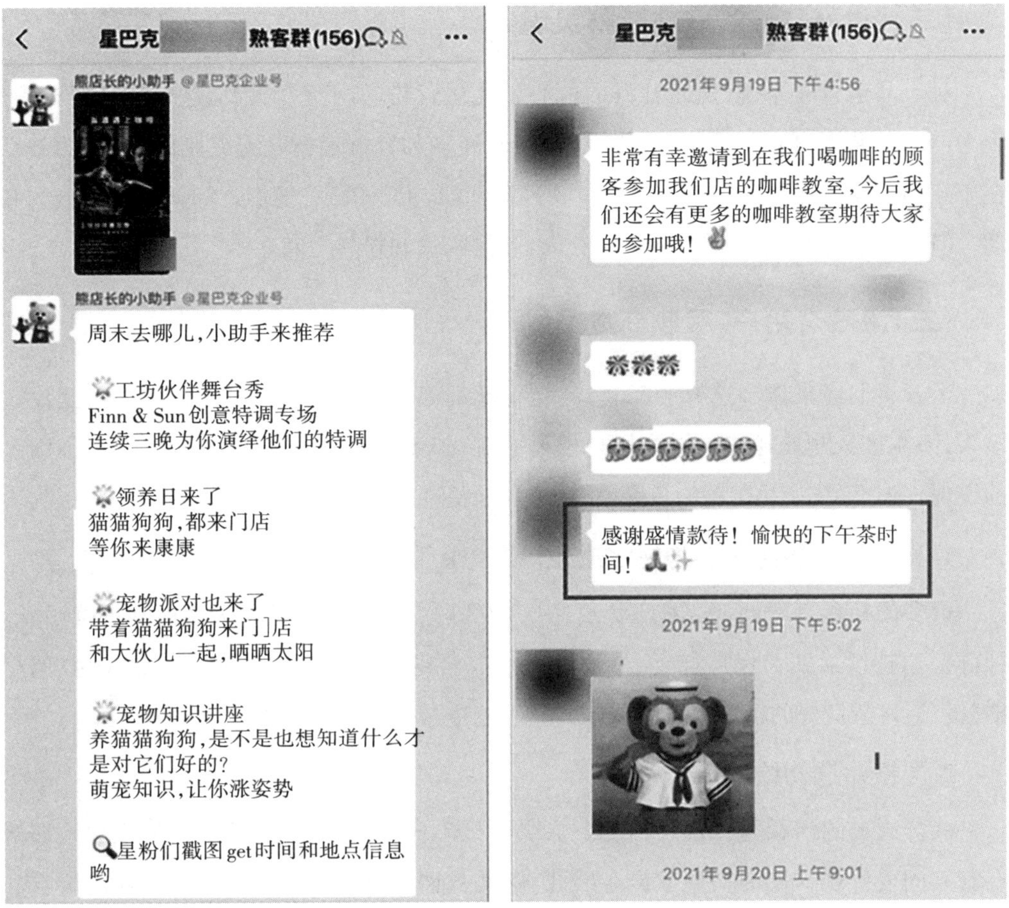


图8.2　星巴克社群[①]

### 3.聚拢粉丝并建立群规则

运营初期,运营者需要在各大论坛、微博挖掘核心种子用户,之后再通过微信等更多平台来增加用户,等达到一定数量,号召用户加入自己的群。然后,为打造一个成熟的群,就需要建立群规则,包括:明确群规、明确主题、定位人群、组织活动。建立社群后,才会有产品运营的发言权,进而策划高质量的活动,搭建完善的社群管理团队,让核心用户参与进来,制订长期有效的社群发展规划以及完善的群规,搭建平台,整合资源优势进行产品推广。

① 郭晓爽.星巴克的社群,凭什么让用户"上瘾"[EB/OL].(2021-11-16)[2022-12-14].https://zhuanlan.zhihu.com/p/433987289.

### (二)“讨好”粉丝，守住社群灵魂

案例：小米社群

对产品运营者来说，运营社群的核心就是运营粉丝。但事实上，这句话是不对的。因为产品运营者真正玩的是社群经济。粉丝经济和社群运营是有差别的，最大的差别在于互动交流。在粉丝经济下，粉丝与明星之间是上下关系，他们之间很少有直接的互动。但社群运营不同，它没有明星的介入，就是粉丝和粉丝之间互动。

### (三)激活老用户，吸收新成员

运营者们经常遇到这样的问题：起初粉丝都很热情，一起讨论一起交流，可是没过多久，潜水的人越来越多。有些用户想要交流，却无人回应。其实，这就是社群不活跃的表现。那么，从产品运营的角度来讲，该如何提高社群的活跃度呢？

#### 1. 利用社群功能和人为规定避免“僵尸粉”的出现

很多的社群刚建群都存在三天必“死”的问题，也就是说，社群无法做到持续活跃。社群要想持续活跃和保持稳定，必须利用社群自身的功能和人为规定避免成为“僵尸群”，包括营造良好的氛围、建立规范的制度、创造共同目标和话题。

#### 2. 严格筛选初始成员

社群成员的活跃与否很大程度上取决于核心成员的带动，而核心成员往往是那群有着共同爱好和认同的初始成员。因此，筛选初期成员要建立在了解社群的连接点和特点的基础上，对这批人严格筛选，争取到第一批种子用户，而不是先找到一群人（只看量的行为），之后再花费时间精力培养。

#### 3. 建立强大和富有责任心的社群管理团队

一个活跃的价值高的社群，肯定离不开持续的运营。在这个过程中，背后往往有一批强大和富有责任心的管理团队在支撑，包括一个强大的核心领袖，也包括富有责任心的助手团队。管理团队需要对核心用户进行特殊关注：每天发布早安问候、定期发布课程消息等，与成员间保持最有效的连接。

#### 4. 合理安排优质的活动

一个社群想要保持足够高的活跃度，离不开活动。社群活动可以充分调动大家的积极性，增强成员的参与感。例如，为核心成员和意见领袖每周安排一次线下茶会，邀

请群内成员分享自己的经验和智慧,可以在很大程度上增强群内成员的活跃度。

## (四)社群变现,让社群活下去

对产品运营者来说,运营社群是一个很实际的问题,毕竟没有谁愿意费那么大精力运营社群而不追求回报。换句话说,不产生变现的社群无法长久维持下去。变现也是社群运营乃至产品运营恒久不变的目标。包括:

### 1.产品变现

就是直接以产品为导向,在社群中通过对产品信息的不断更新来变现。典型的案例是秋叶老师的社群(图8.3),他通过不断开发新课程并在社群中发布,来产生直接回报,因为这些PPT课程就是他的产品。这种方式也是社群运营最直接的变现方式。

图8.3　秋叶老师教程社群截图[①]

### 2.会员变现

会员变现是很多社群尤其是微信群、QQ群通用的变现方式,通过直接收取会员费达到变现的目的。例如得到社群,就需要缴纳会费才能成为会员,成为会员之后可以获得更多高效优质的“干货”课程,或者福利待遇。这些社群往往对会员数量有限制,利用“稀缺原理”吸引更多想要加入的高级会员。使用会员变现的前提是社群有过硬的实力、有知名大咖坐镇和真正有实力的内部资源。否则,只能事倍功半,甚至会让社群“死”得更快。

① 后宫猫三千.深度剖析:秋叶社群运营案例[EB/OL].[2018-12-27][2022-12-14].https://zhuanlan.zhihu.com/p/53442068.

案例：小米活动

### 3.电商变现

电商变现是指通过销售商品实现变现。这种方式与产品变现的方式有些类似，但是重点在于打造和渲染线上店铺。

## 三、提升社群运营的四大策略

社群运营不是一个简单的问题，而是一个完整的体系。要想令社群运营达到预期的效果，提升运营能力，可以通过下述四种机制来实现。

### （一）金字塔黄金准则的人群策略

社群是由用户组成的群体，作为社会化媒体中的一个环节，社群必须要实现打通用户这个环节。而且社群相对于其他社会化媒体而言，是松散的联盟性质，用户退出的成本非常低。所以在社群内部，需要有更加合理的人员结构自治机制，才能保障社群的基本运营。一个常规的社群往往包含创建者、管理者、活跃者、拓展者、参与者以及付费者。在这个关系中，如果运用金字塔的黄金结构来进行人员的管理，这个金字塔结构就分为三个层次，最高层的一定是创建者和管理者，中间层一般是指活跃者和拓展者，下层一般是参与者与付费者(图8.4)。

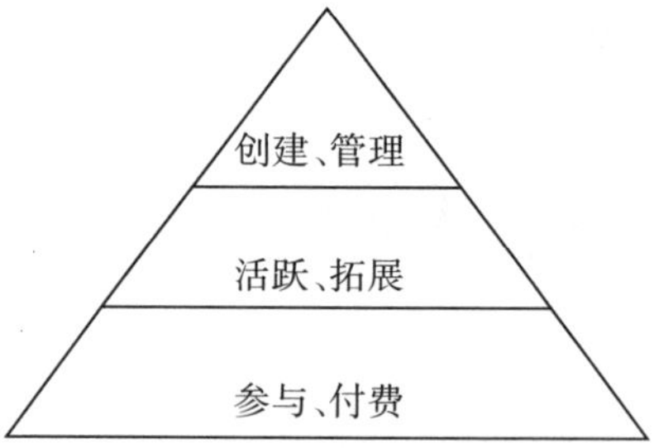


图8.4　金字塔管理结构

创建者和管理者作为最高层，起到积极主动负责和管理社群的作用。这层设定人数少，需要他们严格履行自身的职责，且保持意见和方向统一。活跃者和拓展者对保障社群基本的活跃度有着积极的作用，能提升用户的互动性。参与者与付费者是大多数人群，保障整个群的参与量与未来的发展潜力。社群的整个金字塔结构最核心的理念就是，用上端用户不断地影响下端用户，从而在圈层效应下实现更灵活的管理和最高效

的发展。为了确保整个金字塔结构的完善,需要建立有效的应对机制,对入群人员进行有效管理。包括:

### 1.属性限制机制

这种方式属于半封闭性质的社群,同时又属于社会性质非常明确的社群。比如,以同事、同学为属性的社群,这种群相对会比较简单,管理也比较轻松,是明显熟人社交的一种。

### 2.邀请机制

邀请机制相对而言是开放式社群中门槛较低的方式之一,同时也是圈层效应最明显的方式之一。邀请者和被邀请者之间一般都是比较熟悉的关系,相对来说会更加了解对方与社群人员、风格、氛围、内容等各个方面是否匹配。这样的入群方式,基本能保障所有的入群人员在某个层面的属性是一致性的,能迅速地促进整个社群的活跃和相互之间的沟通交流。

### 3.任务机制

这个任务可以是实际的任务,比如经过管理员验证完成了某项工作,或者是虚拟的任务。这种任务机制相对门槛会稍微高一点,如果是需要建设大量的社群,这种方法就会限制人员的扩充。但是如果要提升至更高的质量,那么这种建设方法无疑是比较好的方式。任务机制一方面可以通过真正的筛选来挑选人员,因为即使是邀请机制,也很难确保真实的人员属性一致性,但是任务机制通过完成任务就比较容易识别。另一方面用户通过完成任务后才能加入社群,这样通过自身的努力而获得的结果一般都会更加珍惜,用户的黏度也会比较大。

### 4.阶梯机制

这种机制其实是一种筛选的方法,比较适合人数众多的社群及有专职工作人员的社群管理。一个社群最有价值的用户,一定是在实际的社群运营中表现突出的用户,这种用户相对于邀请机制或者任务机制而言,并不是每一个属性一致的用户到了同一个社群中都能表现出自身的价值。那么有价值的用户就应该更加高效地管理。所以产生了这种阶梯筛选方法。阶梯筛选法是指设置各种阶梯的社群。初级社群不做限制,任何人员都可以加入。在初级社群中表现突出的用户可以加入中级社群。中级社群的用户在此过程中表现出更大的价值,则可以加入高级社群。这种多个社群之间的关系,其实也是吻合金字塔黄金准则的。

## （二）28法则的运营维护策略

在一个社群中，活跃的用户毕竟是少数，但这些活跃用户的贡献却占了大头。这就是所谓的28法则。在28法则的指引下，我们更应该清晰地找到重点，要把服务的重点放在那20%的活跃用户身上，这样才能引导整个社群的良性循环。只有把核心用户运营好，整个社群才能真正有价值。

### 1.强化线上线下互动

社群是一个获得价值、分享知识信息利益的社会化群体，如果长期处于一个分散的管理状态，那么整个群的活跃度会越来越低，对用户的吸引力也会越来越低。所以需要通过一系列的活动来活跃用户，加强交流，分享信息，互通有无。活动是实现社群各种目标的有效方式之一。运用好社群的活动，能让社群运营事半功倍。但是，所有的活动都需要有明确的目标和高效的组织策划，才能真正地保障互动活动对社群的价值，不然一场失败的线下活动或者是不成功的线上活动，都会适得其反，把社群的用户从社群推开。

### 2.建立文化体系

一个社群如果需要长期而稳定的发展，必须有良好的文化体系作为整体的支撑。当一个社群比较小的时候，依靠建设者和管理者的个人影响力，容易建立成为以个人IP为核心的社群文化，但是当一个社群逐步变大，有了更多的活跃者、更多的意见领袖的时候，社群的组织构架发生变化，如果没有相应的社群文化体系的匹配，这个社群的发展就会发生偏移，而且无法满足各个群体的需求。一个社群的文化是社群真正的灵魂。

### 3.构建社群公约

如果说社群价值观是社群行为的指导思想，那么社群公约则是社群的基本“宪法”。价值观是虚无缥缈的，需要用公约的形式才能落地。社群的公约能够让社群的用户对核心的问题最迅速地达成一致，并且成为后续活动的行为纲领。社群的公约不在多，而在于精，不然社群公约就变成了社群的制度。社群的基本制度是社群日常管理过程中的规范，而公约是社群日常管理制度的纲领。公约一方面是价值观的具体呈现，要呼应价值观，另一方面要解决的是社群组建的基本问题，对基本原则性问题进行整体的约束和规范。

### (三)良币驱逐劣币的运营管理策略

在社群的目标、价值观、公约的基本建立下,一个优秀的社群,必须要有更加科学高效的运营管理机制。这种管理机制的核心就是良币驱逐劣币。在社群运营的过程中,最担心的问题就是劣币驱逐良币,因为劣币的进入或劣币的影响会导致良币失去在社群中的价值,从而毁掉整个社群长期建设性。

#### 1.发言机制

因为社群的互联网工具的特性,决定了每一个用户的发言都会造成刷屏的效应,社群用户无法像BBS一样,只选择关注和查看自己感兴趣的用户。如果每一个社群的用户都发布自己想发布的内容,如果社群里充满了广告和各种灌水,那么一定会造成劣币驱逐良币,导致越来越多的广告和灌水出现,导致越来越多的用户不愿意去发言,甚至群内的内容对自己的日常造成信息的干扰和骚扰。发言机制应包括灌水指引、广告甄别和细节把控等。

#### 2.奖惩机制

奖惩机制是对一切运营机制保障的根本机制,如果没有奖惩机制,那么一切目标则无法达成,一切制度也无法落地。在社群运营的过程中,需要制定有针对性的奖惩机制,才能激励对社群有贡献的用户,也才能对违反社群规范、对社群价值观有违反的行为和用户有警示作用,最终达成社群运营的良性循环。需要注意:社群奖励要及时、社群惩罚要执行。

### (四)利益共生变现策略

一个长期而稳定发展的社群,特别是商业社群,一定要实现利益的变现。利益的获得、分享和变现才是社群发展的基础。这种利益的变现有两种理解,一种是狭义利益。建立一个商业的社群,管理者通过社群的运营来实现收入。另一种是广义利益。社群用户之间通过社群的规则相互获得利益的分享和变现。

#### 1.广告变现

在各种新媒体变现过程中,广告变现是一种很重要的方式,但广告变现的前提就是拥有大量的用户,在大量用户的基础上才能有大量的曝光、点击、互动等一系列对广告主有价值的广告行为。社群在运营的过程中,也有广告变现的意义和价值,但是一般的社群不具备大规模广告效应的产生条件，而是由更加细致的变现方式，比如品牌活动等来实现变现。同时，社群的运营工具或者平台，都是其他公司所拥有的，比如腾讯的QQ和微信，在社群内的常规投放的权利也不属于社群运营者，故在这里不做关于常规广告价值变现的重点讨论。

所以社群的广告变现，一般是指通过广告的信息传递价值来实现收入。这种方式一般都是通过管理者发布广告信息，让社群会员使用该信息从而获得广告收入。比如，建立一个同城自驾游的群，那么发布周边景区的团购广告，从而获得周边景区的大客户折扣的差价收入，就是一种广告变现的方式。又比如，建立一个母婴群，那么通过海外代购的广告信息，让母婴用户买单，也是一种变现行为。

**2.会员变现**

不同的社群，在会员管理方面都有不同的门槛。如果是对会员极具商业价值或信息价值的社群，那么会员收入就是该社群需要考虑的重要收入之一。比如罗辑思维，普通会员收费800元，铁杆会员1 200元，就是典型的会员收费的例子。会员收费并不是每一个社群都适用，大部分的社群都是以交互和分享常规信息为主的社群。如果管理者在信息内容等方面没有绝对的价值，那么会员变现可能反而不利于社群的成长和管理。罗辑思维之所以能够实现会员变现，首先有罗振宇本身的名人影响力和IP号召力，同时罗辑思维给会员提供了极具价值的内容服务，所以最终在会员变现上获得了极大的价值反馈。

**3.电商变现**

电商变现，并不是在社群中根据会员的需要发送一个电商链接组织用户来购买，这种变现方式依然是以传统的广告信息推送为主，为社群提供广告服务。社群的电商变现更多的应该是以微商为体系的电商新形态。在微商的形态中，社群起到的是一个微商体系内部的管理工具作用，通过对微商的产品培训、政策梳理等来实现信息的分享，同时对微商的各个经销商进行基础的管理。在这个体系内，社群是微商的服务工具之一，社群本身就是为这种微商服务而建立的，所以在这种体系下，社群的电商变现会更容易。

**4.利益共同体变现**

社群的变现核心是因为社群掌握了用户，用户又具备不同的需求，如果能精准找到用户需求,那么变现则是一件简单的事情。如果需求找得不精准,那么变现则困难重重。

广告也好,电商也罢,都是在找社群用户的需求,从而实现变现。但这些变现都是属于直接变现的手段,相对比较简单,而且不稳定。比如一个社群天天发广告,那么社群就会逐步沦为广告群,毫无价值,但是偶尔发一个广告,即使10%的用户购买,社群管理者也可以在项目上抽成。所以在社群变现的过程中,有更高级的形式,即利益共同体形式。但高级也意味着可使用的范围比较窄。

利益共同体要求社群内的用户有更加一致的圈层、更加一致的价值观,然后通过众筹、投资等方式实现社群的用户共同利益。这种方式的好处就是,变现的过程稳定而长期,并且变现收益会比较高,但存在的问题就是可使用的范围比较小。

案例:媒老板运营活动

## 知识回顾

电子商务、微博和微信、社群等平台,是目前比较流行的运营渠道。每个运营平台都有自己的特色。商家想要获得较佳的运营效果,需要清楚了解各个渠道的特点,明确产品所处的阶段,挑选合适的渠道进行探索,寻得一到两个最佳渠道进行深入挖掘和维护,逐步强化并使其得到充分的应用。

## 思考题

1. 什么是电子商务、微博和微信、社群运营?它们各自具备什么优势?

2. 一个新产品在运营初期应该首选什么渠道?在随后的运营进阶中应该如何搭建运营渠道体系?

3. 什么类型的产品适合用社群运营?

# 第九章　新媒体渠道运营(下)

## 知识目标

1. 短视频、直播、IP运营的概念及意义。

2. 短视频、直播、IP运营的区别与应用。

## 能力目标

1. 了解什么是短视频、直播、IP运营。

2. 掌握短视频、直播、IP运营的路径和效果提升策略。

## 思维导图

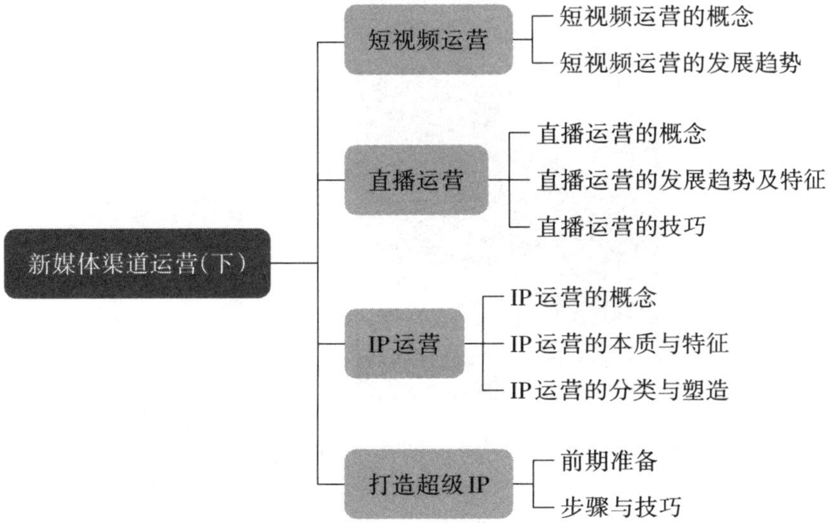

# 案例导入

随着2022年北京冬奥会开幕，吉祥物冰墩墩成为不折不扣的“顶流IP”。据财联社消息，2月4日晚，随着北京冬奥会开幕，超100万名网友涌入奥林匹克天猫官方旗舰店，冬奥吉祥物冰墩墩的许多周边产品几乎“秒空”①。在某二手平台上，一组冬奥吉祥物的价格接近700元，照比原价翻了近3倍。2月7日春节假期后股市开盘第一天，元隆雅图和文投控股这两家公司，因是冬奥会的特许生产商(参与到冰墩墩相关周边生产中)，股市价格开盘即涨停。随后，以王府井为代表的售卖冰墩墩周边的公司，企业股票也集体跟涨。究竟发生了什么让冰墩墩从2019年诞生时的无人问津到瞬间爆棚?

第一，冰墩墩具有极高的辨识度和丰富的玩法。“冰墩墩”是一只裹着冰晶外壳的大熊猫，其头盔创意原型来自我国传统美食冰糖葫芦和国家速滑馆的“冰丝带”，彩色光环代表着“五环”的五种颜色，体现了冬季冰雪运动和现代科技特点。同时，冰墩墩拥有多种形象和摆件、书签、明信片、笔记本、邮票、拉杆箱、相框、拼图、徽章等10余种周边，为其带来了多种玩法。例如，冰墩墩盲盒手办在小红书上被大量分享(图9.1)；获奖的运动员获得的“金墩墩”为冰墩墩赋予了特殊含义(图9.2)。

图9.1　小红书中分享的盲盒(小红书截图)

① 佚名."冰墩墩"从无人问津到一夜顶流到底经历了什么[EB/OL].(2022-02-11)[2022-02-15].https://new.qq.com/omn/20220211/20220211A09CNX00.html.

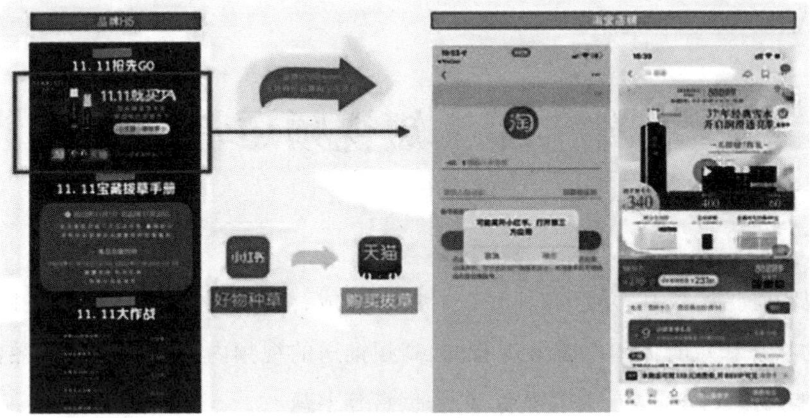


图9.2 人民日报官博话题(微博截图)

第二,官方宣传加社交媒体发酵。1月31日,在春晚冬奥特别节目中,作为吉祥物的冰墩墩、雪容融首次亮相。随后,"冰墩墩抖雪"在各类短视频平台疯狂刷屏,相关话题视频播放量达65.9亿次。2月9号人民日报官微发布"转发抽冰墩墩+雪容融"的抽奖活动得到了近101万次的转发,转发量约为平时的200倍以上。加上自媒体中的名人加持:日本记者辻冈义堂在报道中秀出自己的"6个冰墩墩徽章",并表示已经收集了100多个冰墩墩,全网累计观看或播放超过3亿人次;摩纳哥亲王也亲手制作了冰墩墩,相关的话题也登上热搜,阅读人数达到1.8亿人次。

第三,跨界联合,扩大IP的影响力。例如,肯德基推出的"买套餐赠送冰墩墩周边"的活动,推出即售空;伊利和冰墩墩联名,推出了冬奥主题款冰激凌"非常熊猫"(图9.3);冰墩墩将与光头强、大耳朵图图、齐天大圣等经典动画形象一起登上大电影《我们的冬奥》荧幕,该消息一经发出,相关话题阅读量达到9 172.3万。

图9.3 非常熊猫冰激凌(网络商城截图)

# 第一节　短视频运营

短视频是指用极其短暂的时间(2分钟内)完成,能在各种新媒体平台上播放的、适合在移动状态和短时休闲状态下观看的、高频推送的视频内容,内容丰富,融合了技能分享、幽默搞怪、社会热点、公益教育、广告创意等主题[①]。

## 一、短视频运营的概念

短视频运营属于新媒体运营体系下的一个分支,即利用短视频平台(抖音、快手、微视等)向客户广泛或者精准推送经过品牌策划的优质且具备高度传播力的短视频内容,从而充分利用粉丝经济,提高产品知名度,达到最佳营销目的。目前传播比较广泛的短视频平台有抖音、快手、西瓜视频、bilibili等,每个平台有着各自的特征和用户群(表9.1):

表9.1　目前较为流行的短视频平台

| 平台 | 所属系 | 用户属性 | 平台特色 | 日活用户 | 呈现方式 | 变现渠道 |
|---|---|---|---|---|---|---|
| 抖音 | 字节跳动 | 一二线城市的中产年轻、时尚女性居多 | 通过智能推荐算法,平衡流量、内容、用户、产品之间的关系,提升商业变现、内容生产、放大达人的能力 | 约4亿 | 竖屏为主,小视频 | 广告、电商、平台活动、流量分成、KOL和KOC[②] |
| 快手 | 百度、腾讯 | “老铁”文化;三四线城市群体 | 依托算法打通推荐和关注的协同关系,且更新速度非常快 | 约3亿 | 竖屏为主,小视频 | 广告、电商、平台活动、KOL、KOC |

① 邓竹.短视频策划、拍摄、制作与运营从入门到精通[M].北京:北京大学出版社,2021:2-3.

② KOL是Key Opinion Leader的简称,意思是关键意见领袖。它被视为一种比较新的营销手段,发挥了社交媒体在覆盖面和影响力方面的优势。KOC,英文全称为Key Opinion Consumer,即关键意见消费者,对应KOL。一般指能影响自己的朋友、粉丝,产生消费行为的消费者。相比于KOL,KOC的粉丝更少,影响力更小,优势是更垂直、更便宜。

续表

| 平台 | 所属系 | 用户属性 | 平台特色 | 日活用户 | 呈现方式 | 变现渠道 |
|---|---|---|---|---|---|---|
| 西瓜视频 | 字节跳动 | 一线、新一二线城市80后、90后群体用户为主 | 基于人工智能算法,为用户推荐适合的内容 | 约5 000万 | 横屏,短视频 | 电商、平台活动、流量分成、KOL、KOC |
| bilibili | bilibili | 以90后、00后为主力的二次元文化垂直类群体 | 聚合泛二次元文化社区,领先的年轻人文化社区类视频 | 约3 800万 | 横屏,短视频 | 平台活动、KOL |
| 微视 | 腾讯系 | 大学生群体;职场新人;小白领群体为主 | 基于影像的社交平台,功能丰富容易上手 | 不详 | 竖屏为主,小视频 | 平台活动、KOL |

## 二、短视频运营的发展趋势

2011年3月快手成立GIF分享平台,2012年11月快手从纯粹的GIF工具应用转型为短视频社区,意味着短视频平台正式诞生。2013年8月,炫一下科技靠着新浪微博手机客户端,迅速吸引千万级用户量,正式开启了短视频时代。2014年之后,大批移动短视频应用密集面世,小咖秀、小影开拓了个性化工具短视频方向;微视、美拍和秒拍先后发起了“春节拜年”“全民社会摇”以及“冰桶挑战”三大著名战役,将短视频市场推到了一个新的高度。2016年9月,抖音上线,2018年短视频行业形成井喷之势。短视频已成为大部分人日常生活的一部分。艾媒咨询数据显示,中国短视频用户规模增长势头明显,2020年已超7亿人,2021年短视频用户规模已达9.34亿人,预计截至2022年12月,短视频用户规模将达9.85亿人,市场规模将达3 768.2亿元。

短视频市场规模的持续扩大,内容生产模式由“UGC(User Generated Content,用户生成内容)+PGC(Professional Generated Content,专业生产内容)”向“UGC+PGC+OGC(Occupationally-generated Content,职业生产内容)”转型,同时MCN(Multi-Channel Network，多频道网络）[①]机构的加入，聚合绝大多数头部优质IP，利用专业化团队孵化新的头部内容，使其布局演变成金字塔模型（图9.4），并形成新的发展趋势。

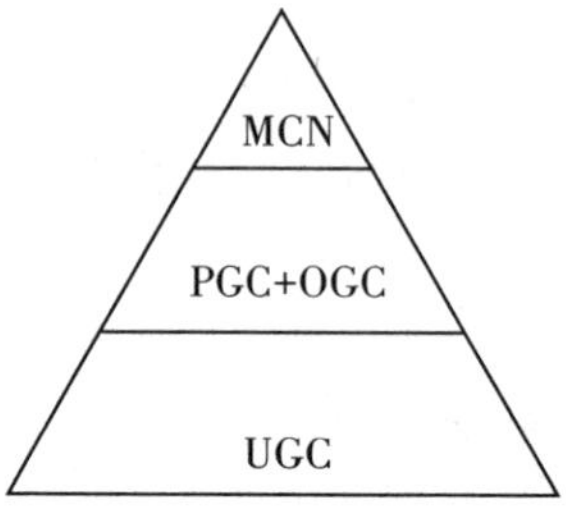


图9.4　短视频内容生产模式图

## （一）运营内容提升，市场两极分化加速

多频道网络机构的加入，维持了优质内容的生产，象征着短视频市场逐渐成熟。但同时，专业团队、优质创作者、IP持续孵化的新优势，也令个人创作者难以持续生存，形成了头部效应：80%的运营收益被多频道网络机构的合作者获得，而大量的个人或专业生产者因剩下仅20%的利益而很难获得盈利甚至亏损。没有优质内容的输入，平台难以为继，市场两极分化愈发严重。

## （二）平台整合，行业垂直细分成未来主打

短视频市场两极分化愈加严重，BAT纷纷入局竞争，综合平台只掌握在少数几个头部平台，内涵搞笑、潮流有趣、美女网红的短视频充盈其中，与其竞争难上加难。此时，腰部和长尾平台被整合最终会留下垂直领域细分市场，以专题内容划分的三级市场范围很广，如科技、军事、天文等还是蓝海。因此，随着市场的格局定调和成熟化，行业垂直化细分是短视频运营未来的必然趋势。

## （三）付费短视频平台在一二线城市更有发展空间

一二线城市聚集着大量的社会精英，他们要面对更大的竞争压力，生活节奏较快、消

① MCN（Multi-Channel Network），即多频道网络，一种多频道网络的产品形态，是一种新的网红经济运作模式。这种模式将不同类型和内容的PGC（专业生产内容）联合起来，在资本的有力支持下，保障内容的持续输出，从而最终实现商业的稳定变现。来源于：华映资本.内容创业火了　MCN是下一个风口[EB/OL].（2017-03-02）[2022-12-14].https://www.jiemian.com/article/1145450.html.

费能力强,短视频更加符合他们通过碎片时间进行学习和自我提升的需求。因而,专业性强、质量高的短视频可以通过付费的方式为他们提供有效的支持,深受这个群体的喜爱。同时,这种基于精准人群定位的内容自身变现模式比流量变现更加高级、健康和持久。

## (四)商业变现更加向多元化发展

目前短视频平台市场还主要是依靠平台巨额补贴、广告、用户打赏、电商合作等方式来获取变现,商业变现级别较低且相对粗糙,自我造血能力较弱。因而,拓展新的变现模式越发成为短视频平台立足且持续发展需要深入思考和探索的方向。为此,目前短视频的变现向着更加多元的方向发展,包括以下几个方面。

### 1.电商变现

电商变现是通过短视频发布直接为店铺导量的运营方式,可以分为自营电商和淘宝客两种类型。自营电商是量身制定符合自我品牌诉求和消费者需要的采购标准,来引入、管理和销售各类品牌产品。淘宝客是通过IP形象打造,来引流淘宝用户到淘宝卖

图9.5 一帧热度榜单截图①

① yizhen.从素人到坐拥千万粉丝的抖音达人,代古拉k如何靠跳舞上位[EB/OL].(2018-05-23)[2022-09-12].https://www.iyunying.org/news/134886.html.

家店铺完成消费，提取佣金，赚取差价。例如，“代古拉K”凭借着温馨治愈的笑容与流畅有趣的舞蹈，在抖音上圈粉无数(图9.5)。她的抖音粉丝数量已经超两千万，点赞量超过一个亿，称得上是抖音的超级红人IP。

### 2. 知识付费

知识付费的现象主要指知识的接收者为所阅览知识付出资金的现象。知识付费让知识的获得者间接为知识的传播者与筛选者给予报酬，而不是让参与知识传播链条的人通过流量或广告等其他方式获得收益[①]。例如，快手教育在2018年~2019年平均每月付费用户增速超95%，累计用户超160万人，其中宫老师的数学课、物理课，卖出共计36 000多份售价9元的教学课程，销售额高达30多万元(图9.6)。

### 3. 众筹合作

案例：五芳斋短视频运营

众筹就是大众筹资或群众筹资，依靠大众力量、向群众募资，以支持发起的个人或组织的行为。例如，《大鱼海棠》3年内通过4 000多人筹到了158万元支持拍摄。而影片最终取得了5.65亿元人民币的票房成绩，成绩斐然(图9.7)。

图9.6　快手知识付费——宫老师的课程截图[②]

图9.7　《大鱼海棠》电影海报（网络图片）

① 袁荣检. 知识付费：知识变现的商业逻辑与实操指南[M]. 北京：机械工业出版社，2019：2.

② 进筑帆MCN. 知识付费——短视频运营盈利新方式[EB/OL]. (2021-01-03)[2022-01-04]. https://zhuanlan.zhihu.com/p/341478093.

# 第二节 直播运营

2016年被誉为“中国网络直播元年”,网络直播从一个个冰冷的手机应用,变为热门话题。但到2017年之后,随着资本趋于理智,大众对直播的新鲜度持续下降,使得直播行业快速降温,趋于理性。随着市场的理性化,直播也逐渐成为运营的一种有效手段。

## 一、直播运营的概念

所谓直播是指与广播电视节目的后期合成、播出同时进行的播出方式。“网络直播”或“互联网直播”,指的是用户在手机上安装直播软件后,利用手机摄像头对发布会、采访、旅行等进行实时呈现,其他网民直接观看与互动[①]。直播运营暂时没有一个权威的定义,只有根据网络直播概念推论,直播运营就是指围绕着网站产品,通过利用手机摄像头对发布会、采访、旅行等进行实时呈现,其他网民直接观看与互动进行的人工干预活动。

## 二、直播运营的发展趋势及特征

直播从诞生以来,共经历了1.0,2.0,3.0时代,目前正迈向4.0时代。

### (一)直播1.0时代

秀场直播是1.0时代直播的最初形式,直播平台主要凭借美女主播的唱歌跳舞来获取盈利。这个时期,用户群体以男性为主,他们观看美女主播的表演,并给自己喜爱的女主播打赏礼物。打赏礼物也成为这个时期直播平台方变现的快捷方式。由于有些主播为了赚取更大的利益,多次挑战文明的底线,各种低俗、暴力、恐怖等直播事件引得社会各界议论纷纷,引发的直播监管问题也成为1.0时代直播的特征。

① 勾俊伟,张向南,刘勇.直播营销[M].北京:人民邮电出版社,2017:3.

### （二）直播2.0时代

秀场直播的热度消退之后，随着电子竞技的专业化、深度化发展，游戏直播成为"新宠儿"，网民进行多线操作，一边听直播一边玩游戏。最具代表性的直播平台有斗鱼TV、YY虎牙直播和熊猫TV。此时，盈利方式在单一的打赏基础上加入了直播页面广告、游戏设备厂商活动、官方线下活动等。游戏直播的兴盛，令用户无论在情感还是行为上，都可能产生一种"过度爱好""过度消费"的表现，特别是游戏成瘾和监管成为该时代的特征。

### （三）直播3.0时代

继游戏直播之后，移动直播引发了泛娱乐的热点。移动直播通过移动设备端将日常生活的每一个微不足道的细节都展示出来，满足了用户的一种好奇心的同时，让其与陌生人拉近距离，加上明星的参与，形成了泛娱乐的趋势。移动直播的便捷性和泛娱乐性令直播越发繁荣。为了满足庞大用户群的需求，各大直播平台相继改革，推出各种直播内容，对直播平台内容进行深化和细化。泛娱乐直播扩张了直播的盈利方式，娱乐直播裹挟电商转化，为"直播＋电商"模式的出现奠定了基础。这也是"直播＋"形式的首次亮相。随着直播行业的不断深入发展，"直播＋"模式将会越来越广泛。

### （四）直播4.0时代

经过了三代的发展与改革，走过了无数风风雨雨，直播终于迎来了让人不可思议的第四代——VR直播。"VR+直播"天生就具有粘连性，能使用户从围观者变成参与者，让空间与距离不再是问题，拉近主播与用户的距离。随着VR技术的不断发展和成熟，VR直播的应用领域将不断拓展，能应用于在线教育、演唱会、游戏、影视娱乐等众多领域，将给我们生活的各方面带来深刻的变革。虽然VR直播有数不尽的优点，但现在还没有完全应用于生活领域，大多数还只是停留在概念层面，并没有深入拓展、开发运营。所以，VR直播还有无穷无尽的潜力供我们去开拓发展。

## 三、直播运营的技巧

影响直播效果要看两个重要因素，一看直播现场互动，观众观看时长、参与互动的意愿;二看是否有吸引力,能否激发用户购买欲望促进转化。可以通过直播活动加强用户的互动。

## (一)巧用活动增加用户交互

### 1.抢红包

2021年12月8日,上市企业“科达制造”举办29周年司庆活动,在直播间里狂撒2.9万元的红包。直播间当晚4万多人观看,在线抽取400多份奖品①。

### 2.点赞加评论互动

借助点赞和评论区与用户互动,不仅可以维持良好的直播氛围,以延长用户观看时长,而且可以促进销售量的增幅。比如2021年3月8日梦洁家纺在“女神节”直播中,主播提醒直播观众全场点赞满30万,即开启新一轮赠福利的活动,将直播间氛围推向高潮。

### 3.发送关键词

关键词送奖的好处在于,能够搭配优质的直播内容吸引用户不断观看直播。在操作上,用户在评论中输入指定关键词参与抽奖,主播通过及时截图方式现场播报中奖名单。以伊华欧秀为例,直播时主播现场口播“伊华欧秀又潮又美”关键字,评论区上第一个文字显示正确的用户才可领取奖品,主播倒数开始后评论区即被关键字霸屏,令直播现场氛围进入一个小高峰。

### 4.产品知识问答

直播中出现的行业和产品知识讲解、互动问答,不但可以帮助观看直播的用户了解产品详情,还可以加强直播主播的专业形象,增加用户对产品和品牌的信任度。如母婴品牌贝亲在直播首秀中,贝亲产品经理便和市场部小伙伴化身为“主播”,通过直播推广爆款奶嘴,结合产品知识讲解、母婴知识的分享,提升转化率。

## (二)借用“直播+”玩法触发高效转化

### 1.直播+社群

“直播+社群”能为商家带来高效的转化,借助门店导购将线下的购买力快速转化到

① 热汤.年会直播案例:狂撒2.9万红包,这场连线海内外的直播很nice.[EB/OL].(2021-12-28)[2022-09-14].https://new.qq.com/rain/a/20211228A0702R00.

线上，进行社群分级分层管理，同时共享直播内容和社群里的导购介绍，形成更大覆盖率和黏性，提高直播转化率。

**2. 直播+社交裂变**

直播和裂变的结合能够帮助商家在短时间内聚集大量用户，提升销量。例如，商家在直播中将原价119.9元的外套设置为最低9.9元的砍价活动，用户在直播间发起购买后将链接分享给好友进行砍价，砍价结束后用户可以以优惠价购买商品。通过好友裂变为直播间带来更多流量，促进销量提升。

**3. 直播+限时折扣**

妙妙大世界是上海销售额名列前茅的百货品牌，售卖美妆、服饰、零食等各式商品，每周三晚上7点，会通过微信视频号进行直播卖货。2021年5月，正值公司25周年庆典，为了引流设置了低价限时折扣秒杀活动（爆米花原价19.9元，1元秒杀；夏被原价680元，159元秒杀；等等）。同时，还为直播推广制作了海报及宣传文案，在其中将秒杀福利重点突出，然后在朋友圈、粉丝群、公众号等进行宣传。

**4. 直播+秒杀**

直播间的秒杀活动一般都会掀起直播氛围的小高峰，促进销量的提升。2021年台铃电动车在3月10日工厂直播首秀中，将原价1 688元的电动车，在当晚18:55分以888元限时秒杀的形式推出，让现场用户直享直播福利，刺激购买需求提高销量。

**5. 直播+录播回放**

回放功能不但可以帮助商家复盘直播，而且可以让老用户回顾直播将心仪商品添加到购物车，新用户查看直播商品解读，了解品牌和商品，从而下单购买。录播回放能让每场直播的投入获得最大化的价值与收益。

## 第三节　IP运营

IP运营是移动互联网时代的概念，自2013年进入移动互联网时代以后，网上诞生了诸如咪蒙、六神磊磊读金庸、罗辑思维、吴晓波频道等拥有几百万、几千万粉丝的自媒体人,开启了IP运营的新时代。2015年IP与游戏融合,天象互动推出和电视剧同步上线的《花千骨》手游,成功地吸引女性玩家,月收入达2亿元,比电视剧赚得还多。2016年后短视频崛起,诞生了以Papi酱为代表的一批网红IP,IP运营一度成为市场的热点。

## 一、IP运营的概念

IP是Intellectual Property的缩写,即知识产权,通常指智力劳动者对成果依法享有的专有权利,及创造性劳动所取得的成果①。IP运营通过IP进行宣传和推广,达到品牌曝光和涨粉、销售的目的。包括拥有知识产权的内容、形象、故事、漫画、动画、电影、游戏,也可以是个人或活动,如经营作家(韩寒)、节日(巴西狂欢节)、活动(丽江雪山音乐会)等。优质IP的形成和升华需要不断进行用户刺激引发用户情感代入,增强用户黏性,生成更高的品牌价值。

## 二、IP运营的本质与特征

IP最初被认作是某种知识产权著作,并非是一种创造出来令人喜爱的著作形象,因此,只是单纯的以IP原生含义为中心去开发其各类衍生产品。例如,电影中塑造的IP,其商业价值也仅仅是票房的补充而已。随着IP运营者发现其更广泛的价值后,开始对IP进行二次挖掘,包括打造IP周边产品,如手办、T恤、吉祥物、动漫等。这些也只是对IP价值本身的二次挖掘。直至IP开始出现符号化的作用,才让其在商业实践中产生了为产品溢价的功能。此刻的IP成了经过市场验证,能承载人类情感的符号。即,IP基于其文化属性和情感属性实现商业变现。因此,IP运营的本质就是将蕴含着独特文化的产物,通过情绪体验的转换,带来价值的增值。具体包括以下特征:

### (一)赋予IP文化价值

IP本身就是文化产物,是通过某种文化手段创造出来,被受众所广泛接受的价值观和文化观念的形象集成。包括:(1)流量价值。IP因为有着极大的吸引力和关注度,让其为

①《编辑之友》记者. 关于IP与IP跨界运营若干问题的探讨[J]. 编辑之友, 2019(1):10-19.

产品流量提供了可能。(2)品牌价值。IP是某种价值观和文化观念的集合,本身就带有强烈的认同感,因而IP的品牌价值,就等于为品牌激活价值观以及文化观念,会让用户对产品进行深层次了解,更容易对产品产生认同感。(3)圈层价值。圈层价值是流量细分之后的产物,随着IP数量的增多,雷同和重复不可避免,对于用户而言,同一种类型的IP有一个最好的就够了,最后构成相对封闭的群体,成为一个圈层。圈层中的用户忠实于圈层产品,对圈外的产品不敏感。因此,IP赋值需要得到新圈层用户的认可,才能实现用户的增长。

## (二)IP具象化

在整个运营体现中,IP可以解读为在一定群体中形成共同认知的形象。形象的设计是为了通过多角度的情节塑造一个整体丰满的IP形象,让用户带着情感去充分了解这个形象背后的故事。因为情感和文化都是比较抽象的概念,这个形象要想被用户所认同,就需要通过具象化的呈现方式将其呈现出来,才能满足用户的需求。例如,京东通过和娱乐、时尚艺术等领域的跨界合作,推出Joy专属微信表情包,丰富Joy的多元形象和品牌内涵,并尝试了《Joy与鹭》及《Joy与锦鲤》等短片,也尝试过与"玩具总动员"此类大IP的合作,在这些作品中Joy均以萌宠的形态出现,将品牌IP形象Joy打造成一个集娱乐、时尚、个性化为一体的,深受年轻人喜爱的IP(图9.8)。

图9.8 京东品牌IP——Joy的合作影片①

## (三)解读IP新价值

现今的市场中,IP运营在每一个环节都有着不同的解读,从而产生出不同的商业价值。具体包括:

① 周晓佳.京东品牌IP再次升级,浅谈其背后隐藏的人性洞察与商业逻辑[EB/OL].(2021-09-13)[2022-02-18].http://www.woshipm.com/marketing/5133818.html.

### 1.重新解读用户需求

用户需求对于企业而言是重中之重。为了让企业提升知名度,获得长期的收益,IP的塑造必须满足用户的需求,长久满足用户对某一种欲望的期待。例如,纯粹以销售为目的的李佳琦成为IP的原因就在于他洞见并满足了用户对于购买廉价、优质且有品位的商品的需求。

### 2.重新解读IP形象

我们谈论IP形象时,无论是人还是物,统一称为人物形象。对IP形象的解读,都需要把抽象化的概念具象化,所以需要对形象进行承接,组合成一种集体形象。例如,品牌三只松鼠就重新解读了IP形象,让其鲜活地与用户互动。第一,赋予IP生命。运营者为三只松鼠设定了不同的血型、星座、个性、兴趣爱好等,力图让每个年轻人都能在它们身上找到自己的影子。第二,让客服变成松鼠。要求每一位客服都要以一个松鼠宠物的身份与用户对话,视用户为主人,甚至可以"撒娇卖萌聊心事",这是三只松鼠杀出重围树立独特品牌形象的关键一招。第三,IP形象娱乐化。三只松鼠将IP形象植入热门影视剧,如《太阳的后裔》《欢乐颂》等,成立独立动漫公司运营品牌形象,并推出微电影《盟主的考验》,3D动画《三只松鼠》《三只松鼠之松鼠小镇》《三只松鼠之中国行》等(图9.9)。同时,还开发了手游《三只松鼠坚果大战》等,成为全产业链超级IP打造的重要一环。对形象主体的重新解读,丰富了IP形象主体,让更多形象有了成为IP的可能,构建了不同的商业模式。

图9.9 《三只松鼠之中国行》3D动画[①]

① 雷报次元.每个孩子都该看的国漫:《三只松鼠之中国行》带世界认识中国[EB/OL].(2020-12-26)[2022-02-18].https://new.qq.com/omn/20201226/20201226A0K5BP00.html

### 3.重新解读用户认知

认知的重点在于如何塑造IP在用户心中的形象，也就是说通过什么样的手段或媒介去塑造IP的形象。传统的方式一般是通过电影、电视剧、出版物等形式进行IP塑造，新媒体时代需要根据用户的认知，通过轻量化的方式进行IP打造。例如，线下IP交互活动等。

### 4.重新解读群体

对群体的重新解读分为两方面：其一，对群体范围的解读。很多的IP被开发出来，但能被接受的文化和价值是有限的，所以新创造的IP需要寻找可以深耕的新领域，在新的群体中获得认可的同时，打造出自己的特殊性。其二，重新解读群体需求。以往IP是为了满足群体的情感需求和文化需求所创造的价值观，但随着IP大量涌现，用户的需求无法简单地得到满足，因此IP运营者需要重新解读用户对于IP的期待，从需求出发，才能塑造出全新有吸引力的IP。总之，对于IP的创作，创新是灵魂，创新的路径需要考虑文化和商业两个重要的因素。将文化作为IP的中心，将商业路径看作文化打造IP的关键节点，重新解读IP的塑造过程，根据用户需求对IP进行深度挖掘，才能确保IP形象和运营模式不断更新，且长久不衰。

## 三、IP运营的分类与塑造

IP运营，是指企业结合新媒体网络化、碎片化、圈层化的特征，将IP文创的众多方法，注入运营的过程中，提升市场环境营造水平，促进产品的增值。IP运营共分为四个大类，分别是：品牌IP化、产品IP化、个人IP化和活动IP化。

### （一）品牌IP化

品牌的IP化，是用IP化的理念和方法去构建和推动品牌的发展成长。品牌IP化必须包含品牌共建的逻辑，因此它与传统的品牌认知存在误区。

案例：三只松鼠IP品牌

### 1.品牌IP化的认知误区

（1）品牌IP化不等于IP品牌。IP品牌是一种形象或者说是品牌的符号，而品牌IP化是IP品牌的运营过程。IP品牌的关键点在于内容，而内容的持续创造力是构成品牌IP化的重点。互联网时代的信息碎片化很容易削弱一个产品的IP特性，这就需要品牌运营者多样化、多维度、创新化地输出IP品牌内容。

(2)品牌授权不等于品牌IP化。IP授权通常只是购买了IP使用权,短期内可能帮助企业提高产品销量,但是对于自家品牌并没有产生太大影响。因此,运营者需要清晰地知道,短期购买的超级IP授权只是一种暂时的带货工具,企业要想持续的盈利,要尽量避免流量转移,让授权IP反哺自身品牌,从而放大自己品牌的价值。

(3)品牌植入不等于品牌IP化。所谓品牌植入就是通过花钱赞助、冠名,以及通过现场的产品的切入,提升品牌的影响力。近年来,火爆的影视剧携带着强大的流量聚集能力,成为许多产品品牌植入的首选,期望能带动产品销量的增长。但运营者需要明白的是,品牌的植入并不代表企业的品牌IP化已经取得进展。

### 2.品牌IP化运营的四个方面

(1)定位角色。品牌IP化的角色定位很重要,它决定着品牌情感的丰富度,也影响着后续故事内容的创作。好的角色定位可以让用户一见倾心,也可以一见如故,锁住了用户的注意力,便有利于后续传播。例如,提到海尔就会想起"海尔兄弟"——两个穿着裤衩的小男孩(图9.10)。这两个小男孩被拍摄成212集科普动画片《海尔兄弟》,是无数人的童年记忆,这也让海尔成为家喻户晓的品牌。因此,在品牌化运营的过程中,角色的定位是基础。角色定位不准,容易造成影响力和吸引力下降,阻碍品牌化的进程。

图9.10 海尔兄弟形象

(2)塑造形象。定位好品牌后,就该进行形象的塑造了。虽然IP形象并不完全等同于品牌形象,但它的塑造会直接对品牌产生影响。例如,通过人格化的方式塑造IP形象,不仅更容易被人记住,而且可以消除产品和用户的距离感,让品牌变得有温度,更容易互动,从而吸引一批有着同样认知的群体。例如,阿里用猫(天猫)、猪(飞猪)、河马(盒马鲜生)等人人都熟悉的动物形象,妥妥打造了整个动物园IP(图9.11),不仅个性鲜明识别度高,而且整体性极强。

图9.11　阿里IP动物园的动物们①

(3)讲好故事。喜欢听故事是人们的天性之一。故事能够通过人物鲜活的性格特征和情节冲突,调动人们的情绪,吸引人们的关注。故事可以连接不同圈层、不同阅历背景的人们去关注同样的事情。因而,某种意义上说,品牌IP化的本质就是讲好一个故事。这里的故事是一个广义的理解,不一定是文章,也不一定是视频,它可以是一个话题,也可以是一组表情包。讲好故事能赋予IP一个不停输出的内容,为品牌不断地呈现丰富个性魅力和活力提供支撑。例如,熊本熊就采用了大量搞笑表情包打造了一系列的故事,俘获了很多用户的心(图9.12)。

图9.12　熊本熊表情包②

(4)输出价值观。品牌IP化追求的是用户对价值和文化的认同,这种认同感可以通过IP角色所传递的精神内核直接体现。价值观的输出可以逐渐占领用户的心智,当用户需要什么产品时,会不自觉地想起这个品牌,激发用户把购买行为由需要转变为热爱。例如,上述的海尔通过《海尔兄弟》动画片伴随一代孩子对科学知识的认知,培养起其对品牌根深蒂固的认知。品牌IP化的运营需要通过对企业文化和精神的注入,逐步

① 杨阳.为什么阿里喜欢用动物形象"造品牌"[EB/OL].(2019-12-19)[2022-02-18].https://www.digitaling.com/articles/242857.html.

② Alaska.你有哪些珍藏的熊本熊表情图[EB/OL].(2016-03-25)[2022-02-18].https://www.zhihu.com/question/41276298.

培养起用户的情感寄托,形成共鸣才能为后续的商业行为带来更大驱动力。

## (二)产品IP化

产品IP化指的是在产品中融入IP特征,使其在功能性基础上体现特定的文化和情感元素,让用户更容易产生情感连接与价值认同。产品IP化不仅体现在产品的形象设计上,更是深入设计理念,渗透整个业务体系。产品IP化虽然在很多方面与之前的品牌IP化相似,但它更强调产品本身的特性。

### 1.产品内容化

产品IP对用户而言,不只是单一的包装设计,而应成为内容的载体,才能保持不断更新,不断产生新鲜的互动。产品的内容化,需要产品品牌具有非常强的情感内涵。最具代表性的例子是江小白的表达瓶(图9.13)。它深入了解目标用户,将产品人格化文案与年轻用户的情感表达联系起来,并让消费者参与文案设计,让产品与用户建立强烈的情感连接,让消费者为满足物质需求买单的同时,更为满足精神需求买单。

图9.13 江小白表达瓶①

### 2.产品道具化

在这里,产品不再是产品,而变成了有趣的道具。道具具有创造性,能够将文化和价值观融入其中,让人产生共鸣。最经典的产品道具化属健达奇趣蛋(图9.14)。一颗仅包含两颗小巧克力和一个塑料小玩具的奇趣蛋,虽然售价高达8~9元,竟创下了年销35亿个的纪录。健达奇趣蛋,把玩具和巧克力对半分装在奇趣蛋的两边,小小的空间,装下了无限创意,就像是哆啦A梦的百宝袋,各种卡通人物、动画元素,听说过的、没听说过的

① szkungfu.江小白是如何成功建立起它的超级IP形象"人设"的[EB/OL].(2019-05-21)[2022-02-18].https://www.sohu.com/a/315477897_120143783.

都能从里面变出来。对于消费者而言，健达奇趣蛋不仅打出“一次性满足三个愿望:美味+玩具+惊喜”的产品卖点，小小的玩具里居然还包含了说明书，简单的DIY过程对开发孩子思维有帮助，几乎是哄小孩最具性价比的工具。因此，在这里产品卖的不仅是巧克力，更是道具。

图9.14　健达奇趣蛋[①]

### 3.产品情境化

产品注重情境是一直以来很自然的事。但根据IP化的要求，需要加入更强的角色、故事和价值观。例如，在长沙市海信广场斥资近亿元搭建的商业文创IP“超级文和友”，近乎一夜之间冲上城市生活方式消费的顶流，甚至出现排队12小时的盛景。这家餐厅还原了旧时棚户区和城中村的繁杂与无序感，巧妙地再现了一个古老的亚洲城市。消费者在集体回忆构建的情境中，体验着真实的历史氛围——拥挤、状如20世纪80年代国有工厂生活区的筒子楼，5万多件旧物，让人们不得不被这情境所震撼。“超级文和友”让一盘小龙虾变成了一种新的消费场景和范式——在高效但同质化的商业综合体之外，构建出一种“以旧为新”的个性化选择，一种持续发酵的潮流现象。

### 4.产品IP联名化

近几年来IP联名品牌的运营方式屡试不爽，大部分品牌都能通过联名收获极大的热度。但凡能将IP联名用得如同行云流水一般的品牌，都有自己的文化IP的磁场，通过IP联名可以事半功倍。例如，2019年安踏曾与众多IP进行联名，其中最成功的要数安踏“霸道”IP系列。“霸道故宫款”一经推出，在线上被“秒光”，线下开启昆明、太原、郑州、西安、天津“五城巡潮”，5月11日五城开售后50分钟内全部售罄;“霸道可乐款”在线上电商渠道当天发布8 000双立马售罄，线下近3万双销售了88%(图9.15)。

① 阿慕.年售35亿个的健达奇趣蛋，是如何让你买上瘾的[EB/OL].(2019-07-10)[2022-12-14].https://www.digitaling.com/articles/184148.html.

图 9.15　安踏与可口可乐 IP 联名“霸道可乐款”①

但实际上,很多品牌做 IP 联名,只是为了赶赶联名潮,并没有对品牌本身进行长期规划,也缺乏自身的文化气场,这样往往作用不大,还容易形成阻碍。例如,马应龙痔疮膏 IP 推出的口红被网友调侃为“痔疮红”。RIO 还与六神花露水联名过,把鸡尾酒做成花露水,据说闻着是类似花露水的气味,入口酸酸甜甜,是柠檬、西柚、薄荷的味道,喝上一口,几秒钟之后,一股冲破天灵盖的清凉感传遍全身(图 9.16)。这样的 RIO 你敢喝吗?

图 9.16　RIO 与六神花露水 IP 联名②

由于越来越多的企业来跟风,IP 联名款已经有些泛滥了,话题效应正在不断下降,相信过不了多久,很多浅尝辄止的品牌将不再尝试。其实,想做 IP 联名产品真正成功的,需要的是一个企业的战略级行为,需要不断坚持。

### 5.产品自身 IP 化

将产品自身 IP 化是目前一种比较有新意的做法,这种做法甚至都不用再进行 IP 形象设计,直接注入文化元素将经典产品 IP 化就可以了。这样不仅省时省力,还可以进行

① 佚名.IP 跨界联名到底怎么玩? 点击这篇就知道了[EB/OL].(2020-06-30)[2022-02-18].https://xw.qq.com/cmsid/20200630A0MU0H00.

② 张旭.六神和 RIO 竟然推出“花露水味”鸡尾酒! 喝过的人表示……[EB/OL].(2018-06-05)[2022-02-18].https://www.sohu.com/a/234135553_391464.

授权。当然,能够让自家产品IP化,一定是这个产品具有极强的代表性。例如,海底捞推出的一套玫瑰金食材系列耳饰,均以火锅配料为原型,分有四款:八角、蘑菇、莲藕、辣椒,并赋予了具有文化气息的名称:“角星耳饰”“菇梦耳饰”“藕遇耳饰”“椒颜耳饰”。将食物变成了珍宝,海底捞打造了不寻常的自身IP(图9.17)。

图9.17　海底捞的IP首饰[①]

除此之外,还有一种自身IP的打造方式,就是将自己的核心技术做成IP化形象。例如,MakerNet推出高桥征资(Masato Takahashi)设计的拍掌机器人。拍掌机器人通过喜庆的红脑袋,发着光的金鱼眼和厚厚的香肠嘴,再加上双手举高的拍掌动作,元气满满地鼓掌,或搭配具有远程控制、播放音乐、录音等功能的手机App,自行打着节拍唱着歌,试图让整个世界都随之振奋起来(图9.18)。从产品IP化的角度说,拍掌机器人从设计之初就已融入人格化特征及人文精神,并贯穿始终。

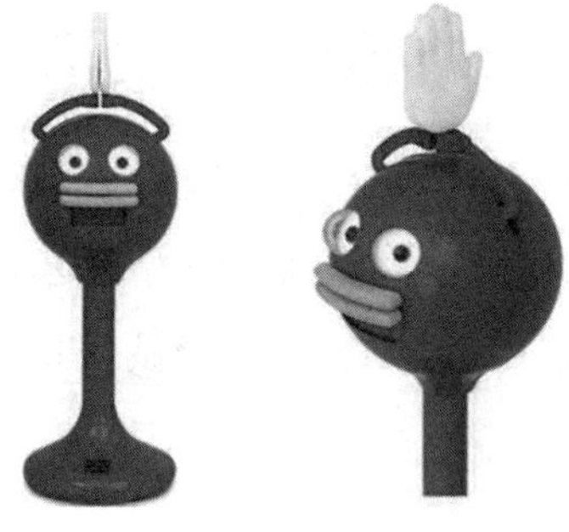

图9.18　拍掌机器人[②]

① 陈格雷.海底捞IP进化,太太太出人意料了[EB/OL].[2022-02-18].https://www.yunyingpai.com/content/brand/582169.html.

② 晓IP实验室.“产品IP化”一个打动人心的产品IP化案例:拍掌机器人[EB/OL].(2020-07-17)[2022-02-18].https://baijiahao.baidu.com/s? id=1672405946094154822&wfr=spider&for=pc.

## (三)个人IP化

个人IP是指将个人形象与IP内容进行结合的整体,即在某一领域中,形成公共认知的个人形象。在新媒体时代,自商业(自营销+自品牌)越来越繁荣,造就了个人IP产品化的最佳沃土。个人IP化的核心是一种IP生存模式,即创意IP协同式的个人成长模式。它与网红孵化、个人品牌有点类似,但最大的区别在于这个概念比网红孵化更加注重个人的提升,是通过个人品牌影响力的积累和移动互联网扩散放大,从而实现商业化变现的全新模式。这个模式的最大意义在于首次提出了实现个人资产积累的系统解决方案,最终锁定的是个人资产而非企业的成功。

### 1.个人IP化的价值

在进行用户转化的时候,一定会经历"引流、截流、转化、复购"这四个阶段。通过个人IP,可以为整个转化过程进行强有力的加持,从而更具成效。

(1)引流过程。个人IP本身就自带流量,这部分流量可以构成初始流量。同时,个人IP只要信息的内容足够优质,那么借助平台,就会分得IP更多的流量和口碑。

(2)截流过程。截流就是利用用户对内容产生价值预期,从而产生注意力,并吸附在产品上。个人IP在提供内容时,本身就包含了文化、情感和价值属性,让用户无论在什么时候浏览IP植入的内容,都会被吸引住,完成截流。这也是为什么品牌方在进行IP投放时,会青睐个人IP。

(3)转化过程。转化的基础是信任,在群体中个人IP本身就对用户的消费行为具有较高的影响力,特别是忠实的用户,已经构建了较强的信任关系,他们基本上都会为喜爱的个人IP转化行为买单。因此,个人IP引导的转化会更加有效。

(4)复购过程。复购是用户在第一次购买中获得了足够的价值,满足自身需求的同时还对IP产生了更强的信任和依赖,此刻只要个人IP能继续输出价值,用户就会为后续的转化行为进行重复买单。因此,个人IP会带来更多的复购行为。

### 2.个人IP的分类

个人IP的塑造可以分为企业领袖型、专家型、伙伴型、特例型四类,每一种形象类型背后都有不同的运营方式和内容方向。

(1)企业领袖型。在新媒体时代,企业家个人往往比企业广告还能发挥更好的传播作用。企业领袖型IP的落脚点在于强背书(权威性),必须强力凸显个人在行业领域的主导地位，不断提升其在用户心中的领袖形象，把用户变成其崇拜者和追随者。所以，企业领袖型个人IP打造受到非常高的重视。例如，超级IP董明珠，在36岁时走进格力，从一名普通业务员开始，创造了一个个商界神话，个人销售额曾高达3 650万元。董明珠以硬派、狠性、拼劲为标签，成功吸引大众眼球，狠狠地为其品牌进行人格化背书，将品牌的传播价值推到最大化。2020年6月1日董明珠在格力品牌日，再创直播带货奇迹，实现当天的累计销售额65.4亿元，创下了家电行业的直播销售纪录。

（2）专家型。专家型IP也是一种常见的个人IP类型，它的塑造需要背书与内容并重。背书的作用在于加强专家形象在用户心中的价值，能让用户相信专家IP有能力持续性地输出有价值的内容。例如，吴晓波从一个小小的财经记者，凭借自己的“巴九灵”摇身一变成为了商学专家，拥有超300万订阅用户和55万付费会员，身价过亿。其个人IP塑造就是通过《大败局》《激荡三十年》为其进行背书的同时，凭借“巴九灵”持续不断地输出优质内容。

（3）伙伴型。伙伴型IP的价值在于让用户感觉到你的真实性。所以个人IP在运营之初，需要精准找到用户画像，来确定IP的具体形象，从而将形象的设计贴合大众的需求，让用户从中找到自己的影子。这类IP并不需要背书，因为IP本身就代表了用户群体，其成长就是最好的背书。因此，伙伴型IP的价值在于不仅要让粉丝看到成长，也要让粉丝看到如何成长，以及成长的方法。例如，李佳琦的大火，就是阿里为了坐稳流量交椅，而扶持的伙伴型个人IP。伙伴的成长也意味着平台的成长，从而构建共赢的生态的关系。

（4）特例型。个人IP的打造不一定来自领袖、专家或者头部平台，一些有着特殊渊源的人也能成为优秀的个人IP，带来巨大的价值。例如，2014西安城墙大学生马拉松赛上，一家做烤红薯的企业“佬香翁”不仅给参赛的选手们加油打气，还在终点提供免费的烤红薯。除了赞助马拉松赛外，它还创立了名叫“挖红薯”的手游，自己的歌曲还出现在大妈们的广场舞中。“佬香翁”成为一个特例的个人IP，甚至吸引了千万元投资。

### （四）活动IP化

不仅是品牌、产品和个人，活动也是能被打造成IP的。所谓活动IP化，就是将运营的活动塑造成有文化和价值，形成情感反馈的IP。其中最经典的要数天猫“双十一”：

#### 1.将活动长期节日化

企业对活动IP的打造需要通过一些长期的活动对IP进行孵化，以增加活动的魅力和黏性。“双十一”只是阿里自创的一个“光棍节”。2021年是天猫“双十一”的第13个年头，在这13年时间里，阿里通过长期运营，已经把它变成了一个购物狂欢节，甚至直接定义为“国际狂欢节”。他们最核心的目标,其实是把它从一个商业名片扩展成为文化加娱乐的超级活动IP。

(1)控制整体运营节奏。通常一场超大型的活动需要3到4周的传播时间,中小型活动需要1到2周。其中20%的时间用作预热,60%的时间用于投入核心资源的引爆,剩余的时间用于公关(Public Relations,PR)传播。2021年天猫“双十一”的活动节奏也一致:10月1日到19日开始招商,10月20日到当月底第一波预售(可以理解为第一波预热),承接了11月1日到3日第一波正式销售;11月4日到10日是第二波预热,接着是11月11日的狂欢;11月11日后一周返场期。控制好整个运营的节奏,能为用户经营提供充分的时间(图9.19)。

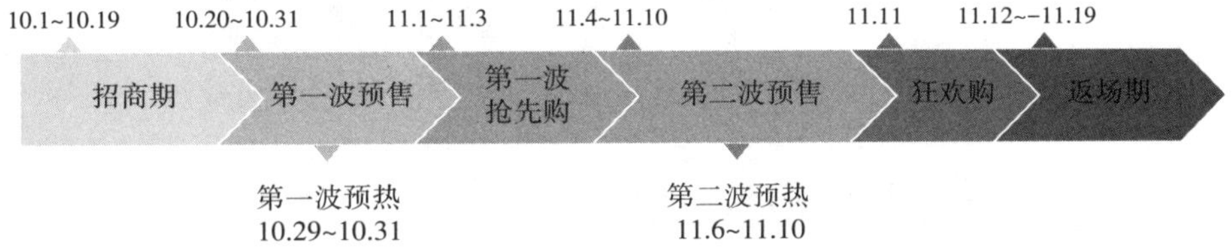


**图9.19 2021年天猫“双十一”时间节奏图①**

(2)品牌认知的站内转化。从2019年开始,天猫分别在天猫和天猫“双十一”这两个品牌上都做了相应的布置。在站内,除继续各种跨店满减、喵糖瓜分20亿等常见玩法,还新增了新品发布、潮品、品牌挑战、全明星购物车公开等新玩法(图9.20)。站外,从薅猫毛学院到全国九个城市的喵糖乐园、天猫理想之城都加强用户对品牌的认知。

**图9.20 2021年天猫“双十一”活动②**

① Ella.从认知到忠诚:2021天猫双十一运营全视角解读[EB/OL].(2021-11-19)[2022-02-19].http://www.woshipm.com/operate/5216071.html.

② 佚名.双11来天猫看全明星 苏炳添购物车里惊现追觅科技V16高速吸尘器[EB/OL].(2021-10-28)[2022-02-19].http://www.citnews.com.cn/news/202110/135882.html.

### 2.提升用户认知

用户对信息的接受是有局限性的，这就需要在信息传递的时候尽可能贴近用户的认知，从而实现用户参与。2021年的“双十一”，用户认知的提升通过线上和线下两个部分来实现。在线上，天猫一般将微博作为线上运营的重要阵地，10月底就开始在微博推出“‘双十一’是个什么节？”的话题，发布了很多好玩的海报：自我调节、好纠节、一年过两次儿童节、一年过两次圣诞节(图9.21)，用诙谐的方式让用户加深对“双十一”作为节日活动IP的认知。

**图9.21 “‘双十一’是个什么节？”话题①**

线下10月20日，2021年“双十一”号角正式吹响当晚，天猫官方联合穿越千机集团在长沙上演了一场1 000架大型无人机天幕光影秀，为2021天猫全球狂欢季造势(图9.22)。

**图9.22 “双十一”无人机秀②**

通过线上和线下联动，天猫针对特定的目标用户，通过巧妙的活动包装降低用户的戒备心，有效地将信息传递给用户们。这种话题讨论加无人机表演的崭新形式，让用户更愿意接受，同时也愿意传播，从而提升用户对品牌的认知度。

① Ella.从认知到忠诚：2021天猫双十一运营全视角解读[EB/OL].(2021-11-19)[2022-02-20].http://www.woshipm.com/operate/5216071.html.

② 佚名.今年双十一吸睛的不只是成交额，还有千架无人机表演、元宇宙、数字藏品[EB/OL].(2021-11-11)[2022-02-20].https://life.tom.com/202111/4695299652.html.

### 3.激发用户参与兴趣

认知度仅是开端,认知度的提升不能代表转化为购买力的必然性,因此如何激发出用户的购买欲才是关键。兴趣是激发购买欲的前提,互动是提升兴趣的窍门。例如,2021年的“双十一”就优化了种草机部分。从淘宝首页底部进入,搜索关键词,点击“种草”,就能看到图文、视频、直播等各种真实的种草大赏,种草一定次数,就能参与抽奖,有机会获得49 999元清空购物车的大奖。

种草其实是一个三方互惠互利的过程,用户分享自己觉得好的东西,平台获得了内容宣传,还可以用抽奖反馈分享者,品牌方也可以通过消费者的种草数据对消费偏好进行分析和针对推送。同时,用户还能在购买时参考不同的维度。

### 4.刺激用户购买行为

有了兴趣,也会因为缺钱或者自我控制等原因而不会购买产品,因而需要进行一些设计,进一步刺激用户使其产生购买行为,也就是完成用户转化。这里包含一个对用户心理账户转换的过程:首先,需要为用户创造一个冠冕堂皇花钱的理由,包括强化意外所得、情感维系等。其次,给用户发放额外的福利,让用户觉得这些“钱”已经到自己手里了,不消耗就亏大了。例如,“双十一”的跨店满减活动,发现付出了200块,但额外收获了30块,属于心理账户的意外收获,让本来不准备买东西或只想买一件产品的用户不断地凑一凑。因此,价格本身不是用户产生购买决策的关键,关键在于让用户有一种“超越心理账户”的感觉。

### 5.促进用户持续购买

购买完成后不代表用户会对品牌忠诚,产生持续不断购买的行为。要促进用户持续购买,就需要培养用户的忠诚度。忠诚度的培养是让用户在想买某个品类或产品时,就能想起某个平台或公司。例如,天猫通过将消费者变成用户,将用户变成会员,并对会员进行分层管理,筛选出普通、高潜力、优质、高活跃、高付费意愿会员,然后用一些互动小任务,如生日福利、会员专属购物金等提升会员等级,促使用户活跃、付费转化和用户忠诚(图9.23)。

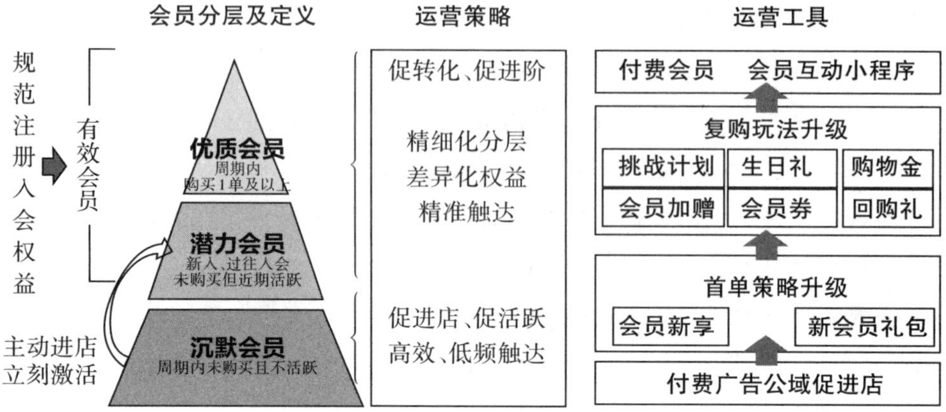


图9.23　天猫会员管理①

# 第四节　打造超级IP

## 一、前期准备

在打造IP前，运营者需要明确现有背景、业务模型和团队是否有条件和能力打造IP。具体需要考虑以下问题：

### （一）作为个体或公司，是否已经有自己的产品和商业模式

如果是公司或者自由职业者，并且已经拥有了自己的产品和商业闭环，那相比个人打工者而言，打造IP能尽快通过与客户的交互持续不断地产生正反馈循环，能更快或者更顺利地去变现。如果你是后者，就需要更大的毅力，通过不断地学习、创作、打磨和分享内容，在寻找破圈机会的过程中打造IP。

① Ella.从认知到忠诚：2021天猫双十一运营全视角解读[EB/OL].(2021-11-19)[2022-02-20].http://www.woshipm.com/operate/5216071.html.

### (二)如果从零开始,是否适合做自己的IP

如果本身就非常喜欢输出和分享,不管是写文字、发语音,还是说录视频或者是做直播,那你天生适合做IP。如果不是,却依然想做,就需要为了更长远的规划,开始练习写作、分享、对着镜头表达,以及IP操盘等这些必备技能。

### (三)已经有商业模式,是不是所有产品都适合IP

IP的打造需要高客单或高复购的产品做支撑。高客单是指价格在2 000元甚至过万元的产品,高复购是指那些复购率高的产品,比如社区团购、买菜等虽然单价低,但复购率高。这样的产品就适合打造IP,而其他产品就比较适合走渠道或商超货架。

### (四)已经有了成熟的业务模型,要想清楚做IP目的是什么

对于已经有成熟闭环的创始者,可能会有两种需求:一是想通过IP开拓新业务,寻找第二次增长点;二是辅助原有业务,做精细化运营。两者需要投入的资源、时间、心力和承担的风险完全不一样。第一类投入大、风险高,一旦成功就会成为新的增长点,相反就会血本无归。

### (五)创始人做IP有哪些优势和挑战

创始人做IP的优势在于:第一,创始人本身就是内容。一个能做到商业闭环的创始人有很多故事、经历,这些都是具有天然吸引力的内容。第二,创始人能力强,专业知识储备和失败的经历也更丰富。第三,创始人非特殊情况,不会离开公司。第四,打造创始人个人IP可以帮公司省一大笔代言费,例如董明珠、雷军等。第五,创始人一般都是连续创业者,能与IP一同成长。但也存在挑战:第一是时间精力问题;第二,善于思考的创始人一般不善表达,对个人IP的打造可能会形成阻碍。

### (六)非创始人做IP要注意的问题

作为公司创始人启用非创始人做IP,需要清楚:公司或产品的绑定模式是什么;有怎样的利益分配方式;怎样设定与非创始人之间的分手方式,避免后续的纠纷。作为一个希望打造IP的个人或企业,在策划时需要做好以上几个问题的考量,充分做好前期的准备。

## 二、步骤与技巧

一般而言，超级IP的打造可以分成定位、角色与内容设计、故事原型设计、融入文化和价值观四个步骤。具体的做法如下：

### （一）9个情结定位IP

IP的能量源自情感，情感从浅入深依次为情绪、情感和情结，直至集体无意识（本能），越往深里走，能量越强大和持久。情绪是被社会撩拨的刺激反应，情感是普世的人性，而情结是最接近人性本能的原生态。因而，具有最强大影响力的IP，是在情结上形成情感定位的IP。所谓情结（Complex），被词典解释为“心中的感情纠葛、深藏心底的感情”。在心理学领域情结一词是由西奥多拉（Theodor Ziehen）于1898年所创，由荣格最早使用的一个主要概念。指一群重要的无意识组合，或是一种藏在一个人神秘的心理状态中，强烈而无意识的冲动[①]。IP定位越接近情结，越不受时代喧嚣的干扰，越不受国家、文化、种族差异化影响，就越有可能成为全球IP，成为超级文化符号。

**1.英雄情结**

英雄情结来自人类反观自身所看到的缺陷和不足，这种认知让人类沮丧而又不安，而英雄具有完美的道德和无穷的力量，弥补了人类的缺憾，也成为判断人类行为的价值标准，并且引领着人类不断前行。英雄情结寄托了人类对超越自身的美好期望。虽然英雄具有完美和无穷的能力，但对于IP的定位而言，需要为其设定一个弱点或缺陷，这才符合人的标准，才能更鲜活、有血有肉。人们想看的，并不只是超能力英雄的无所不能，而是他们因弱点遇到危机时，如何避开或突破，这才是能打动人心的过程[②]。例如，孙悟空作为一个超级IP，他火眼金睛、刀枪不入，还身怀七十二变绝技，上天入地无所不能，但他却有性情暴躁、急功近利、桀骜不驯的人性弱点，所以观音送紧箍咒来控制他的弱点。在取经过程中，孙悟空如何突破层层险阻，最终克服他自身的弱点，是整个IP塑造的灵魂（图9.24）。

---

① 赵书霞，刘立国．荣格的情结理论及其对情结概念使用的修正[J]．河北理工大学学报：社会科学版，2009(1)：17-18.

② 舍予兄．迎合情结，用“英雄之旅”包装和组织你的故事[EB/OL]．(2017-06-10)[2022-09-14].https://www.woshipm.com/operate/686555.html.

图9.24　孙悟空IP形象(网络图片)

### 2.流浪情结

流浪是人类史前的一种深刻记忆,一种固有的本能,一种培养已久的欲望[①]。面对现代社会的高速运转,周而复始地劳作带来人性高度的压抑,此时,人们开始向往跨越时代、超越个体、无拘无束的流浪生活,寻找短暂挣脱社会化、符号化,回归本体状态的过程。用流浪的情结定位IP能够获得这部分群体的共情。例如,小说家三毛就是流浪情结的典型IP。她用自己的笔十分接地气地写下了她和荷西的故事:她是一个喜欢流浪的人,而荷西是愿意和她一起流浪的人(图9.25)。

图9.25　三毛和她的故事(京东商城截图)

### 3.自卑情结

自卑情结是由阿德勒提出的,是个体心理学的重要概念,是指当一个人面对一个他无法适当对付的问题时,他表示绝对无法解决这个问题,这时出现的就是自卑情结。自卑感产生后,个人就会寻找方法补偿机体不足,通过极大的努力使原来的缺陷变为自己

① 曹文轩.论近二十年来文学中的“流浪情结”[J].文学评论,2002(4):7.

的优势或者转向其他领域，获得补偿。例如，《狮子王》描述了辛巴的成长过程，从最开始的自卑怯懦，到最后勇敢无畏，经历了一个既心酸又传奇的奋斗过程，最终战胜了自卑情结（图9.26）。

图9.26 狮子王形象[①]

### 4.恋物情结

恋物指以某些特定的无生命物体或人体部位作为恋爱对象，产生崇拜或迷恋的情感。常见的恋物包括迷恋鞋、扮装等。恋物的性唤起，在大部分人身上都是普遍存在的。一般认为，只有当恋物情结对恋物者或社会活动造成困扰时才被视为一个问题。恋物情结用作IP的定位，可以激发这类群体的购买欲。例如，番茄口袋IP沿袭整个品牌的魔方概念——百变番茄魔方，从符合品牌轻松有趣的角色性格出发，组合成非常规的由一个番茄带领的魔方家族，将一家精选全球好物的全品类新零售品牌，赋予番茄口袋小文艺、小美好的品牌调性，为消费者提供真正“优质、创意、高性价比”的产品和“温馨、自然、高质感”的生活体验，打造一个恋物癖的迷宫乐园（图9.27）。

① 平方.迪士尼很满意新《狮子王》要拍“真鹿”版《小鹿斑比》[EB/OL].(2019-08-14)[2022-09-14].https://www.3dmgame.com/news/201908/3769042.html

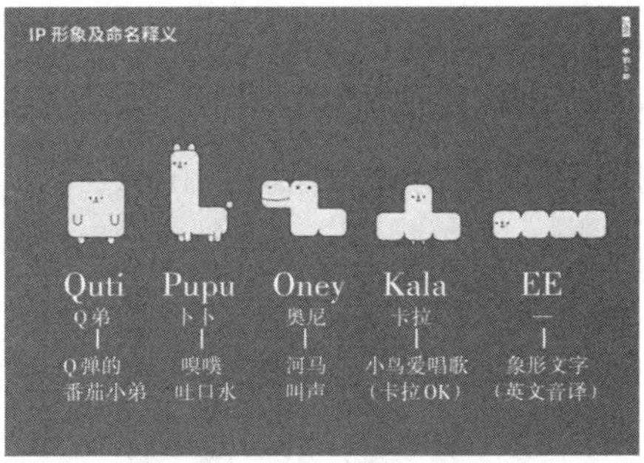


图9.27　番茄口袋的IP形象①

## 5.好色情结

好色是人性最基本的本能之一。在字典里被解释为沉溺于情欲,喜好美好的容貌体态。虽然好色有着非常消极的一面,但也有着中性或积极的解释。为IP定位时,采用好色的积极解释,能够从人的本能层面吸引用户,达成共识。例如,周星驰主演的《唐伯虎点秋香》将唐伯虎打造成了一个好色的风流才子。这个IP的定位并非情色,而是通过好色,纾解了本能给人造成的焦虑不安,也是为贫困潦倒、怀才不遇的残酷现实生活增添的一些趣味(图9.28)。

图9.28　周星驰饰唐伯虎

## 6.反叛情结

反叛情结也是人类无法掩饰的基本天性,这种情结有可能带来一些灾难,但也是推动世界前进的动力。面对现实生活中的各种禁锢和不平等,为了得到心理补偿,以及触达人性中不安的天性,人们往往会非常欣赏"反叛者"。因此,反叛情结定位IP能够获得这些人群的共情。例如,《哪吒之魔童降世》动画作品中对哪吒形象的定位:一个不会因

① 佚名.番茄口袋全球品牌集合店:打造一个恋物癖的迷宫乐园[EB/OL].(2020-05)[2022-02-22].https://www.digitaling.com/projects/118894.html.

为一点小挫折就被打倒的小英雄，即使生活全是泪，越折腾越倒霉，也能满血复活，兴冲冲地披上斗篷做小英雄，即使知道自己是魔丸，也不认命，从而改变他人对自己的成见，逆天改命，最后从“全村的绝望”变成“全村的希望”（图9.29）。

图9.29　哪吒的打油诗①

### 7.傻瓜情结

“傻瓜”为什么深受欢迎，是因为“傻瓜”“傻”而能量强大，中国人经常用另一个词“愚者”来代替，所谓“大智若愚”。“大智若愚”的大智，不是普通的可言说的智慧，是对本性的穿透，接近开悟了。所以，这类IP定位往往有直接触动心灵的能力。例如，上一节举到的例子“熊本熊”，它之所以备受欢迎，人见人爱，就是因为够“傻”，它就是个傻到爆的孩子，让你禁不住想揍上一下（图9.30）。

图9.30　熊本熊表情②

① 动漫速递君.哪吒之魔童降世:哪吒是陈塘关第一打油诗人，诗句道出生活艰辛[EB/OL].(2019-08-15)[2022-02-22].https://baijiahao.baidu.com/s? id=1641900421728212832&wfr=spider&for=pc.

② 花姐.成为熊本熊是种怎样的体验[EB/OL].(2017-03-19)[2022-02-22].https://zhuanlan.zhihu.com/p/25861632.

## 8.约拿情结

约拿情结也可以称为逃避情结,是人在成长过程中逃避的心理结症,表现为难以克服的自我设限、拒绝成长、不愿承担自身应有的职责、逃避作为个体价值实现的最佳机会[①]。这样的情结之所以会有莫大的吸引力,是因为在人们的无意识中,总有着拒绝成长、拒绝改变、想求便利、不愿接受困难的一面。对于女生而言,那只粉嘟嘟的HELLO KITTY可能是最佳表达。对于男生而言,那个聪明无比,但永远也不需要长大的名侦探柯南,可能就是最完美的化身了。看到它们总能想起那个可爱、聪明、无忧无虑、只做感兴趣的事的自己(图9.31)。

**图9.31 HELLO KITTY的周边(堆糖网截图)**

## 9.陪伴情结

在这个节奏越来越快、竞争日益激烈的时代,人们要么孤独,要么焦虑,要么既孤独又焦虑。年轻人背井离乡,在大城市里孤独前行;老年人缺少照顾,空虚寂寞;留守儿童缺少玩伴,内心的情绪无处消解。这些群体都需要陪伴来化解孤独和焦虑。因此,"陪伴情结"特别能诞生超级强大的IP角色。在全球排名50强的IP榜单上,有超过1/3是陪伴式角色。例如,陪伴80后长大的超级IP哆啦A梦,以一只无所不能的未来机器猫的形象,陪伴着胆小、无能的大雄成长(图9.32)。哆啦A梦IP的影响力深入人心,直到多年后的今天,当我们想起考试没有记住的时候,都希望能够拥有一片哆啦A梦的印书面包。陪伴情结定位的IP在我国的成功案例还非常少,可发展空间也极大。

① 李伟华.刍议"约拿情结"及其艺术审美价值[J].长春教育学院学报,2016(4):3.

图9.32 哆啦A梦与优衣库的联名款公仔[①]

虽然，情结定位的IP能对超级IP的打造起到积极作用，但做好IP定位才是打造IP的基础步骤。接下来需要对IP角色和内容进行设计。

## (二)IP角色和内容共情设计的7种风格

很多企业在设计IP形象时更多注重理性的价值观，往往IP形象不够可爱，内容不具吸引力。这是因为IP的真谛是共情。共情不光靠价值观输入就可以，更需要深入人们的潜意识和无意识中，从情感和本能出发，通过共情实现情感共鸣，才能成功打造出受人喜爱的IP形象和内容。这里我们可以从IP的定位出发，来拆解IP形象。

### 1.超能热血风

超能热血IP形象设计对应着人们无意识的英雄情结。人们想成为怀有超级技能的英雄，因而在IP形象设计时，可以将例如隐身、力大无穷、飞行、变身变形、超级速度、超级预感、读心术、思想控制、隔空取物、移形大法、超能力吸收、自我修复、物体操控、无敌盔甲、刀枪不入、超级武器、透视眼、时间控制等超级技能赋予其中。同时，超级技能的设计必须加入一些缺陷，这些缺陷可以是技能本身，也可以是人性本身的缺陷。通过这个缺陷的加入，IP形象才能灵动，有血有肉。特别是当这个IP能够面对困境而呈现生命爆发状态，克服自我缺陷，超越环境、超越自我，热血燃烧，才能够给人们带来震撼、治愈的力量。例如，我们熟知的圣斗士星矢(图9.33)，之前列举的孙悟空都是这类风格的代表。

① 陶大阪.优衣库又火了！朋友圈已不淡定，日本、中国、美国、加拿大……全世界都跑来找哆啦A梦，可是真的抢不到了[EB/OL].(2018-05-26)[2022-02-22]. https://www.sohu.com/a/233013529_164550.

图9.33 圣斗士星矢手游宣传①

超能热血风非常需要强内容和强文化活动进行打造,甚至可以发展为技能型、工具型的内容,如果和企业IP结合,能将企业的产品和服务能力进行艺术化放大和创造。

## 2.萌甜风

Q版软萌风,可以是孩童、不成熟的人,或直接是可爱的动物。呆萌,也需要有小弱点、小缺陷,不要完美,不要高大上,甚至略笨才显得可爱。呆萌风能够帮助人们摆脱日常现实生活的束缚,进入情感的异次元空间。如果在呆萌风的基础上加上一个反差较大的风格,如冷酷风,就能通过看似矛盾的方式打造实则甜美的生活。就是两个反差极大的角色在一起,既有各种矛盾和冲突,又总是归于和谐和甜美。萌甜风对应着陪伴情结,可爱、矛盾又和谐正是人们对陪伴角色的希望。例如,正值虎年,好运虎萌趣鲜活、喜气洋溢的IP形象在RIO微醺鸡尾酒海洋里精神冲浪,在卫龙的辣条世界里滑滑梯,在布满汤圆、仙贝的街道上与旺仔一起兜风等等(图9.34)。

图9.34 与各种品牌联合的好运虎②

① 红手指云手机.《圣斗士星矢手游》——燃烧吧! 我的小宇宙[EB/OL].(2018-08-06)[2022-02-22].https://zhuanlan.zhihu.com/p/41241644.

② 数英.全网寻找好运虎,思念打开"呼"年新气象[EB/OL].(2022-01-26)[2022-02-26].https://www.digitaling.com/articles/694952.html.

值得注意的是，我国企业对IP形象的设计偏爱萌系，以至于萌系太多了，大家都挤在一起，跳不出来，应该多注意对其他形象风格的开发。

### 3.沙雕风

沙雕风对应着上述的傻瓜情结，就是“傻缺”的角色，做各种“傻缺”的事情，超出常规，给人以好“傻缺”的快乐，才能成功。沙雕风IP形象并非那么简单，它非常需要超短动作短片的内容来呈现。熊本熊就是最具代表性的沙雕风。国内无数人想模仿但也只做到了表面皮毛，实际效果相差甚大。可以说能做出沙雕系IP的，才是真正的大智。因此，沙雕风的形象设计和内容创作需要IP运营者们更加关注。

### 4.治愈风

治愈系的说法来自二次元动漫，按二次元文化的解读，治愈风对应着自卑或流浪情结，是能让人感到平静、治愈、舒畅的作品，它温暖人心、净化心灵，是悲伤时能看得到安慰的内容。此类IP内容多为现实题材，以能让人会心一笑的生活小细节去诠释现实生活，为观众打造一个触手可及的心理接受平台，与用户达到共鸣。例如，南京小朋友文化创意打造的柴犬馒头IP。柴犬馒头的原型是作者名叫馒头的爱犬，这只2016年出生的小柴犬出生一个多月时就来到作者身边，带来数不清的快乐和灵感。“柴犬馒头”首创“二次元(卡通形象)+三次元(真实宠物形象)”识别系统，以超人气萌宠原型的设定迅速成长为知名治愈系IP，包含趣味表情、动漫四格、二三次元短视频、漫画绘本等多元化内容。治愈系不只是形象，更是内容，是能治愈人们心灵中的创伤、修补自己心灵上缺陷的IP内容(图9.35)。

图9.35　柴犬馒头IP形象①

① 数英.知名原创治愈系IP柴犬馒头荣获中国玉猴奖[EB/OL].(2020-09-01)[2022-02-22].https://www.163.com/news/article/FLF42HV600019OH3.html.

## 5.反叛风

反叛风对应着无意识的反叛情结,是社会心理现象之一,指客观环境要求与主体需要不相符合时所产生的一种强烈的反抗心态。反叛虽然有消极的方面,但它也是创新的源泉。因此,将反叛式的创新和环境、自我突破融入企业IP中,能带来意想不到的情感认同。例如魔鬼猫IP的设计和开发。魔鬼猫一开始就放弃了萌宠的理念,用反叛的逆向思维将IP定位于魔鬼的形象,针对叛逆期的19~29岁时尚人群,打着吞噬负能量的口号,打造代表现代中国时尚酷潮美学的系统,致力于成为中国本土首个世界级的形象类超级IP(图9.36)。

**图9.36 魔鬼猫IP形象**①

## 6.颓废风

颓废是一种约拿情结的负面能力,是我们内心那个与我们相随又不被承认的角落。人和动物的形象都可以做出颓废风,但非常考验设计师的精神气质。颓废风经常需要和其他知名IP结合,对传统进行反讽和戏弄,就能具有更大的情感能量。例如,著名的Kaws,就将颓废、丧文化完美地诠释出来:Kaws的装置,虽然每个姿势都不一样,但好像又都是一样的,它映射出人们真实的自己,既没有光鲜的外表,也没有超能力,累、忧伤、孤独、丧一直伴随左右。他们希望在哪里都一直飘来飘去,能够躺赢就好了,就像Kaws一样(图9.37)。

① iPUN.对话|魔鬼猫:原创一个好IP,到底下了多少心血[EB/OL].(2021-08-19)[2022-02-22].https://www.163.com/dy/article/GHOJE1C20538L76P.html.

图9.37　Kaws在维港漏气的“躺赢”①

颓废风IP既需要足够的丧，又需要有结合和转化，放到阳光下，照亮它，阴影就转化为比普通正能量更强大的正能量。

### 7.启示风

启示风往往以睿智达人、智者、长者，或禅师、巫师的身份出现，能够为人们提供引导或启示。启示风可以用于消解流浪情结，在流浪的无意识中，人们需要被指引、被启迪，以寻求到真正的那个自我，解除心灵的流浪。所以，在导师背后，一定要有系统的信仰和哲学体系，仅仅是提供一些鸡汤是不够的，很难长久。一个有趣的案例是杭州大禹网络打造的一禅小和尚IP。IP的内容围绕小和尚一禅和老和尚阿斗日常互相拌嘴、逗趣展开，并从中传递禅学哲理，进而领悟人生真谛，一日一禅，是为一禅(图9.38)。启示风代表着人性潜意识自我升华的渴求。这类IP在教育类企业、科技类企业，以及个人IP上会有极大的潜力。

图9.38　一禅小和尚和师傅②

① now闹电竞.KAWS拍出一个亿，背后藏着的是每一个丧丧的自己[EB/OL].(2019-04-05)[2022-02-22].https://baijiahao.baidu.com/s? id=1629978344895092898&wfr=spider&for=pc.

② 大禹动漫.《一禅小和尚》我和师父[EB/OL].(2017-11-14)[2022-02-22].https://www.zcool.com.cn/work/ZMjQ3NzU0OTY=.html.

总之,IP不只是品牌价值观的传声筒,其本质是有独特共情力的角色。因此除共情外,IP形象设计还需要充分考虑审美和故事内容。审美属于另一个学科的范畴,因教材体量限制,不在此讲述。

### (三)9个IP形象的故事原型

IP形象和内容设计需要故事加持,才能更加引人入胜。下面就来说说可能产生超级IP的9种原型化故事。

#### 1.有弱点的神奇伙伴

伙伴是IP形象和内容设计的一个重要需求,在好莱坞故事中就有"伙伴之情"这一故事原型。这个故事原型主要有三个核心(上面也讲述过):第一,主角要有一个明显的弱点,因为普通人都有弱点,才会产生"这家伙的这些缺陷和我一样"的共鸣,使之显得可爱和可亲近。第二,伙伴往往不是人,而是动物宠物、机器人、外星人、精灵等,它们具有某种强大的超级能力或奇特的性格,并担负起帮助主人的使命。第三,故事的背景要和人的成长情境有关,要么是童年、要么是青春期、要么是第一次出外闯荡等,这样能结合人性自我成长的基本需要,让观众产生足够的自我投射。前面的大雄与哆啦A梦就是这类故事的经典原型。

#### 2.本真的日常生活

此类故事虽然有大量情境化内容,但往往情节平淡,不适合大电影,但却可以成为超级IP的故事原型。这一故事原型也有三个核心:第一,夸张主角的个性,而且需要极其接近人性本真,因为几乎所有的故事都是主角个性驱动的。第二,表现基本的日常生活状态。故事往往都是最基本的日常生活,而且世界一般不大,要么围绕着一家人,甚至就是主人和宠物,或者就是一群未成家的年轻人的单身生活。第三,虽然表现的是日常生活,但却并非客观化故事,往往是极为主观的情境化故事。这一故事原型打造IP角色成功与否,取决于主角是否具有其独特个性和态度。和第一种不同的是,这一种要求主角非常受人喜爱。例如,《樱桃小丸子》就是以小丸子为第一主观视角讲述的故事。

#### 3.与恶魔和恐惧做斗争

战胜恶魔和恐惧是人们面对人生中外在环境不确定性所产生的愿望。因而,此类故事原型能够获得普遍的共识。这一类故事有两大要素:第一,整个故事都被恐惧包围着，这个恐惧是来自外界环境因素，比如恶魔所带来的。主角的使命是不断地与恶魔斗争，来消除人们的恐惧感。因此故事原型是人类对外部恐惧的具象化，所以这类故事几乎都有一个相对封闭的、备受威胁的环境。第二，胜利只是暂时的，对抗永无停息。尽管在故事中，人类能想出各种办法抵抗恶魔，但威胁永远存在，人类只能永远提高警惕去不断应对新的危机。这个故事原型打造的超级IP数奥特曼最为著名。奥特曼IP设定里，他是光的战士，“光”代表着正义与希望，正义与希望永远都是战胜恶魔和恐惧的最佳武器，因此，奥特曼在不断地战斗中成长。是否“相信光”也成了是否热爱奥特曼、相信光存在的默契暗号(图9.39)。

图9.39　奥特曼形象[①]

### 4.和自己的阴影作战

这一种故事原型同样是对抗，但与上一种对抗外界不同，这是和自己内心的阴暗面和邪恶作战。阴影其实代表人性中被压抑的能量，是内在的另一个我，或负面人格。所以，这种故事原型的主角，要么是正派堕落，要么是反派转正派，尽管阴影型反派和主流价值有巨大冲突，但本质并非不好，一旦承认和正视，则完全有可能转正。例如，上面提过的《哪吒之魔童降世》中的哪吒就是典型的正邪合体，他最大的敌人、要突破的人都是自己，最终实现从阴影到光明的转化。这一故事原型越是矛盾化的阴影型角色，越易产生超级IP。

① 上海新创华文化发展有限公司.麦克斯奥特曼光之战士全图鉴[EB/OL].(2018-08-25)[2022-12-14].https://www.scla.com.cn/Jp/Index/pageView/catid/34/id/189/ip/18.html.

## 5.寻宝解密

一群能力各异的人物上路,去解密寻找某种宝物,是人类最经典永恒的故事之一。这类杰出作品很多,但如果要发展成为超级文化符号,还有三大关键:第一,寻找的东西必须有某种神圣内涵。要么是能给人带来升华的典籍,要么是某种圣物,要么是心灵的钥匙。第二,寻找者必须有坚定纯真的信念。第三,寻找过程是天人交战,是自我超越。所以,在这些探险故事中,有各种人性欲望在与探险的神圣任务进行交战。例如,深受我们喜爱的《西游记》就是这类故事原型的经典,这也正是唐僧尽管无能却极为重要的原因,因为他有信念,整部《西游记》的基础,还是依靠唐僧的信念支撑的。

## 6.无名者被选为救世英雄

这属于英雄的成长型故事,主角从一个无名者,被选择成为救世的英雄。这个故事原型的要点在于,主角要么大有来历,要么是被选择。开始时,主角总是以各种自卑或被排斥的身份出现,但其实剧情会设定为主角其实不是一般人,只是他自己不知道而已。凡是能成为超级IP英雄的都不是完全普通的人,其觉醒往往来自外界的启发。例如,蜘蛛侠本是个自卑的、没有父母的15岁穷男孩,无意中被蜘蛛咬了一口,因而具备了蜘蛛的敏捷、速度、力量与其他能力,秉持着"能力越大,责任越大"的信念走上了打击罪犯的道路,逐渐成长为独立的民间超级英雄(图9.40)。

图9.40 蜘蛛侠首次出现形象①

## 7.天真无邪却大获全胜

这类故事的主角更多的是成就自己、拯救自己,而不是拯救世界,所以更像是一种

① Yolanda.蜘蛛侠又来了!人们为什么这么喜欢他[EB/OL].(2017-09-08)[2022-12-14].https://www.guokr.com/article/442392/.

特别有哲理的童话或寓言，因而主角并不需要是太强大的角色，只要够单纯、够天真就行。例如，《喜羊羊与灰太狼》(图9.41)中的喜羊羊天真无邪却充满了智慧，面对总是心机重重的灰太狼，每次都能大获全胜。不是所有小人物逆袭的故事都能成为超级IP的，因为大多数这样的故事都是普通的成功学故事，只有角色本身足够简单、纯粹、呆萌可爱，才有可能成为超级IP符号。

图9.41　喜羊羊与灰太狼[①]

**8.王者归来**

这一类故事原型中的主角一开始就很清楚自己的来历，但因为各种原因而被压制或放弃，最终又重整旗鼓，恢复自己的信念和能力，重新站在世界之巅。这一类故事能成为超级IP，有两个重要的特质：第一，归来的王者，一定要有足够强大的文化母体背景，才有足够的说服力。第二，故事需要设计巧妙、跌宕起伏，既在情理之中又在想象之外，才能满足观众的无意识的心理。例如，《大圣归来》的例子，它的成功靠的是强大的文化母体和精彩的故事。

**9.悲情救赎**

在悲情救赎的故事原型中，角色往往以失败、悲情结束。这种故事打造超级IP的成功关键不在于失败的悲情，而是需要注意以下两点：第一，主角要有足够强的信念，而且是超越世俗的。第二，结局不仅仅是死亡，而且是救赎的转化。例如，我们熟知的“梁祝”就是此类故事原型所打造出的超级IP。“梁祝”讲述了梁山伯和祝英台悲惨的爱情故

① 百度百科.喜羊羊与灰太狼[EB/OL].(2022-12-09)[2022-12-14].https://baike.baidu.com/item/%E5%96%9C%E7%BE%8A%E7%BE%8A%E4%B8%8E%E7%81%B0%E5%A4%AA%E7%8B%BC/936250? fr=aladdin.

事,故事的结局虽然悲情,但最后他们双双化蝶,完成了救赎。

## (四)炼制超级IP的文化符号

案例:QQ蛋

IP的初级阶段是知识产权,高级阶段就是超级文化符号。因而,要打造超级IP,一定要将关键角色或元素提炼出来,成为强共识的文化符号。从IP到超级文化符号,要经历3个阶段和1个关键点:

### 1.IP早期孵化阶段——挖掘文化母体

IP孵化所要打造的超级文化符号,更多与想象文化母体相关,文化母体是人类生活中循环往复的部分,每一个文化母体中,都有仪式和道具[①]。在每一个想象的文化母体中,不仅有仪式和道具,还有想象共识、情感共振、故事传说、角色形象,这些共同组成了文化符号。所有成功的IP,无论是文创内容的还是非文创企业的,都能找到其文化母体及共识共振。例如,迪士尼IP的文化母体是经典童话和传说;哈利·波特IP文化母体是超过两千年的欧洲巫师文化;宫崎骏IP则始终构建在万物有灵的、泛自然信仰的文化母体上;西游记IP是有释、道、儒三大宗教文化母体的支撑,加上师徒四人正好对应四种最经典的IP角色,形成情感与信仰合一的超级文化符号系统。又如故宫IP就是中国数千年宫廷文化和人物故事的总集合,因此IP角色极为丰富,又极具人性化特色(图9.42)。

图9.42 故宫美人系列[②]

### 2.文化符号的再创造阶段

仅有文化的母体和母体包含的好角色、好故事是不够的,IP角色的形象元素有辨识

① 华杉,华楠.超级符号原理[M].上海:文汇出版社,2019:5.

② 丁俊看城市.案例!国内博物馆IP运营剖析[EB/OL].(2019-08-02)[2022-02-23].https://www.sohu.com/a/331162472_685101.

度、可扩展性是其成功转为文化符号的关键。我国有大量不错的影视和动漫，但在符号化程度方面很不到位，以至于除了做一些手办，在热映期短时间热卖，其他转化就很难持续、持久。因而，IP作为一种文化符号需要符合以下几个关键特征：(1)文化符号一定是高浓缩的，使人一看这个符号，就能联想到丰富的文化母体；(2)文化符号有明确的造型、色彩和延展性，一定能以简洁的特征、独特的识别力和有力的情感印记打动大众；(3)文化符号可以被轻易使用、复制和传播；(4)文化符号不只是形象，还包括手势、色彩、仪式和道具，真实强大的符号是一套系统。

要想实现上述关键特征，就必须在最初的培育阶段做好两件事：第一，在内容创作时强化IP角色。第二，需要美术师参与再设计。审美不足的作品，形成的文化符号难以理解，美术感很强的内容，文化符号提炼不足也不能形成超级IP。例如，《大鱼海棠》就是审美感极强，但符号化提炼不足的IP。《大鱼海棠》的艺术风格非常鲜明，电影画面的辨识度极高，但缺少一个有强烈移情力、角色化、日常化的符号。因而，基于IP周边的设计看上去更像是精美的工艺品，而不是能产生情感回应的活灵活现的IP。好的IP形象脱离原来的环境，一样可以存有能量。比如小黄人(图9.43)就不需要时常联想起太多电影，看着它们就足够喜爱了，但《大鱼海棠》中的大鱼如果离开了电影的场景，就会没有灵魂。

**图9.43　小黄人IP形象**[①]

因此，文化符号不仅是将主角形象复制一遍，而是要基于现代审美、认知和无意识情绪关联对主角进行再创作，形成共识化极强又极简单的符号体系。只有这样，才能让IP的粉丝、信众和传道者都很容易使用。

① 东美哲慧.小黄人如何成为环球最值钱的IP之一[EB/OL].(2021-09-22)[2022-02-23].https://new.qq.com/omn/20210922/20210922A04V3R00.html.

### 3.形成超级文化符号阶段

任何事物的发展都要经历孕育、成长、爆发和衰退四个阶段。IP的打造不经过一两次消退和枯槁期,不经历数次的新价值再造,是不可能发展为超级文化符号的。首先,IP从萌发到爆发,最好完成符号化设计,否则无法在爆发期后享受到足够的价值变现。其次,第一波变现时,就可以考虑跨产业符号化。最后,IP进入疲劳和枯槁期,这时IP必须蛰伏和休养生息,待到新的机遇来临。这时候也是修炼内功、酝酿新价值的时候,在新的时机下,通过新的价值创造注入,IP才会迎来新的春天、新的又一轮发展(图9.44)。

图9.44　形成超级文化符号的历程[①]

### 4.关键点:打造从世界观到宇宙观的超级IP

每一个超级IP都有一个独属的世界,有独特的设定、规则、冲突,与人心、情感息息相应,这就是IP的世界观。当若干个相近IP的世界联合在一起,就成了IP宇宙。IP宇宙是超级IP打造不得不为,且难以抵达的高山。一旦完成不仅IP升级为超级IP,而且还能具备超强的生命力和感染力。例如,奥特曼从1966年诞生至今,已经有68个角色。它在设计之初,就建立起了宇宙观。奥特曼造型,不仅融合了佛像中含蓄微露的美感,更突出了古典式的飒爽之笑,似石窟佛像一样俯察大地,恰似在佛前自赎时的内心暗示:宽容自己才是真正的放下。而且,初代奥特曼第一次出场就与巴尔干半岛的巴尔坦星人“宇宙忍者”进行战斗。随着时代的更迭,奥特曼更是淡化了性别特征,超越了性别差异。在战争年代,初代奥特曼的M78星云,容纳着对政治人性世界风云变幻思考的精神内核。在和平的当今,奥特曼却考虑着人性的救赎(图9.45)。与奥特曼不同,英雄联盟塑造的不是一个单一的IP形象,它打造的是无数英雄的IP合集。让我们来看看英雄联盟如何打造的IP宇宙。

---

① 陈格雷.IP,通往超级文化符号之路[EB/OL].(2019-07-13)[2022-12-14].https://baijiahao.baidu.com/s?id=1638903746801687602&wfr=spider&for=pc.

图9.45　奥特曼形象[①]

(1)充分打造英雄角色。英雄联盟并不是一个角色驱动的游戏,但却拥有着地球上最知名也最有影响力的英雄角色。英雄角色的定位、形象体系的设计是由多人和团队完成的再创造,因此每个英雄都拥有不同的调性、类型与魅力,且与众不同。比如,在英雄联盟里,不仅有大家熟知的英雄形象(如孙悟空等),有拿着泰迪熊的小萝莉(图9.46)和她并肩作战的光明法师、一个恶魔猎人,还有一个能穿梭时间的天才男孩……这些英雄的形象吸引了大量的玩家,甚至有这样一种说法,如果去游戏大会或者动漫展看到角色扮演出了一个你不认识的角色,那他多半来自英雄联盟。对于英雄和角色原型的设计,记得不要在帽子上戴帽子。英雄不能有同样的天赋,不能设计成同样的性格,不能在同一个游戏里做出两个美国队长或者两个蜘蛛侠。同质化的英雄会严重损害IP,所以在英雄设计的过程中不能只是复制之前已有英雄的性格和技能,每一次都要带来新的变化。

图9.46　英雄联盟中安妮的形象[②]

(2)重识IP价值,与创作者建立共识。在传统的行业思维里,IP只是一个附加的产

① 斯基.原来奥特曼的形象和情节设计里,藏着这么多巧思[EB/OL].(2020-12-22)[2022-02-23].https://www.digitaling.com/articles/386253.html.

② 51苹果助手.英雄联盟手游安妮怎么玩[EB/OL].(2021-06-29)[2022-02-24].https://www.51pgzs.com/gonglue/6140.html.

品线,而且早在开始建设IP之前英雄联盟作为游戏就已非常成功,所以早期不关注IP的打造。但在随后的过程中,重新认识到IP的世界观和优质角色蕴含极大潜力,不但能带来光环效应,在不同产品中放大,而且无论公司如何变迁,IP仍然可以薪火相传,经久不衰。于是,采用了去中心化的分布式发展框架对IP进行打造。具体包括:①保持大局观念的故事策略,尽可能地让每个角色在同一时间、同一地点出现在同一个场景中,减少重复叙事的复杂性。②创作团队高度协作。开放的、去中心化的头脑风暴让创作者们自由发展他们认为合适的故事,在极具个性的前提下形成统一。③创意至上。成立创意委员会和模块化的创作方法,为创意的控制和快速的修改提供保障。④稳定输出。对整体风格的高度把控,即使没有在单个形象中看到英雄联盟的标志,多数用户还是可以从风格中辨析出属于英雄联盟的元素。最终,将IP从游戏中诞生的观念,转化为游戏是IP的改编,于是IP与游戏就完全脱钩了。在这个过程中,总结出了几点经验教训:首先,创造的角色要做到个性鲜明,不要两头不讨好;其次,把各种各样的想法引入进来,兼收并蓄,一个被过度限制的IP不能很好地在全球范围内传播;最后,不要害怕改变既有的规则,只要阻碍了IP的发展那就要去改变它。

最后,IP一定要和用户一起成长,否则就会被时代抛弃。IP在发展过程中,用户对其文化的传播起到了至关重要的作用,他们往往会对文本中所涉及的故事情节反复研读,并热衷于角色的二次创作。因此,和用户一起成长有助于加强IP互动。

案例:故宫

## 知识回顾

短视频、直播和IP运营是移动互联网时代的新概念。本章重点讲述了三种运营的概念和特征,表明它们的优势在于不仅能提升产品的识别度和销量,而且还能塑造出经久不衰的生命力。特别是IP运营,通过情结定位、角色与内容设计、故事原型设计、融入文化和价值观打造超级IP,为新媒体运营的整合和创新提供了新的思路。

## 思考题

1. 什么是短视频、直播和IP运营?它们各自具备什么优势?
2. 短视频、直播和IP运营有哪些分类?各自有什么特点?
3. 如何才能打造出一款超级IP?
4. IP宇宙是什么?它对IP的打造有着什么样的作用?

# 第十章　新媒体运营的进阶与提升

## 知识目标

1. 新媒体运营从业者必备的职业技能、素质和能力。

2. 新媒体未来的发展前景。

## 能力目标

1. 掌握新媒体职业者自我进阶与提升的方法，并能实际运用。

2. 了解新媒体职业的“雷”与“坑”，把握行业未来发展前景。

## 思维导图

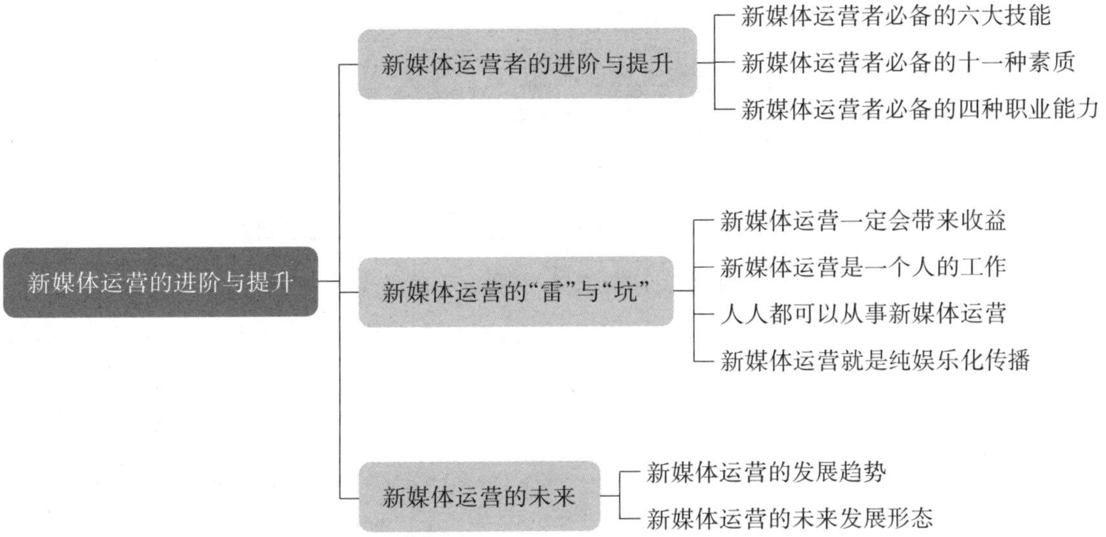

# @ 案例导入

自2014年以来，我国新媒体从业人员数量每年持续增长，到2020年，规模已达到316万人，相较于2019年的301万人，同比增长了4.98%。(图10.1)

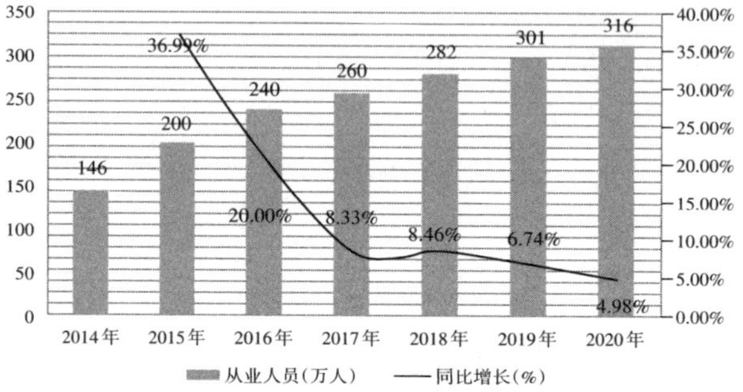


**图10.1　2014~2020年我国新媒体从业人员数量及增速**[①]

随着互联网的蓬勃发展，互联网企业和传统企业开始重视新媒体运营，利用现有资源推广产品。2014年以来，越来越多的人开始注意到新媒体运营市场的空缺，纷纷建立相关公司，到2019年，已成立了2 747家从事新媒体运营及其相关业务的企业，为各行各业提供专业的新媒体运营服务。(图10.2)

**图10.2　2014~2019年我国新媒体行业相关企业注册量**[②]

我国新媒体从业人员数量和企业注册量虽每年呈上升趋势，但同比增长率却呈下降趋势，表明新媒体运营市场日趋饱和，企业对从业人员的要求也越来越高，那么，新媒体从业人员应具备什么样的素质，才可以保证自己的不可替代性，不被市场淘汰呢？

① 观研天下.2021年中国自媒体营销市场分析报告——行业供需现状与发展趋势研究[R/OL].(2021-08-09)[2022-09-14]. http://baogao.chinabaogao.com/guanggaochuanmei/550849550849.html.

② 观研天下.2021年中国自媒体营销市场分析报告——行业供需现状与发展趋势研究[R/OL].(2021-08-09)[2022-09-14]. http://baogao.chinabaogao.com/guanggaochuanmei/550849550849.html.

# 第一节 新媒体运营者的进阶与提升

面对不断变化的互联网大环境，新媒体运营者应跟上时代的步伐，不断提高自身的技能和素养。各大招聘网站的数据显示，当下各大互联网公司、各行业头部公司和专门提供新媒体运营相关服务的公司都急需新媒体人才，符合现阶段网络特点的人才更是刚需。所以，新时代新媒体运营者要在掌握基础理论的前提下，突破对从业人员的传统要求，进一步提升自我，具备更符合时代要求的技能、素质和职业能力。

## 一、新媒体运营者必备的六大技能

新媒体运营者的日常工作并不简单，必须具备极强的工作能力以及掌握各方面的工作技能。具体而言，就是图片编辑技能、文案写作技能、短视频制作技能、H5制作技能、图文排版技能、音频剪辑技能。

### （一）图片编辑技能

在进行新媒体运营时，图片作为一项必不可少的要素，不仅具有美化作用，同时也可以生动形象地说明运营内容。新媒体运营者运用图片处理软件对图片进行处理，其中包括制作封面图、信息长图、九宫格、GIF动图和logo，从而使运营内容更加赏心悦目。

**1.封面图**

封面图是新媒体运营内容的门面，可以直接使用图片，也可使用带有说明性文字的图片，提示主要内容，吸引用户点击阅读。各平台对封面图的分辨率、格式等都有不同的要求，例如微信公众号主要推送文章的封面图分辨率要求为900×500px，长宽比为16:9，格式支持JPG、PNG和GIF，大小不超过5MB；次图文文章的封面图则要求分辨率不超过200×200px，长宽比为1:1。而B站视频封面图的分辨率要求为1146×717px，专栏封面要求640×188px，格式支持JPG。在选定运营的平台后，就应该根据该平台要求制作封面图，吸引用户注意。一般情况下，为凸显内容主题，会优先选择带有文字的封面图，其制作既可以选择专业的Photoshop软件，也可选择“创客贴”等提供模板的在线封面编辑网站。（图10.3，图10.4）

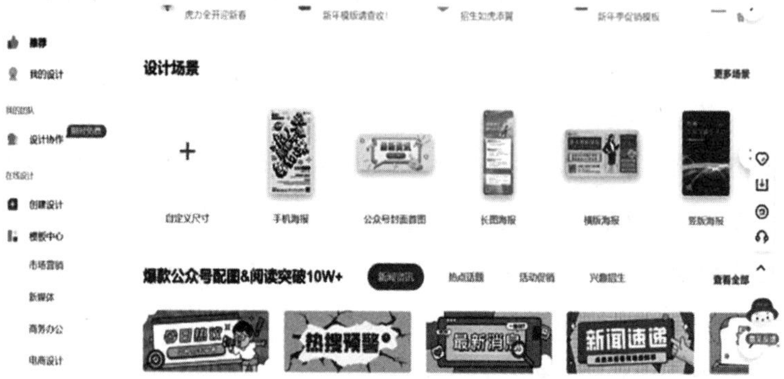


图10.3　“创客贴”官网首页界面截屏

图10.4　“创客贴”微信公众号在线制作界面截屏

## 2.信息长图

相较于信息简单明了的封面图，信息长图所包含的内容详细、具体，适用于科普类、教程类、好物安利类、时事新闻类、行业趋势类、通知类、倡议类和活动安排类的信息推送。信息长图的尺寸不受平台的严格要求，但考虑到一般是手机作为观看媒介，最好能适应手机屏幕大小，以分辨率为1080×1920px和800×2000px这两个规格为主，但也可根据具体内容长短做适当调整。

制作信息长图的构思：（1）明确主体，理清脉络；（2）收集数据，完善内容；（3）精简文字，美化图片；（4）确定长图。其制作方式可参考专业的Photoshop软件或“Canva可可”“创客贴”这样的在线封面编辑网站。（图10.5）

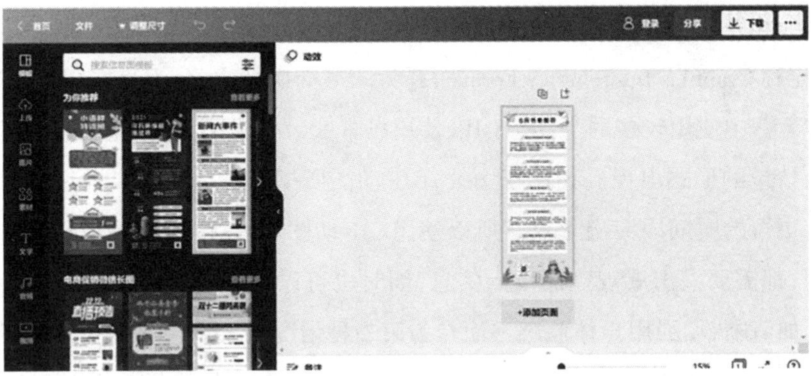


图 10.5 “Canva 可可”信息长图在线制作页面截屏

### 3.九宫格

顾名思义,九宫格是以九张图片的形式组成的,一般分为两种情况,一是九张小图拼成一张完整的图,二是九张不同图片,分别体现所运营产品的特点。第一种是由九张局部图拼成一张主图,视觉上放大了主图的效果,适合特色鲜明、最能代表产品的图片使用。制作比较简单,可直接在微信搜索“九宫格拼图切图”小程序,选择需要切的图片,自动生成九张局部图。(图 10.6,图 10.7)

图 10.6 “九宫格拼图切图”小程序搜索界面

图 10.7 “九宫格拼图切图”小程序首页截屏

第二种九宫格形式所传递信息相较于第一种更多,用九张不同的图片,全方位展现所运营产品的特征、功能等,能给用户更加细致的体验。但这类九宫格制作难度较大,工作强度高,适用于系列产品的新媒体运营。比如,推广一个城市的旅游项目,可以选取具有代表性的九个景点,制作成系列图片,共同发布。

### 4.GIF动图

GIF全称Graphics Interchange Format,译为图形交换形式,分为静态GIF和动态GIF。在新媒体运营中使用较多的为动态GIF,使用场景大致分为两种,一是动态展示产品,二是作为表情包的形式出现。相比于图片,GIF动图所呈现的信息具有连续性,相对视频又能够在更短的时间内突出重点。所以使用GIF动图展示产品时,不论是具体的物体,还是景观,都需要一击展现产品重点信息,同时也可以借助“亿像素”等技术,使所呈现的信息更加清晰,增强用户体验感。而作为第二种情况的表情包具有一定的娱乐性,适合做带有一定娱乐性质的新媒体运营时使用,给用户一种轻松愉悦的氛围。

手机应用市场上线了大量的GIF动图制作App,为新媒体运营者的日常工作提供便利,直接借助手机便可制作GIF动图,降低了其制作成本和门槛。(图10.8,图10.9)

图10.8　手机应用市场搜索“GIF制作”　　图10.9　GIF MASTER App首页截屏

### 5.Logo

Logo是单词logotype的缩写,译为商标,背景多为透明,以PNG的格式保存。在新媒体运营的过程中适当添加Logo,可以宣示主权,保护知识产权,增添独有的标识性,在日常的新媒体运营中也能够起到宣传企业的作用。具有特色的Logo不仅能够体现企业文化,同样也能放在文章、视频中,增加美感,易于用户记忆。比如“成都尊宝”的微信公众号头像是一个黄色的大象,将其设计为一个Logo,插入公众号的文章、图片GIF动图中,统一整体风格,可以实现整体营销。(图10.10)

**图10.10 微信公众号“成都尊宝”界面截屏**

## (二)文案写作技能

文案作为新媒体运营中内容表达的主要载体，其写作一定要具有创意。文案可以分为销售文案和传播文案，销售文案大多出现在广告片、种草视频中的软广告、商品详情页和社群或私域流量推广中，传播文案主要是扩大企业知名度，多出现在海报、活动现场等。而不论是哪一种文案，都是在理解产品、分析用户、挖掘卖点和精心策划后进行的。新媒体运营中的文案写作比传统的文字工作的要求低，并不需要优美的修辞手法和堆砌高深的词汇，重点是简单易懂并且能够击中用户痛点，从而产生购买欲望，最终使用户转化为客户。

简而言之，就是以产品卖点为出发点，重点突出产品功效，从而进行文案写作，最后达到用户转化。比如2022年“科颜氏高保湿面霜”的推广文案——“探索极限，永不止步：高保湿面霜凭借出众的保湿修护实力，陪伴全球探险队深入极端环境，为他们的肌肤保湿护航”就是以面霜高保湿的卖点为出发点，突出面霜即使在珠峰顶端这样的极端环境中也依然能够为登山队员的肌肤保湿护航。这样的运营文案让用户看到高保湿面霜在非常态的环境下，保湿力也依然足够，用简单易懂的话语说出了面霜的实力，激起新消费者的购买欲，同时也维护了老顾客的忠诚度。(图10.11)

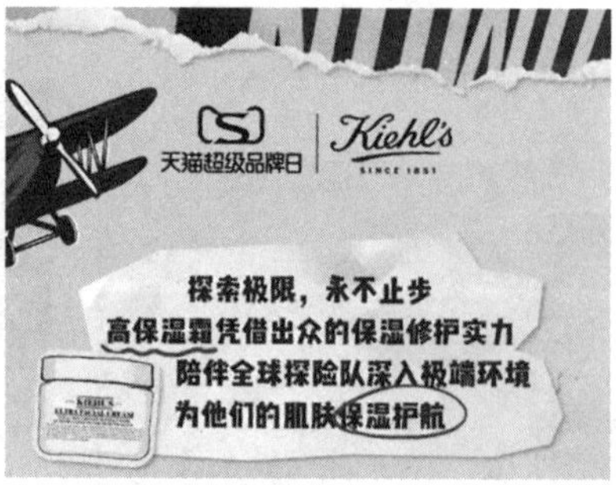


图 10.11　科颜氏高保湿面霜推广文案截屏

## (三)短视频制作技能

随着抖音、快手等短视频平台的兴起,用户量每年持续增高,短视频在新媒体运营中也越来越重要。短视频的制作步骤虽与传统长视频相似,但难度较小,上手相对比较容易,门槛不高。

### 1.选题

选题作为短视频制作的第一步,是短视频创作的基调。一个好的选题,主旨清晰,切入点明确,就已经收获了一半的成功。选题的确立可以参考一些短视频资讯网站(例如卡思数据、飞瓜数据等),根据其提供的各短视频账号数据,分析高流量作品中合适的选题,既保证了热点,又筛选了选题。(图 10.12)

图 10.12　卡思数据截屏

### 2.观看样片

在确定了选题之后,就需要观看大量相似主题的短视频,然后从中挑选出十个左右的优秀短视频进行分析,主要拆解其拍摄手法、叙述方式,最后思考有没有可创新之处。

在观看的过程中，由于视频是以“帧”为单位，所以普通的视频播放器并不适合，需选用支持逐帧播放、暂停时间准确的软件（例如快剪辑），便于记录。（图 10.13）

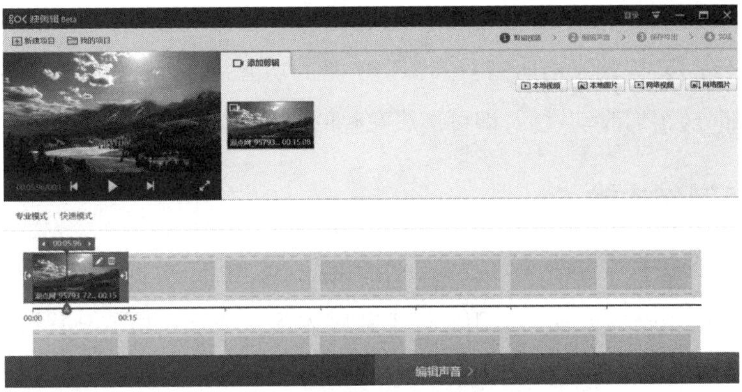


图 10.13 快剪辑操作界面截屏

### 3.写脚本

短视频拍摄前，写脚本是最后一项准备工作，需要把画面、运镜、对白和景别等用文字叙述出来。一份优秀的脚本能够帮助摄影人员在拍摄前在心中搭建出一个框架，从而提升拍摄效率，更有利于拍摄出优秀的短视频作品。

### 4.启动拍摄

在拍摄设备方面，如果有单反、全景相机等专业设备最好，但是没有的话，借助手机也一样可以完成拍摄。如果对镜头有特殊要求，那么也可在手机摄像头处添加外置镜头，同样能像单反一样拍出广角、微距等画面效果。在拍摄的过程中如果人员有限，手机前置摄像头像素有限，也可选择后视镜小圆镜，将其贴在手机背面就可以用后置摄像头进行自拍，用高像素保证画质。关于收音方面，如果希望短视频直接使用现场原声的话，那么在拍摄时尽量收音，事先准备好收音设备，比如机头麦克风，不仅能够收录清晰的人声，还能弱化背景噪声，适合近距离的声音录制。而针对远距离的声音，或者是人员需要走动、无法固定地点收音时，可采用领夹麦克风，灵活机动性更大。镜头和麦克风准备好后，再配上一个稳定设备，比如三脚架或手机稳定器，就可以根据脚本启动拍摄了。

### 5.后期制作

短视频拍摄完成后，就要开启后期制作了，其中包括视频剪辑、配背景音乐和字幕、对短视频进行包装。提到视频剪辑，Premiere 可以满足所有的需求，但短视频剪辑不需要这么强大的功能，字节跳动就用户的简易操作需求，推出了与抖音相适配的短视频剪辑 App——剪映，使短视频后期制作简单化。剪映不仅支持视频剪辑，同时有一个庞大的音乐库，可以选择插入合适的背景音乐，也支持本地音乐上传，对于音乐的选择更加多元化。对于字幕，剪映具有听音自动识别字幕的功能，可能无法做到100%的正确，但也能识别大部分，稍加改动过后，即可形成完整的字幕。

### （四）H5制作技能

H5在新媒体运营中相较于传统的平面海报，成本更低、交互性更高，在进行宣传营销的同时也可用于收集数据。适用于以下新媒体运营场景：(1)节日营销，利用当下节日必不可少的仪式感，借助H5作品听觉与视觉的双重冲击，让用户沉浸其中；(2)新店促销，用H5邀请函的形式，吸引顾客到店，争取转化；(3)活动策划，将活动以H5动态的形式传播出去，加入适当创意，注入互动，增加关注度。

H5的制作步骤：(1)需要新媒体运营者进行头脑风暴制订主体；(2)拟定具体文案；(3)设计H5各版面；(4)使用工具落地设计；(5)上线。H5的制作使用电脑与智能手机均可，但如果是稍微复杂的H5制作，建议使用电脑进行。目前有许多电脑与手机均可操作的H5制作平台(例如易企秀)，用一个账号关联两个或多个设备，可实现H5作品的随做随改。现在大部分平台也都提供H5制作模板，只需更改内容即可，降低了制作难度，模板选择范围也较为广泛，满足了新媒体运营者的多元化需求。(图10.14)

图10.14　易企秀网页版H5制作界面截屏

## (五)图文排版技能

图片的制作和文案的写作固然重要,但是图片和文字排版影响着用户观看的感官,清晰的版面语言能够让用户在赏心悦目的同时,一眼注意到自己所关心的内容。所以,新媒体运营者在进行图文排版时,需要注意以下九个方面:(1)保证文字的易读性。这里的易读性并非指文字所要传达的内容,而是通过设计文字大小、间距、对齐方式等,使得用户更加容易看清、读懂内容。(2)区分背景与文字。避免文字颜色与背景色相似、文字不突出,尽量选用对比度较大的两种颜色,保证文字的清晰。(3)搭配合适的字体风格。根据版面的整体风格和所要传递出的信息,选择字体风格,是棱角分明还是圆润卡通,是粗犷豪放还是柳叶细枝,都需要与主题相匹配。(4)文字风格跨度不要太大。在同一版面内,不同的文字风格最好不要超过三种,过多的风格会对用户产生不必要的干扰。(5)注意图文之间的亲密性。将说明统一内容的文字和图片集中排版,和不同内容的图文最好有一个明显的间隔区域,避免不同内容间的混淆。(6)可有一定的留白。新媒体运营中的图文排版与传统纸媒不同,在保证各要素间连续性的同时,保留一定的留白,可以使整个版面更加协调。(7)在平面中营造空间感。利用图片近大远小的规律,虚实结合,突出视觉重点。(8)添加主题点缀元素。版面过于空旷时,增加一点符合主题的小元素,可使整个版面饱满起来,但注意适量即可,切记不要盖过主要内容。(9)图文叠加。将图片置于底层,文字放置于图片之上,使得文字与图片相互装饰,相辅相成,使版面更加丰富。

在新媒体运营的实际操作过程中,需要借助的工具较多。图文排版是一项工作量浩大且繁杂的工程,为减轻图文排版的负担,可以选用一些网页插件(例如i排版编辑器)加以辅助,不仅可以提高排版效率,同时也能够美化版面语言。(图10.15)

图10.15 i排版编辑器界面截屏

### (六)音频剪辑技能

音频制作往往是新媒体运营中最容易被忽视的一个环节,一般不会专门剪辑制作一段音乐,而是直接找现成可商用的音频插入。如果有合适的音乐当然很好,但是在没有的情况下需要新媒体运营者自己剪辑出一段合适的音乐,与画面进行搭配。否则,音乐与所展现的内容和表达的情绪适配度不高、音画搭配不佳,用户很难产生共鸣,还会产生“违和感”。

特别是在短视频当中,音频的重要性远远大于长视频。因为长视频的内容丰富且连续性强,其中的情节和情绪是有高低起伏的,而短视频时间短,所呈现的内容被压缩,画面穿插速度较快,用户无法仅仅通过画面与新媒体运营者产生情感互通,所以更需要新媒体运营者剪辑合适的音频来补充说明这些风格快速变化的片段。

关于音频的剪辑素材需要注意的是一定要选择可商用的,或者是花钱买下版权,否则后期可能会有版权方面的问题困扰。国内现有很多音频素材网站,可供新媒体运营者选择,比如,爱给网拥有的音频素材就很丰富,短视频、综艺、游戏、生活、自然类的音频应有尽有,甚至支持在线编辑,为新媒体运营者提供了一个很好的平台。(图 10.16)

图 10.16　爱给网网页截屏

## 二、新媒体运营者必备的十一种素质

一位合格的新媒体运营者必须具备理解产品、“网感”、用户思维、团队协作、审美能力、热点灵敏度、资源整合、细分定位、工具应用、统筹运营、发现并解决问题这十一种素质,为运营工作添砖加瓦。

### (一)理解产品

产品是新媒体运营的中心,只有仔细分析产品,理解到产品的核心价值,才能为产品量身定做其运营方案。然后定位目标客户群,根据用户的不同行为和心理特征,针对用户需求进行定向运营,从而最大限度地实现转化。

### (二)"网感"

新媒体运营人员随时都在和网络打交道,大量的运营活动都需要依托互联网开展。具备足够的"网感",从中找寻运营的灵感,才能够快速掌握网络运营先机,始终快人一步进行新媒体运营,打造具有强吸引力的运营内容,把流量牢牢掌握在自己手中。

### (三)用户思维

新媒体运营的最终目的是要实现新用户的转化,所以并不是单向传播后就结束了。从业人员需要有用户思维,思考什么样的内容能够引起用户共鸣,用户需要什么样的内容,从根本上解决用户的问题。只有采用更加人性化的运营形式,深度发掘用户心理和痛点,才能提升运营效果。

### (四)团队协作

任何运营项目,不论大小,都无法由个人单独完成。运营工作是一个团队项目,每个人负责自己擅长的部分,最后进行总和。这就要求新媒体运营者具备一定的团队意识,相互帮忙,相互成就,才能使最后的成果达到预期。

### (五)审美能力

新媒体运营最后的成果需要展现在大众面前,如果其美感不尽如人意,就无法吸引用户注意,甚至可能导致用户直接划走不看。所以要求新媒体运营人员具有一定的审美能力,使作品符合一定的大众审美,保证运营内容的点击率。

### (六)热点灵敏度

每天都有成千上万条的运营信息发布,并不是所有内容都会成为热点或爆款,这就需要新媒体运营者拥有灵敏的热点嗅觉,快速感知什么样的内容、什么样的形式可以成为热点,这样不仅减轻了运营的工作量,而且还提高了运营的效率。

### (七)资源整合

每一位从事新媒体运营的人员或多或少都掌握了一定的资源,可能是技能,可能是经验,可能是人脉,也可能是传播渠道,那么接下来要做的就是整合现有资源,发挥其最大优势,不浪费任何一项资源,整合出一套行之有效的运营方案。

### (八)细分定位

任何的产品都不可能适用于所有人,所以要分析产品特色,研究出适宜人群。然后根据该人群的性格、行为和心理特征,再进一步细分客户,一步步缩小用户群,使运营内容直击这类用户的内心世界。最后再依靠产品本身转化为口碑,逐步扩大用户圈,在保留老客户的同时,进一步吸引新用户。

### (九)工具应用

参与新媒体运营制作的媒介较多,相应的制作工具也多,从业人员应熟练掌握至少一至两个新媒体制作工具。比如负责小红书平台的运营,那么图片编辑类的工具就一定需要熟练操作,对于其他的工具也需要涉猎,了解其基本操作。时代不断在变化,新媒体从业人员一定要紧跟时代的步伐,不断学习,更新手中工具的使用情况。

### (十)统筹运营

新媒体运营要考虑的远远不只是产品本身,还需要综合考虑竞争对手、企业文化、同系列产品等。需要用整体的眼光,打开全局思维,调动一切可以调动的资源,在运营单个产品的同时,压制住竞争对手,同时传播企业文化,宣传同系列产品,取得“一击多得”的效果。

### (十一)发现并解决问题

在每一次的运营过程中都会出现或大或小的问题,出现问题并不可怕,可怕的是忽视问题。要学会在过程中发现问题并提出问题,团队讨论后,进行总结,找到解决办法并记录下来,下次遇到类似情况时有法可循。

## 三、新媒体运营者必备的四种职业能力

随着新媒体运营逐步成为市场营销的主力军，各企业对该岗位的能力要求也越来越严格，即使每年新媒体岗位需求不断扩大，但应聘人数的增幅仍大于岗位数量增幅。加强以下四种职业能力，方能在应聘者中脱颖而出。

### （一）数据分析能力

数据作为客观存在的样本，具有强烈的可靠性。新媒体运营人员可以在后台看到账号粉丝数、已读数、点赞数、转发数、粉丝画像等数据，这些数据可以真实地反映运营成果，帮助运营人员进一步分析其运营方案，根据数据进一步优化。例如，在一个产品的渠道运营中，根据每个不同平台的点击率和转化率，可以分析出在哪个平台进行推广收益会更高，这样就为以后的运营提供了经验。

在大数据时代，任何分析都离不开数据的影子。比如视频网站的用户画像分析，根据用户点击、观看视频的时长以及转载率等数据，分析出各年龄阶段、各地区或是不同性别的用户对不同视频类型喜爱程度分布。新媒体的运营过程中，无论是调研准备阶段，还是复盘阶段，都离不开数据分析，可见数据分析能力的重要性。

### （二）运营策划能力

运营策划，是指为实现一个营销目标所进行的一系列计划。其中包含了内容运营与活动策划两个方面，内容运营是以内容为核心，属于细水长流式的运营，而活动策划则是引爆式的，需要短时间内快速涨粉，进行转化，看到收益。两者区别较大，但在新媒体运营的过程中却是相辅相成的，日常的内容运营为短期的活动策划奠定基础，具有爆点的活动策划反哺内容运营，引流吸粉。

这也对新媒体运营者提出了新的要求，要在两种不同的运营模式下自由切换，必须具备较高的运营策划能力，利用内容运营积极引导用户互动，参与到活动中来，在活动中也要留下用户，让他们回到日常的内容运营中去。

### （三）原创输出能力

原创内容的输出是创建账号特色的必经之路，新媒体运营者需要深挖话题，找到一

个新的切入点;搜索相关素材;整理加工,进行原创。如果能运用好这三个步骤,那么新媒体从业人员的原创输出能力将上一个台阶。

其中素材对原创文章是否成功具有重要意义,可以从以下几点着手查询:(1)关注类似博主的运营内容,看看同行的作品,从中获得启发;(2)关注微博热搜,追击热点话题,查看其中的热门观点;(3)收集用户精彩观点,并结合自己的观点进行整合;(4)利用搜索引擎,输入关键词,查找相关素材。

优秀的原创能力不是生来就有的,而是在一次次的模仿和积累中慢慢养成的。加强日常的素材积累,多关注热点事件,提出自己的观点,树立个人特色,将其融入新媒体运营中去,才能以优质的原创内容推进新媒体运营。

### (四)渠道拓展能力

新媒体的渠道分为线上和线下。而线上又分为站内渠道和站外渠道,站内是在一个平台内,各个账号之间进行互动,对产品进行互推;而站外渠道则需要跨平台,在不同的平台上根据其特点进行运营推广。站内渠道是利用别人的粉丝,扩大产品的曝光率;站外渠道则是将目光放在了跨平台的用户上,希望通过转变运营方式,吸引新人。不论是站内渠道还是站外渠道,都是以增加流量为目的,多渠道进行新媒体运营。

除了线上渠道,线下渠道的作用同样也不可小觑。比如品牌之间合作,共同举办一场活动,一起推出联名款,相互造势,相互引流。例如2019年中国李宁和人民日报合作,开了一个“有间国潮馆”,在馆中人民日报也开始做起了衣服,这个衣服便是人民日报与李宁的联名服饰。以实体展馆的形式,由人民日报背书,吸引用户进入展馆,直接线下体验新款服装,拉新、转化,一步到位。

## 第二节　新媒体运营的“雷”与“坑”

新媒体运营目前作为一个处于风口浪尖上的职业,行业内每天都有新的神话产生,也让越来越多的人看到新媒体运营带来的红利。但凡事都具有两面性,需要用辩证的眼光看待。从业者需了解新媒体运营中的“雷”与“坑”,有则改之,无则加勉。

## 一、新媒体运营一定会带来收益

在流量时代，确实有很多企业依靠新媒体运营这条路实现了盈利，但是这并不意味着只要企业进行新媒体运营就可以获利。比如奶茶品牌“鹿角港”创立初期，其明星产品“脏脏茶”一度成为网红爆款，但后期受到商标侵权事件的影响，新媒体运营仅持续了很短一段时间就终止，品牌重心辗转维权事宜，导致错过了新媒体运营的最佳时期。现在虽然商标问题已解决，但市场已被其他奶茶品牌占领，当初的爆款奶茶“脏脏茶”也被其他品牌改良上市，作为黑糖奶茶创始人的“鹿角港”开始被人遗忘。反观国货彩妆花西子，其明星产品空气蜜粉在淘宝上月销量超过20万盒，热度持续不减，分析他们的具体的新媒体运营策略有：(1)微博上线热门话题“花西子空气蜜粉”“时代少年团花西子大使”等，进行话题引流；(2)小红书官方账号@花西子Florasis与个人博主互动，共同发布推文介绍产品功效；(3)在抖音充分发挥短视频“短、平、快”的特点，1分钟内成功展现产品特点；(4)与淘宝头部带货主播@李佳琦Austin进行捆绑合作，让利粉丝，开展新品上线直播间专有福利低价活动。同样都是作为爆款的明星产品，前者仅仅依靠一波流量红利，后期不跟进相配套的运营项目；而后者把握住了风口，精心策划新媒体运营，实现客户的精准定位，最后市场与消费者也会给出自己的答案。

新媒体运营能够帮助企业获利，这一点毋庸置疑，但是获利的基础是认真分析产品，分析用户群，根据不同平台的不同特点进行运营。这是一个有规划的运营项目，否则不仅不会带来收益，甚至还可能自砸招牌，最后得不偿失。

## 二、新媒体运营是一个人的工作

很多企业认为新媒体运营的工作一个人就可以完成，这是错误的。新媒体运营是一项需要团队配合的工作，各司其职，才能把产品更好地推广出去。比如一个成熟的新媒体运营团队，会有一位项目负责人做统筹工作，1~2名运营专员负责日常的内容运营，以及策划文案、美工设计、技术人员各一名。那么如果只有一个人担任新媒体的运营工作的话，就意味着这个人需要完成所有的工作量，会出现工作量过多而出现纰漏的情况。因此，新媒体运营从来都不是一个人的战斗，而应该是一群人的胜利。

## 三、人人都可以从事新媒体运营

现阶段大众普遍对新媒体运营工作存在刻板印象，认为其日常工作就是发一发公众号，拍一拍短视频，刷一刷微博，回复一下粉丝留言而已。这样的认知过于表面，仅仅是对新媒体运营工作的光鲜幻想。真正的新媒体运营岗位要求严苛，在专业方面，一般要求是新闻、广告、中文等相关专业的人才；在经验方面，社招正式员工的话，一般都要求3年以上行业从业经验，如果是应届生或实习生的话，经验这方面则不做过多要求；知识方面，要求至少具备互联网、营销等基础知识；能力方面，主要是技能要求和学习要求，新媒体的大环境瞬息万变，拥有良好的学习能力，才能紧跟时代步伐，不被淘汰。

所以，并不是没有任何基础的人都可以胜任新媒体运营这项工作，这个岗位和其他工作一样，都需要牢固的地基，日后才能走得更远、更高。

## 四、新媒体运营就是纯娱乐化传播

现在由于各自媒体平台上充斥着大量泛娱乐化的信息，导致人们产生一种错觉：新媒体运营就是纯娱乐化传播，发一些恶搞鬼畜视频或段子，只要能娱乐大众，就可以达到运营的目的，实现转化。但事实并非如此，搞笑、猎奇、独特的运营内容确实在新媒体发展的初期会比较容易受到用户的关注，但现在用户更加关注运营的实际内容和产品本身。现在很多有内涵、体现民族文化的新媒体运营内容更加得到用户的认可，比如毛戈平的化妆品运营，以国风为基调，采用古色古香的图文、GIF动图、H5等在微信公众号上推送，体现其内在含义。而天猫毛戈平官方旗舰店中三个商品月销量破万，足以证明走有内涵的新媒体运营之路，能够得到市场认可。

# 第三节　新媒体运营的未来

依靠媒体技术革新，媒介的发展正在进入第三个时代，即Web 3.0时代。Web 3.0的本质是深度参与、生命体验以及体现网民参与的价值，最早由比尔·盖茨在2005年微软高管会议上提出[①]。与Web 2.0不同，Web 3.0时代信息传播会更加快捷高效，更加智能化，同时能更好地体现网民的劳动价值，实现价值均衡分配。媒介的革新对新媒体运营的要求将越来越高。

## 一、新媒体运营的发展趋势

### （一）对数据分析和可视化的要求越发深入

数据分析能更精准定位用户，帮助运营者准确把握市场变化，预测产品运营的未来。而随着读图时代的到来，图片的形式更容易被用户所接受。但是图片往往不能完全解释数据信息，此时就可以将图像、声音等媒介有序融合，利用多种多样的展现形式和场景，丰富用户对信息的理解。信息越容易被解读，传播效率就越高。

### （二）线上线下互通，加强垂直化运营

随着新媒体运营方式的不断精进，人们越来越重视知识的分类和精细化。不管是平台端还是用户端，垂直化、精细化的内容，更容易获得曝光。立足于单个领域的垂直化运营，成为各大新媒体平台的发展潮流。而且，发展到目前这个阶段，单独的线上或是线下运营，都将会造成客户流量的流失，线上线下互通，对于大部分的企业而言，势在必行。

### （三）只有情感共鸣，才能直击人性

社交媒体是大部分人释放情绪、分享生活、表达自己的平台。所以，通过情感的方式在社交媒体上加强运营，引起用户共鸣，深入内心，可以大大促成转化率的提升。但是，以情感为基础的运营方式，不能违背良心和道德底线去肆意炒作，而需始终遵循本心，找准自己的定位。

### （四）人员社群化的需求更大

社群就是基于一个点、需求或爱好，把一群志同道合的人聚集在一起的地方，是一

---

① 刘畅．网人合一·类像世界·体验经济——从Web1.0到Web3.0的启示．云南社会科学，2008(2):81-86.

个具有同样价值观、言行特性以及利益诉求的网络群体。人们在社交媒体的群体中寻求认同感,表达自己的真实想法,寻找具有相同调性的人。社群化运营就更容易引领用户,塑造品牌影响力,传播企业文化。

## 二、新媒体运营的未来发展形态

综上,可以推理出未来新媒体运营的走向将会紧紧地与Web 3.0时代相结合,发展成以下几种可能的形态:

### (一)数据运营

Web 3.0 时代将会延展网络互联特性,包括网络与网络、媒介与媒介、信息与信息的多向互动,不同网络即时对接,不同媒介终端互联,个体之间多向互动,等等,这些交互基本上依赖于信息深度挖掘而实现。即个人、网络与信息形成的痕迹,通过数据挖掘的方式转化和链接后又返回到网络与个人之中,再经过不断循环的非线性几何式增长,最终形成无极的自由交互与链接。在此过程中,如何利用数据进行信息整合、定位与服务精准化运营将会成为这一时期的重点。

### (二)智媒化运营

智媒化是面对人工智能时代的冲击,立足于共享经济,基于移动互联、大数据、虚拟现实、人机交互等新技术的自强化的生态系统,充分发挥个人的认知盈余,形成多元化、可持续的商业模式和盈利模式,实现信息与用户需求智能匹配的新的媒体发展形态。因此,智媒化运营能够成为未来运营的主流。例如,借用AI(Artificial Intelligence)或VR(Virtual Reality)等新技术实现线上、线下全面运营将会成为未来新媒体运营的焦点。

### (三)全栈运营

所谓全栈运营与全能的运营全然不同,即全栈的价值在于知道运营的边界在哪里,知其然更知其所以然,而不是把所有的运营都做一遍,或者都做到极致。运营是一个综合性很广的领域,而全栈运营更接近操盘,是让运营的项目从零建立,无碍地运转起来,关注运营流程中哪些可以优化与改进。全栈运营的重点是运营体系的构建,包括:知道数据在哪里产生,如何让数据价值最大;能够从用户的角度出发,提升用户的认知和行为水平;能贯彻落实产品的商业价值,完成产品迭代和优化;负责某一业务线的全部指标。对于全栈运营来说,体系和策略大于手段。因此,全栈运营也将成为未来新媒体运营的一种成熟方式。

## 知识回顾

新媒体运营作为当下风头正盛的职业,需要从业人员掌握图片编辑、文案写作、短视频制作、H5制作、图文排版、音频剪辑这六项技能;具备理解产品、“网感”、用户思维、团队协作、审美能力、热点灵敏度、资源整合、细分定位、工具应用、统筹运营、发现并解决问题这十一种素质;加强数据分析、运营策划、原创输出和渠道拓展四大职业能力,争做新时代高素质新媒体运营人才。面对互联网时代的流量红利,同样要求从业人员辩证地看待新媒体运营行业,认清其中的“雷”与“坑”,了解新媒体运营的未来,完善自我职业规划。

## 思考题

1. 如何理解新媒体运营这个职业?
2. 新媒体运营岗位需要具备什么样的技能?
3. 请以微信公众号为平台,为肯德基“黄金脆皮鸡”进行新媒体运营。
4. 请分析喜茶“多肉葡萄”的新媒体运营策略。

# 后 记

新媒体运营是通过现代化移动互联网手段，利用抖音、快手、微信、微博、贴吧等新兴媒体平台工具进行产品宣传、推广、营销的一系列运营手段。通过策划品牌相关的优质、高度传播性的内容和线上活动，向客户广泛或者精准推送消息，提高参与度和知名度，从而充分利用粉丝经济，达到相应营销目的。本书重点讲述新媒体运营的定义、分类、操作方式，以期让读者了解知识，根据案例和问题，提升新媒体运营的能力。

本书是修订版。自2019年第一版以来，针对前一版章节分散、案例陈旧等问题进行了全面的修改，加强了知识点的阐释、分析。其中案例部分采用了二维码的方式进行展示，读者可以扫码阅读案例及案例分析，以提升知识点的理解力。同时，本书还制作了相应的课程视频，为教授者提供完整的教学资源包，并通过更多元的媒介方式帮助读者理解。

本书主要由重庆师范大学的金鑫和杨帆共同编写而成。除此之外，还要感谢各位给予本书支持和帮助的老师、编辑和学生们，特别是研究生张清瑀，本科生张琪、谢梦蕾在本书的案例搜集、格式调整等方面做出的努力。没有你们无私的付出，这本书就无法顺利地出版。

本书的内容随着新媒体的发展和迭代，还有不充分的地方，希望读者能够予以谅解的同时，以本书为基点，保持一种开阔的视野，不断探索和展望新媒体运营的各种可能性，这也是本书撰写的初衷。

最后，本书中引用了大量的案例和图片，这些内容大部分来自互联网，并根据需要进行了适当的修改。在此，感谢在互联网提供案例和图片的作者们，你们的智慧和成果为充实本书添砖加瓦，让本书能够深入浅出、丰富多彩地展示给读者们，为他们学习、掌握本书的内容，提升自己运营能力提供帮助。

金鑫　杨帆

2022年11月28日